改訂新版

相続・認知症で困らない

家族信託まるわかり読本

宮田 浩志

司法書士法人 宮田総合法務事務所代表
司法書士・行政書士
一般社団法人家族信託普及協会代表理事

近代セールス社

増補改訂版の出版にあたって

本書の初版を発行したのが2017年ですから、もう３年以上も前のことになります。この３年間は、家族信託を取り巻く環境において激動の３年間と言えるものでした。

筆者は、司法書士・行政書士として、個々のご家族が抱える悩み・不安・リスクに対して、実現したい明るい未来のために一件一件お手伝いを重ねてきました。また、全国の法律専門職が作成した信託契約書のリーガルチェック・作成指導も日々行っております。その傍ら、一般社団法人家族信託普及協会（以下「普及協会」という）の代表として、全国各地の弁護士・司法書士・行政書士・税理士等の士業の方や、不動産業界・金融業界・介護業界の方々など数多くのご縁をいただき、家族信託の適正な普及のため専門職に対する啓発活動・研修講師を行ってきました。

そして、少しずつではありますが、日本全国津々浦々の意識の高い士業等の専門職が家族信託の設計コンサルティング業務に精力的に取り組み始めましたし、これらの方々の尽力もあり、全国各地の金融機関（銀行・信用金庫・証券会社など）で「信託口口座」作成に対応できる金融機関が増えてきています。

そんななか、これまでの新たな実務的知識・経験の蓄積を踏まえ、増補改訂版を出版させていただくことになりました。増補改訂版には、普及協会が実施している「家族信託専門士®研修」「家族信託コーディネーター®研修」において講義している、かなり法律的・実務的に深く掘り下げた内容も網羅しております。

したがいまして、家族信託専門士や家族信託コーディネーターの方々には、研修の復習やさらなる知識の深掘りを目的に本書をご活用いただきたいと思っております。また、これらの研修を受講されていない方は、本書を精読していただくだけで、研修を受講しなくても、実務的にハイレベルな知識を習得いただけるものと自負しております。さらには、一般の個人でより実務的な知識を学びたい方々は、興味ある項目だけつまみ読みするだけでも、他の書籍やインターネットの情報だけでは知り得ない知識を身に付けていただけるのではないかと思います。

今回の増補改訂版の出版にあたり、「配偶者居住権」「遺留分侵害額請求」「委託者の地位の承継」「上場株式の信託」など、改正民法や最新の信託実務の動向にも触れた内容となっております。膨大な家族信託案件を日々取り扱っている筆者だからこそ書ける法律・実務を余すところなく記載しておりますので、他の書籍では触れていない内容も踏まえ、家族信託の最新実務の決定版として皆様のお役に立てていただければ幸いです。

自然災害が多発し、またコロナ禍で、多くの方々が不安や悩みを抱えている今日ですが、一人でも多くの高齢者・障害者をはじめとする個人とそのご家族が、毎日を笑顔で過ごせるような光り輝く素敵な人生を過ごされることを心より願っております。

2020年12月吉日

宮田 浩志

はじめに

近年、民事信託・家族信託に関する書籍が数多く出版されています。素晴らしい切り口や分かりやすい内容のものが多いですが、物足りなさを感じる書籍も少なくありません。というのも、法律論や机上の理屈を説明しており、家族信託の実務的な内容が十分網羅されていないからです。専門家・法律家が執筆した内容は、打合せの現場で実務的な課題に直面している専門家や一般個人の方に響いてこないのです。そこで筆者は、数多くの相談・実施実績を踏まえ、実務に精通しているからこそ触れられる内容を形にしたいと思い、本書の執筆に取りかかりました。

家族信託の分野は、法律的にも税務的にもまだ確定していないグレーな部分が多いとよく言われますが、不確定要素や争族リスクを最小限に抑え、お客様の資産承継における“想い”を実現させる選択肢として活用を検討すべきです。そのためには、家族信託を提案・組成する専門家には実務知識が必須であり、利用を検討している個人には仕組みを十分理解できていることが求められます。

本書は、一般の方でもじっくり読めば“分かる”内容であるとともに、家族信託に関わる専門家が読んでも“使える”ものとなっています。少し欲張りですが、「家族信託に関わるすべての方に…」というのが、本書のコンセプトです。

家族信託は、法律・税務に関する士業や不動産・金融・保険等の専門家はもちろん、障害者を抱える家族や相続・認知症の問題に直面する可能性のあるすべての人々に、効果的な選択肢となり得るものです。そんな皆さんにとって本書が何かのお役に立てれば、これほど嬉しいことはありません。

2016年12月吉日

宮田 浩志

目　次

序　章●家族信託を問題解決の糸口に活用する

第1章●家族信託の基礎知識

第２章●家族信託22の活用事例

4．信託の税務について

5．信託終了時の実務

6．家族信託と他の施策・制度との比較

7．その他

序章

家族信託を問題解決の糸口に活用する

1．超高齢社会における２つのリスク

超高齢社会における財産管理には大きく２つのリスクがあります。

一つは、認知症など判断能力の低下・喪失により、本人の資産を本人や家族が自由に動かせなくなる、いわゆる「資産凍結リスク」です。たとえば、認知症の父親名義の定期預金を解約したい、父親名義の土地を売却して介護資金を捻出したい、という家族の希望があっても、父親本人に対して意思の確認ができなければ、預金を払い戻すことも不動産を売却することもできません。

詐欺や横領、替玉による本人のなりすましを防ぐ意味では、本人の意思を確認する作業は大切なことですが、本人や家族がこの“本人確認”の壁に阻まれ、望むべき財産管理や財産の消費・有効活用ができなくなるのは大きなリスクです。

本人の意思確認ができないと、成年後見制度を利用するという選択肢しか残されていません。しかし、成年後見制度はその制度趣旨から様々な制約があり、また、後見人となる家族の負担も大きいことから、利用をためらう人も多くいます。

そこで、成年後見制度に代わる財産管理の手段として「家族信託」を活用し、判断能力の低下・喪失前に必要な対策を講じ資産の凍結を防ぐことが、本人にとっても家族にとっても安心した老後を迎える第一歩となるのです。

もう一つは「長寿リスク」です。今日の日本においては医療技術・介護サービスの進化により、在宅や入院・入所先で長生きする人が増えています。大変喜ばしいことなのですが、本人や家族からみれば、老後の生活・介護・入院資金がどれだけ必要になるか、まったく予測できない事態なのです。そのため、元気なうちに思う存分使いたくても使えない、子や孫にあげたくてもあげられない…という悩みを抱えています。

自分の財産は自分のために使いたい人にとって、自分の意思で消費できなくなったときに、誰がその意思を継いでサポートしてくれるかは非常に重要な問題です。さらに、本人が長生きすればするほど支える家族も年をとるという、いわゆる“老老介護”や“老老後見”のリスクも認識しなければなりません。そのためには、自分が元気なうちに老後の希望と現有資産をできるだけ家族（子だけでなく孫の代まで）にオープンにして、老後の生活設計・収支シミュレーションを踏まえた財産管理の仕組みを構築する必要があります。

そのため、家族一人の負担に頼るのではなく、家族全員が結束して長生きを応援することが望まれます。本人だけでなく家族の負担も軽減できる仕組みこそ、長寿リスクに備えて必要なことです。「家族信託」は、そのための一つの選択肢として大きな可能性を秘めています。

以上のように、将来の介護のリスクを踏まえ、今から老親が天命を全うするまでをどう安心して幸せに暮らすことができるか、これこそ本人および家族がまず最初に検討すべき課題であり、相続・資産承継の問題は、親の老後を支えたその先にあるという共通認識が必要だと考えます。遺言を作ったり、相続税対策の計画を練ることももちろん大切なことですが、家族全員が親の想いをきちんと受け止め、親の老後についてもっと皆で本気で向き合うことをすれば、それが兄弟間の疑心暗鬼や不公平感を生みにくい土壌を育み、将来の遺産相続争い（いわゆる“争族”）を起こさないことにつながるのではないかと信じています。

2．複雑な家族関係に対応した争族対策の必要性

女性の社会進出、価値観・ライフスタイルの多様化など、様々な要因で少子化・核家族化・晩婚化が進む現代日本において、子供のいない夫婦、複数回婚姻をする人、生涯独身の人、婚姻届を提出せずに内縁関係の人など、様々な夫婦・家族の形があります。これらの形態には、今ま

では想定できなかった、民法の常識だけでは通用しない法律問題が起こっています（具体的な事例は第２章参照）。

たとえば、複数回婚姻をしている人には、「異母兄弟姉妹」や「異父兄弟姉妹」がいることがあり、自分が死んだら子供たちに“争族”が発生するリスクを考えなければなりません。また、別れた妻が引き取る子に養育費を渡しても、それを管理する元妻の好き勝手な財産処分は阻止したいというニーズもあります。あるいは、わが子が生涯独身であれば、孫へと承継するはずの資産や墓をどうするか、という問題があります。さらに、子や孫が何らかの障害をもって生まれてくるケースもあり、シンプルに子や孫に資産を渡せば万事安心ということにはなりません。老老介護や老老後見が当たり前になってきているなかで、子が親よりも先立つ可能性もあります。

このように、ライフスタイル・価値観・人生観の多様化と同様に、個人や家族を取り巻く資産承継のあり方も多様化・複雑化しているなかで、民法における「点の資産承継」（第１章15. 参照）では対応できないことが増えてきています。

個々の家族が思い描く理想や希望の実現と、その妨げとなる諸問題の解消に対して、あらゆる選択肢を駆使して取り組まなければなりません。その選択肢の一つが「信託」「家族信託」という仕組みであることを認識し、これをどう活用できるかを検討することが大変重要です。

３．親の介護と争族問題はリンクする

「“争族”は、親が亡くなったときから発生する」と思っている人が多いですが、数多くの相続相談を受けてきた筆者は、「“争族”は生前に親の威光が衰えた段階から顕在化する」という認識を持っています。

対症療法・延命治療・リハビリ技術など、医療技術・介護サービスの発展・拡充により高齢者の長寿化が進むなかで、親の老後を担う家族の

役割は重要度を増しています。自分自身で入院や施設の入所手続ができるとは限らないため、家族の支援・協力の有無は大きな問題です。

親が要介護状態になった時点で、入院・入所の手続き、介護認定の申請、介護サービスの申込みなど、いわゆる「身上監護（保護）」といわれる部分を家族の誰が担うのか（この担い手を「キーパーソン」と呼ぶ）も非常に重要です。特に老親を支えるべき家族の方針が統一されていないと、老親および家族には大きなリスクになります。

誰が親の介護負担を担うのか、在宅介護か施設入所か、施設入所ならどういう施設にするのか、支えるべき子供間で方針が分かれることが少なくありません。「親のお金だから好きなだけ使わせてあげたいし、高級老人ホームの費用に充てればいい」と考える子供がいる一方、「将来の遺産が目減りするのはもったいないから、なるべく利用料が安い施設に入ってもらおう」と考える子供もいるのです。

子供たちが親の介護方針等で紛糾すると、その被害を受けるのは当の親自身です。「遺産争いは自分が死んだ後のことだから関係ない」という考えは誤っています。遺産争いの前哨戦は親が要介護状態になった時点で発生し、それは親自身の老後の生活に直接悪影響を及ぼすのです。つまり、争族対策は“自分ごと”として自分のためにすべきだという認識を持つ必要があるのです。

争族を未然に防ぐには、親自身が元気なうちに、自身の保有資産や老後の希望を家族（配偶者や子・孫など）に伝え、介護方針（老後の居住場所や年金など収入に見合った支出額はいくらか、誰が身上監護について中心的役割を担うかなど）を家族とシェアすることが重要です。そして、実際に自分の老後を託す子（場合によっては息子の嫁など相続人でない人にも）に多めに財産を遺すなど、子の負担・貢献度に応じた遺産配分を、遺言や信託契約書などで決めておくことが理想的です。

父親の介護で苦労をした長男夫婦が、父親の遺言がなかったために他の兄弟と均等に分けざるを得なかったというのは、よくある話です。そもそも、単に財産評価で均等に分けるのが“平等な相続”だと考えるのは大きな間違いです。財産評価の数字や相続税の税額には表れない部分、目に見えにくい責任・負担・苦労・貢献度なども考慮し、各相続人が納得できる遺産の分配こそ、平等相続の本質といえます。

４．資産の承継先を指定し「空き家問題」に役立てる

昨今の不動産セミナーや賃貸経営セミナー等でよく取り上げられる「空き家問題」ですが、これは、2015年5月26日に施行された空き家等対策の推進に関する特別措置法、通称「空き家対策法」がきっかけとなっています。空き家問題も、老後の財産管理や相続の問題と無縁ではなく、その原因を探ることでとるべき対策が見えてきます。

空き家問題の原因の一つが、“争族”です。遺産争いが発生し、自宅の承継者が決まらず、家屋が何年もほったらかしというケースは少なくありません。こうなると、相続人の間で遺産分割調停を行うなど、事後解決に向けて努力することになりますが、感情的な部分が大きく影響するため、当事者全員がハッピーになる解決は期待できないうえ、紛争が長期化することもあります。この悲劇を未然に防止する策として、生前贈与や遺言、家族信託等で資産の承継先を指定しておくことは大変有効です。

「空き家問題」のもう一つの原因は、家主が認知症や大病により入所や入院して自宅が空になってしまうケースです。詳しくは第２章で紹介しますが、家族信託を活用して親の認知症対策（財産管理対策）を行うことで、家主の健康状態に左右されない、万全の財産管理とスムーズな財産処分が可能になります。

つまり、「空き家問題」の原因となる諸問題には、未然に対策を講じることが大切で、その対策の柱の一つが「家族信託」なのです。

5.「親なき後問題」に家族信託を活用する

皆さんは、「親なき後(あと)問題」というのを聞いたことがありますか。これは、障害を持つ子、具体的には知的障害や精神障害のある子を抱える家族の問題です。

障害のある子は、多くが両親の庇護のもと自宅で暮らしています。障害の程度が軽い子は一般企業等での就労が可能ですが、いわゆる作業所に通い軽作業をしながら一般就労を目指し、あるいは社会性や身体的・精神的機能の向上を目指す子も多いです。

両親が元気なうちはいいのですが、年老いてくるにつれ老親自身の生活で精一杯になり、子に対するケアがおろそかになる可能性があります。さらに自宅での生活が困難になれば、子を自宅に残して入所や入院せざるを得なくなります。このように親が子の面倒をみれなくなった後、誰がどこでどうやって障害のある子の面倒をみるのか、という非常に深くて重い問題が「親なき後問題」です。

以前は「親亡き後」と書いていましたが、問題は親が亡くなった後に起こるのではなく、存命中から顕在化するということから、現在では「親なき後」とひらがな表記にしています。

この問題への対処は、一筋縄ではいきません。障害のある子が親の庇護を受けられなくなったら、自宅からグループホーム等へ移ることも検討すべきですし、この子に親族または第三者の成年後見人をつけて、万全の財産管理と身上監護権を確保することにもなるでしょう。それに加えて、第２章の〈事例19〉のような財産の行く末の問題も出てきます。「親なき後問題」の解決の一助になり得る、いわゆる「福祉型信託」といわれる家族信託の活用方法も、ぜひ本書を通じて知っていただきたいと思います。

第1章

家族信託の基礎知識

1．家族信託とは

「信託」とは、「信託法」という特別法を根拠とする“財産管理の一手法”です。信託の説明には登場人物が３人出てくるので複雑な仕組みだと思われがちですが、次の説明を読めば、実は単純だということが理解できます。

図表1-1　家族信託の仕組み

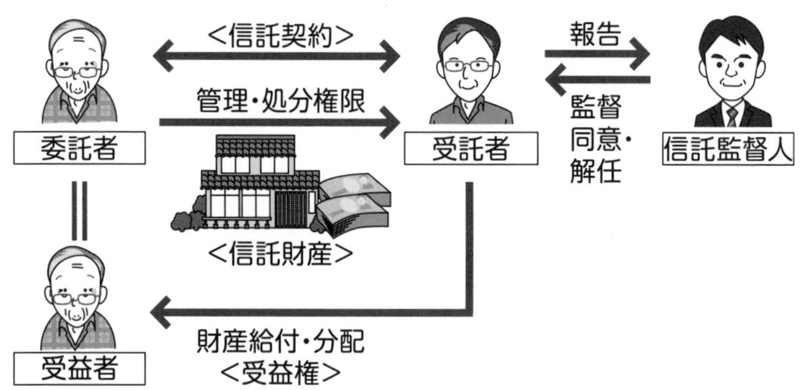

登場人物の１人目は「委託者」です。これは、現在財産を持っており財産の管理や処分を任せる主体となる人です。具体的には、高齢のおじいちゃん・おばあちゃんや父親・母親です。

登場人物の２人目は「受託者」です。これは、委託者が信じて託す相手であり、実際に財産の管理処分を担う人です。

最後の３人目は「受益者」です。ちょっとかしこまった言い方をすると、受託者に管理を託した財産（これを「信託財産」という）から経済的な利益を受ける人で、言い換えると「信託財産の実質的な持ち主」のことです。受託者は、この受益者の財産を管理することになりますし、信託とは、「受益者のための財産管理の仕組み」ということができます。

これら３人により信託を説明すると、「信託とは、財産を持っている人（＝委託者）が遺言や信託契約など（これらの手段を「信託行為」という）によって、信頼できる個人や法人（＝受託者）に対して、不動産・現金等の財産（＝信託財産）を託し、一定の目的（これを「信託目的」

図表1-2　信託の基礎用語

委 託 者：財産を預ける人
受 託 者：財産を預かり管理する人
受 益 者：信託財産から経済的利益を受け取る人
信託財産：預ける財産。家族信託では、不動産・現金・未上場株が中心。
信託目的：何のために信託による財産管理をするか、という信託設定の趣旨・大義名分。受託者はこの目的に沿った管理を行う。
受 益 権：受益者が持つ信託財産から経済的利益を得る権利。
信託行為：信託を設定する方法のこと。①契約（信託契約）②遺言（遺言信託）③信託宣言（自己信託）の３つがあるが①が最も一般的。

図表1-3　家族信託の位置づけ

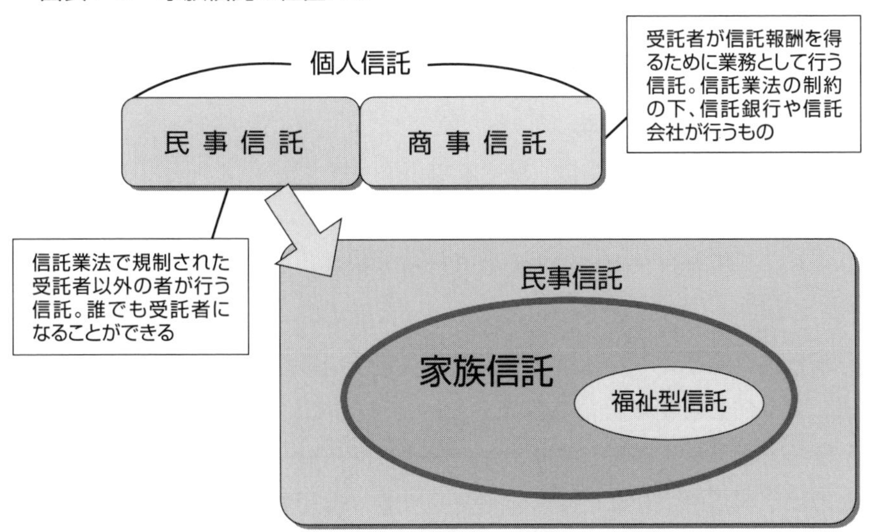

という）に沿って、受託者が特定の人（＝受益者）のためにその財産を管理・処分する法律関係」となります（**図表1-1、1-2**）。

そして「家族信託」は、財産を託す相手（受託者）が、家族や親族である信託の形態、つまり典型的な例では、親が子を信じて財産管理を託す形態のことです。言うなれば「家族の家族による家族のための信託（財産管理）」、これが家族信託です（**図表1-3**）。

この家族信託の仕組みには、委任や管理委託と似たような効果がありますが、これを活用することで、委任や管理委託、遺言、成年後見制度ではできない相続・事業承継対策や、柔軟な財産管理を実現することが可能です。

2．改正信託法のポイント

信託法という法律は、戦前、それも大正時代にできた法律です。この歴史は古いが一般市民には馴染みの薄かった信託法が、85年の年月を経て大改正され、平成19年（2007年）9月30日から新信託法が施行されました。改正前の信託は、金融商品としての性質を持つもの、つまり信託銀行等が取り扱う資産運用としての活用（いわゆる商事信託）が主流でしたが、改正後は金融商品ではなく一般の人も使える財産管理の手法として利用しやすくなりました。

改正信託法のポイントは、大きく３つあります。

１つ目は、私的自治の尊重による硬直的規定の合理化、分かりやすくいうと「当事者が自由に定めたことは極力尊重し、法はそれを過度に規制しない」ということです。たとえば、受託者の忠実義務に関する規定の拡充・整備とともに、信託当事者の合意等があれば利益相反行為も可能とする任意規定が整備されました。言うなれば、「改正信託法はアウトラインを定めるにとどまり、法の趣旨に反しない限り、また利害関係人等に不利益が生じない限り、信託当事者（委託者・受託者・受益者など）の意向に沿って自由に設計できる」制度になりました。

２つ目は､｢受益者のための財産管理｣の実効性を強化している点です。商事信託・民事信託を問わず、受益者の権利を確保するための規定が整備・新設されました。たとえば、高齢者や障害者のための財産管理や生活支援を目的とした、いわゆる「福祉型信託」の利用に際し、受託者を監視・監督する「信託監督人」（第３章Q29、30、31参照）や、自ら権利行使できない受益者に代わって権利を行使できる｢受益者代理人｣（第３章Q32参照）の制度の新設は、家族信託の組成実務でも重要なポイントとなっています。

３つ目は、様々なニーズに応えられるように、新たな信託の仕組みが設けられたことです。その代表的なものが「自己信託」です（第１章７.参照)。自己信託もまさに商事信託の考え方だけでは生まれない発想です。

それ以外には、旧法にはなかった「信託の併合・分割」の制度の新設が挙げられます（第３章Q54、55参照)。信託の併合・分割に関する手続きを明確・簡易化し、債権者の保護など利害関係者の適切な利害調整・トラブル防止を図っています。改正信託法の目玉の一つである「後継ぎ遺贈型受益者連続信託｣(信託法91条)も､資産承継を巡る多様なニーズに対応すべく新設されました（第１章15. 参照)。

３．受託者とは

（1）受託者の資格

受託者とは、委託者から信託財産を託され、信託目的に従って受益者のために信託財産の管理・処分等（これを「信託事務」という）を行う者をいいます。受託者は、信託財産の内容や受益者の状況等を総合的に判断できる能力のある者とされるため、「未成年者」は、受託者となることができません（信託法７条)。裏を返せば、未成年者以外の者は個人でも法人でも受託者になることができます。

（2）受託者の権限

受託者は、信託財産の現状を維持するための保存行為、また賃貸等の収益を図る利用・運用行為のほか、信託契約等で定めれば新たな権利取得（不動産の購入や建物建設など）や銀行からの借入れも行うことができます。つまり、受託者は「信託の目的達成のために必要な行為をする権限」が広く与えられているのです（信託法26条）。反対に、信託行為に定めることで受託者の権限を制限すること（たとえば、信託不動産の賃貸は認めても売却は認めないなど）も可能です。

（3）受託者の義務

受託者には、幅広い権限を持たせる代わりに、次のような義務が課せられています。

①善管注意義務（信託法29条）

受託者は、信託事務を処理するにあたって善良な管理者の注意義務をもってしなければなりません。この「善良な管理者の注意義務」は、受託者の地位や職業などに応じて要求される義務の程度が異なるとされています。したがいまして、家族信託の受託者は、通常、財産の管理運用の専門家ではないので、他人の財産を預かっていることで常識的に要求される程度の注意を払う必要がある、ということになります。

一方、家族信託の受託者となる子が、不動産や金融資産の運用に関連した職業に就きその分野に精通している場合は、その職業の水準に見合った注意義務が求められることになります。なおこの注意義務は、信託行為で定めれば、「自己の財産に対するのと同一の注意義務」程度に軽減することが可能ですが、注意義務自体を免除する契約条項は、無効となり得るとされています。

②忠実義務（信託法30条）

受託者は、法令および信託目的に従い、専ら受益者の利益のため忠実に信託事務の処理をしなければなりません。たとえば、受託者となった息子が親の財産を牛耳り自己の利益を図ろうとすることや受託者が信託財産を子や孫に贈与することは、受益者の利益になりませんので、この忠実義務に違反することになります（第3章Q48参照）。また、受益者と受託者との間において、利益が相反・競合する場合は、忠実義務の問題となるため厳しく制限されています。

③分別管理義務（信託法34条）

受託者は、信託財産に属する財産を受託者固有の財産等と分別して管理しなければなりません。たとえば、信託の登記または登録ができる財産については、登記・登録をする義務が発生します。ただし、信託行為に分別管理の方法を定めれば、受託者はその方法により分別管理することになります。この場合でも、信託の登記・登録をする義務を完全に免除することはできません。

ア.登記・登録しなければ権利の得喪および変更を第三者に対抗できない財産

→　登記または登録する（別段の定めにより免除不可）

イ.金銭以外の動産

→　外形上区別できる状態で保管する

ウ.金銭その他、イ.以外の債権等

→　帳簿等により計算を明らかにする

④自己執行義務（信託法28条）

受託者は、委託者からの信頼に基づき、信託財産の管理・処分を託されているため、みだりに他人に代行させず、受託者自らが信託事務を遂行することを原則としています。しかし、信託財産・信託目的の多岐化および信託設定の柔軟性により、受託者に課せられた信託事務は専門化・多様化しているため、次の場合は第三者への委託を認めています。

ア.信託行為に第三者に委託する旨または委託できる旨の定めがある場合

イ.信託行為に第三者への委託に関する定めがなくても、信託目的に

照らして相当であると認められる場合

ウ.信託行為に第三者委託の禁止の定めがあっても、信託の目的に照らして（受益者の利益にかなう事務処理をするために）やむを得ない事由がある場合

⑤公平義務（信託法33条）

受託者は、受益者が２人以上いる信託においては、受益者全員のために公平にその職務を行わなければなりません。

⑥帳簿等の作成等、報告・保存の義務（信託法37条）

受託者は、信託財産に係る帳簿その他の書類を作成しなければなりません。毎年１回、一定の時期に貸借対照表、損益計算書その他の書類を作成して､その内容について受益者に対して報告しなければなりません。

また、信託に関する書類を、10年間（当該期間内に信託の清算の結了があったときはその日まで）保存しなければならず、受益者の請求に応じて信託に関する書類を閲覧させなければなりません。

なお、信託行為に定めることによって、受託者の報告義務を軽減または免除することは可能とされている一方、書類の作成・保存義務は軽減・免除はできないとされています。

⑦損失てん補責任（信託法40条）

受託者がその任務を怠ったことにより、信託財産に損失が生じた場合または変更が生じた場合、受益者の請求により、受託者は、損失のてん補または原状回復責任を負います。

4. 受益者とは

受益者とは、信託における受益権（信託財産から経済的利益を受け取る権利）を有する者をいい、原則として委託者による信託行為（信託契約や遺言等）の定めにより受益者として指定されます。

受益者は自ら受益者となる旨（受諾）の意思表示を要することなく、

当然に受益権を取得することになります。ただし、信託行為により、受益者による受益権の取得の意思表示を条件にしていたり、条件の成就や時期を付して受益させるなどの特段の定めがなされている場合は除きます。受益者は特定の者であれば、次の個人・法人でもなることができます。

・委託者自身
・委託者以外の個人
・法人（株式会社、有限会社、民法法人、団体・組合等を含む）
・権利能力のない社団

受益者は、胎児や将来生まれる現在未存在の子孫でも差し支えなく、複数でも構いません。複数の受益者に対し、同時に受益権を取得（準共有）させることもできますが、異時的・連続的に取得させる、いわゆる「受益者連続型」という信託も可能です。

５．信託契約とは

財産を持つ者が信頼できる相手に対し、特定の目的のために、財産の管理や処分等を任せる内容の契約を「信託契約」と呼びます（信託法３条１項）。親を委託者、子を受託者として、子に財産管理を託すというのが最も典型的な家族信託契約の形です。あくまで契約なので、親が元気で契約できる判断能力がないと有効にできないことになります。

信託を組む目的は様々ですが、受託者は「信託目的」を実現をすべく、受益者のために財産の管理や処分の業務を担うことになります。老後における賃貸物件の管理・建替え・処分、生活費等の給付、資産の円満円滑な承継などが典型的な「信託目的」といえます。

信託契約で老親の存命中の管理を託した財産については、そのまま相続発生後の承継者を指定できるので、改めて遺言書を作成しないケースが多いです。この、信託契約に「遺言」の機能（自分の死後の財産の承継者指定など）を持たせたものを、「遺言代用信託」といいます。実務上は「信託契約」と同じ意味合いで使われることも多いですが、厳密には遺言の機能を持たない信託契約（注1）もあります。

なお、信託契約に遺言の機能を持たせる典型的パターンとしては、次の２通りが想定されます。

①委託者兼受益者でスタートし、その者の死亡で信託契約を終了させ、「残余財産の帰属権利者」を指定する形

②委託者兼当初受益者でスタートし、その者が死亡しても信託は終了させず、第二受益者等の指定で信託財産（信託受益権）のまま後継者に資産を遺す形（受益者連続信託）

（注1）たとえば、委託者兼受益者の死亡により信託契約が終了する契約において、残余財産の帰属先については、あえて具体的な記載をせず、法定相続人全員の協議に委ねる旨の条項を設ける信託契約もあります。

6．遺言信託とは

「遺言書の中で信託の仕組みを設定するもの」を遺言信託といいます（信託法３条２項）。通常の遺言は「誰にどの財産を渡すか」という遺産分配の指定というイメージですが、遺言信託は「単に誰にどの財産を渡すかだけではなく、その渡した財産を“管理をする仕組み”まで含めて後世に遺す」というイメージです。ただし、あくまで遺言であるため、本人が死亡するまでは効力が生じず、また何度でも書き替えることができます。

信託契約は、委託者が保有するすべての財産を包括的に信託財産に入れることはできず、個々の財産を具体的に特定しなければなりませんが、遺言信託の場合は、遺言者の死亡時点の財産すべてを信託財産に入れられるというメリットがあります。一方で、遺言信託は老後の財産管理、認知症発症後の成年後見制度に代わる財産管理としての機能がないた

め、実務上は信託契約の方がニーズとしては高いといえます。

なお、信託銀行のサービス商品である「遺言信託業務（サービス）」と、信託法でいう「遺言信託」は、まったく別の概念になるので、注意してください（第３章Q46参照）。

７．自己信託とは

自己信託とは、委託者が自ら受託者となり、受益者（他人）のために自己の財産を管理・処分等する信託の形態をいいます（信託法３条３項）。信託契約と遺言信託が、自分以外の者を受託者として財産管理を託す形態であるのに対し、自己信託は、自己に託す信託の形で自分一人で発動できるので、「信託宣言」ともいわれます。旧信託法においては、受託者は委託者以外の者であることが必要でしたが、平成19年の法改正で新たな信託の方法として認められたもので、改正信託法の目玉の一つです。

自己信託は、「委託者＝受託者」であり、自分一人で特定の財産を信託財産とすることを宣言するだけで信託を成立させるため、要件を厳格化し公正証書等により作成しなければ効力が発生しないとされています（信託法４条３項）。したがって、自己信託を設定するには、公証役場で「自己信託設定公正証書」を作成することが一般的です。

なお、公正証書によらないやり方としては、受益者として指定された第三者に対して、確定日付のある書面により信託内容を通知することで自己信託を設定することも可能です（信託法４条３項２号）。

自己信託は、これまでの財産の持ち主とは異なる者が受益者になるため、設定した時点で他者に財産が移転したことになります。そこで税務上は、生前における財産の移動、つまり“みなし贈与”として贈与税の課税対象になるので注意が必要です。たとえば、親が特定の財産を子に贈与しつつも、子がすぐに浪費しないように、贈与後も引き続き親の手元で財産を管理できるので、いわば「親から子への贈与＋子から親への信託」を一度に実行するようなイメージです。

<自己信託の具体的な利用例>

自己信託の特徴として、財産をもらった者（受益者）自身の手元にその財産を置かないため、浪費癖のある子を受益者にするケース、認知症により自分で財産管理能力のない配偶者を受益者にするケース、障害を持つ子を受益者にするケースなどで活用されています。

8．家族信託における信託財産

信託財産として託す財産は、法律上は特段の制限がありません。負債を単体で信託財産に入れることはできませんが、財産的な価値のあるもの（積極財産）は、理論上すべて信託財産に入れられます。具体的には、「現金」、「動産」、「不動産」、上場株式・未上場株式・投資信託・国債等の「有価証券」、貸金債権・売掛債権等の「債権」、特許権・商標権等の「知的財産権」などです。

しかし、実務上は家族信託への対応が可能かどうかの問題があります。家族信託が普及し始めてからしばらくの間は、金融機関の実務対応等の問題もあり、実際に活用されているのは、「現金」「不動産」「未上場株式」の３つの財産にほぼ限定されていました。しかし現在では、一部の証券会社が家族信託に対応できるようになり、上場株式、投資信託、国債等の有価証券についても信託財産に入れるケースが増えています（詳細は第3章Q13参照）。

今後も、家族信託のさらなる普及とニーズの盛り上がりを受け、全国の都銀・地銀・信金・農業協同組合（JA）・証券会社等の金融機関が家族信託に対応できるようになってくることで、信託財産として託せる財産のバリエーションが増えてくることでしょう。

9．信託不動産の登記手続き

信託契約において不動産を信託財産に入れた場合、分別管理義務の一環として、その旨を登記簿に反映させることが必要となります（信託法34条1項）。その登記としては、所有権移転登記手続きという形をとり、受託者は登記簿上、甲区所有者欄に「受託者」という肩書付で住所・氏名が記載されます。言い換えれば受託者が信託不動産についての登記名義人になる（形式的な所有者として取り扱われる）のです。

信託契約期間中は、登記名義人が受託者になっているので、受益者に相続が発生しても、一般的な相続による所有権移転登記（相続登記）という概念はなくなります。そして、最終的に信託契約が終了した際に、登記簿上の名義を受託者から残余財産の帰属権利者（最終的な所有者）へ、所有権移転登記をすることになります。

注意すべきは、受託者となる長男が、信託契約終了後に残余財産を受け取るとしても、「受託者 長男」から「所有者 長男」へ、所有権移転登記手続きが必要となることです。

（1）信託設定時（委託者から受託者への信託による所有権移転）

登記の目的　：　所有権移転及び信託
原　　　因　：　年月日 信託
権　利　者　：　子（受託者）
義　務　者　：　親（委託者）
登録免許税　：　所有権移転分…非課税
信託分…土地は固定資産税評価額の3/1,000
（租税特別措置法72条（～令和3年3月31日））
…建物は固定資産税評価額の4/1,000（原則）
（登録免許税法第9条別表第一.1（十）イ）

(2) 受益者の変更時（受益者の死亡や受益権の売買等による変更）

登記の目的　：　受益者変更

原　　　因　：　年月日 相続（贈与・売買）

申　請　人　：　受託者

登録免許税　：　不動産１個につき 金1,000円
（登録免許税法第９条別表第一.１（十四））

※実務においては「受益者」の変更と合わせて「委託者」も変更することが多い（第3章Q18参照）

(3) 受託者の変更時（受託者の死亡等による変更）

登記の目的　：　所有権移転

原　　　因　：　年月日 受託者○○死亡による変更

申　請　人　：　新受託者

登録免許税　：　非課税（登録免許税法７条１項３号）

(4) 信託の終了時（受益者の死亡等信託終了事由の発生）

登記の目的　：　所有権移転及び信託登記抹消

原　　　因　：　所有権移転 年月日 信託財産引継
信託登記抹消 信託財産引継

権　利　者　：　帰属権利者

義　務　者　：　受託者（注2）

登録免許税　：　所有権移転分…固定資産評価額の20/1,000（注3、4）
信託抹消分…不動産１個につき 金1,000円

（注2）「帰属権利者＝受託者」となるケースでも同様となります。

（注3）信託の効力発生時から「委託者＝元本の受益者」であって、信託終了に伴って当初の委託者の相続人を帰属権利者として所有権を移転する場合には、相続登記の税率（＝4/1,000）を適用する（登録免許税法７条２項）。

（注4）「委託者＝受益者」であり、信託期間中において委託者および受益者に変更がなく、信託終了時に当該委託者兼受益者に所有権を移転する（元の所有者に戻す）場合には、所有権移転登記にかかる登録免許税は非課税（登録免許税法７条１項２号）。ただし、抹消登記分（不動産１個につき金1,000円）は必要。

10. 信託不動産の登記簿への記載

信託契約に基づき、信託設定に関する登記申請をした場合に、登記簿にどのように記載されるかについて説明します。

図表1-4は、元々山田父郎（80）が所有していたアパートの登記簿だと想定してください。父郎は、長男・子太郎（50）と令和2年1月25日に信託契約（委託者兼受益者：父郎、受託者：子太郎）を交わして、アパートの管理・処分権限を託しました。すると子太郎は、管理処分権限を持つ者として、甲区の所有者欄に「受託者」という肩書付で名前が記載されます。子太郎はいわば、形式的な所有者となりますので、その効果として、以後アパートの賃貸借契約の新規契約・更新・解約に関する書面には、父郎に代わりすべて子太郎が「受託者 山田子太郎」として調印します。

また、「受託者 子太郎」が当該アパートの固定資産税の納税義務者や火災保険の契約者、大規模修繕の施主になったりします。アパートを売却する場合には、「受託者 子太郎」が売主になり、その際の本人確認手続きは受託者に対してなされます。つまり、信託契約後は父郎が認知症等で判断能力が低下・喪失しても、信託財産の管理等については、一切影響を受けない仕組みが構築できるのです。

これが高齢の不動産オーナーの認知症対策として家族信託が活用できるゆえんです。

信託不動産の登記簿には、さらに「信託目録」が作成されます。家族

図表1-4　信託不動産の登記簿の記載例

権利部（甲区）（所有権に関する事項）

順位番号	登記の目的	受付年月日・受付番号	権利者その他の事項
1	所有権移転	平成２年12月１日 第●●●号	原因　平成２年12月１日売買 所有者　東京都杉並区××× 山田父郎
2	所有権移転	令和２年１月26日 第○○○号	原因　令和２年１月25日信託 受託者　東京都武蔵野市××× 山田子太郎
	信託	余白	信託目録第△△号

信託契約の概要が公示されます。

財産の管理処分権限を持つ者として、形式的に所有者欄に記載されます。

信託目録

番号	受付年月日・受付番号	予　備
第△△号	令和２年１月26日 第○○○号	余白
1.委託者に関する事項	東京都杉並区×××丁目…番…号 山田父郎	
2.受託者に関する事項	東京都武蔵野市×××丁目…番…号 山田子太郎	
3.受益者に関する事項	東京都杉並区×××丁目…番…号 山田父郎	
4.信託条項	①信託の目的 受益者の資産の適正な管理及び有効活用を目的とする。 ②信託財産の管理方法 1.受託者は、本件信託財産の保存及び管理運用に必要な処置、特に信託財産の維持・保全・修繕・改良・建物解体は、受託者が適当と認める方法、時期及び範囲において行う。 2.受託者は、本件信託不動産を第三者に賃貸することができる。 3.受託者は、裁量により本件信託不動産を換価処分することができる。 4.受託者は、本件信託の目的に照らして相当と認めるときは、本件信託不動産となる建物を建設・建替えすることができる。 ③信託終了の事由 本件信託は、委託者兼受益者　山田父郎が死亡したときに終了する。 ④その他の信託の条項 1.本件信託の受益権は、受益者及び受託者の合意がない限り、譲渡、質入れその他担保設定等すること及び分割することはできない。 2.受益者が本件信託の受益権を譲渡、質入れその他担保設定等すること及び分割することは、受託者の同意が無い限りできないものとする。	

従来の所有者が記載されます。

委託者＝受益者の場合、贈与税も不動産所得税も課税されません。

何のためにこの信託が設定されているかが記載されます。

受託者の権限を記載します。

この信託がいつまで継続するかが記載されています。オーナー（委託者兼受益者）が死亡しても信託契約が継続する設計も可能です。

信託のすべての拠り所は信託契約書になりますが、信託目録は、契約書の中から重要な情報を抽出して登記簿に記載し、不動産取引等の安全性を高めるために誰でも見られる仕組みとなっています。

具体的には、信託で何を実現したいのかという信託の目的、具体的な受託者の権限、いつまで信託契約が存続するかという信託の終了事由などです。実務上、どこまで信託目録に記載するかは、登記を担う司法書士の判断によることになりますので、家族信託の実務を理解した司法書士が信託登記をするのが好ましいといえます。

たとえば、予備的な受託者や後継受益者については、具体的な個人情報（住所・氏名）をあえて伏せておく工夫も必要です。

11．商事信託とは

商事信託は「営業信託」とも呼ばれ、信託の引受けが営業としてなされる形態、言い換えれば受託者が営業として引き受ける信託です。この「営業として」という意味は、財産管理を担う者（受託者）が収益または報酬を得る目的で(つまりビジネスとして)、不特定多数の者に対して、継続的・反復的に引き受けることとされています。

大正時代の信託法施行以来今日まで、日本で行われている信託は、大半が営利を目的としたこの「商事信託」です。そして、商事信託には信託業法が適用され、これを営むには内閣総理大臣（実質的には金融庁）の免許を受ける必要があります。つまり、商事信託は、信託業法上の免許を持つ金融機関または信託会社しか営むことはできません。

なお、商事信託に対して、受託者が営業目的ではなく信託を引き受ける形態を「民事信託（非営業信託）」といいます（21頁、**図表1-3**参照）。商事信託と民事信託の比較・使い分けについては、第３章Q47を参照してください。

12. 信託のメリットとは

ここでは、信託の機能がどのような場面でどんなメリットをもたらすかについて説明します（以下、各見出しの（A）は「生前の管理」におけるメリット、（B）は、「相続後の資産承継・財産管理」におけるメリットであることを表す）（**図表1-5**）。

（1）成年後見制度に代わる柔軟な財産管理の実現……（A）

従来の所有者たる父郎さんが信託契約を交わし、父郎さんがそのまま受益者となった場合（父郎さんが委託者兼受益者：自益信託）、信託財産は、元々の所有者であった父郎さんの所有権財産から独立した別の財産という性質を持ちます。この独立した信託財産は、原則として信託契約に定められた目的・管理方針に従ってのみ存続するので、他の父郎さんの一般財産とは隔離されます。

この機能は、所有者本人が認知症等で判断能力・財産管理能力を喪失した場合に、大きな効果を発揮します。通常は本人に判断能力がなくなれば、家庭裁判所に選任された後見人が本人に代わって財産管理や法律行為を行うことになりますが、後見人は、家庭裁判所の直接または間接的な監督下に置かれ、財産の管理・処分には制約を受けることになります。ところが、本人が元気なうちに信託契約を締結し、保有資産のうち信託財産として受託者に託した財産については、受託者がその目的に従って財産を管理・処分しますので、実質的に後見人をつけなくても財産管理に支障はありません。

また、もし後見人をつけたとしても、すでに受託者に託しておいた財産の管理・処分方針には直接影響を及ぼさないため、後見制度利用後でも柔軟な財産管理はある程度可能となります。つまり、何かと負担と制約の多い成年後見制度の代替手段になるというメリットに加え、後見制

図表1-5　信託機能の活用場面

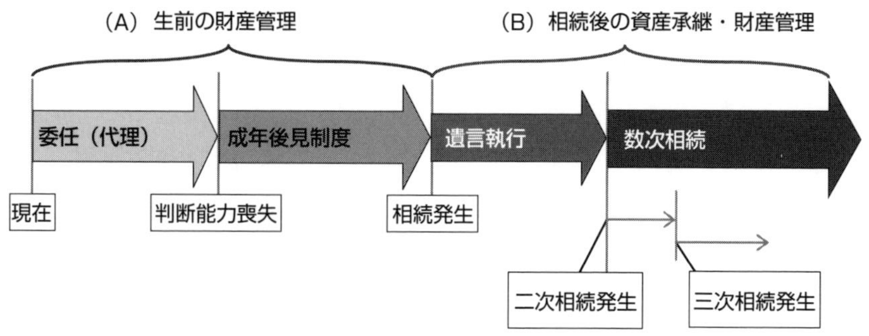

度を併用せざるを得なくなっても、後見人が直接管理する一般財産とは隔離されるなかで、積極的な資産の運用や組み換えなど本人および家族が望む柔軟な財産管理が遂行できるというメリットもあります。

(2) 民法ではできなかった二次相続以降の承継者まで指定可……（B）

本章の14.および15.で説明していますが、信託が持つ機能として「受益者連続」の機能があります。これにより、民法では認められていなかった二次相続以降の資産の承継先を指定できるので、個人事業主・会社経営者・地主・医院経営者である医師などが持つ事業承継の悩み・希望に的確に応えられる可能性があります。

(3) 共有不動産や相続による不動産共有化の問題回避……（A）＋（B）

所有者は、所有権としての価値（財産権）と、それを自分で自由に使用収益処分できる権限を合わせ持っています。言い換えれば、所有権は、財産権と管理処分権限が表裏一体となっているといえます。一方、信託財産は、財産権と管理処分権限が分離されるという性質を持っています。信託受益権という資産（財産権）は、「受益者」に帰属しますが、それを管理処分する権限を持っているのは「受託者」となるのです（**図表1-6**）。

図表1-6　財産権と管理処分権限の分離機能

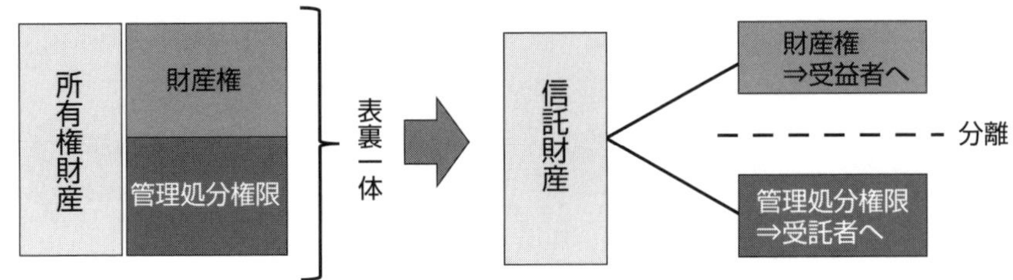

この財産権と管理処分権限の分離機能が、様々な場面で活用できます。たとえば不動産の共有問題です。不動産を持分３分の１ずつ持ち合っている３兄弟がいたとして、通常、３人の共有財産を処分するには３人の意見の一致が必要です。３人の関係が悪化したり、兄弟の１人が海外にいて連絡が取りづらくなったり、行方不明になったり、あるいは兄弟の１人が亡くなりその配偶者や子供の間で遺産争いが発生している場合には、共有者全員の意見が一致せず（共有者全員の実印押印が揃わず）、最悪の場合、共有財産は塩漬けになる可能性があります。

この問題を未然に防ぐ方策として信託が活用できます。３兄弟が円満なうちに信託契約を交わし、財産管理は受託者となる長男の子に託し、３兄弟は受益者として信託受益権という財産を３人で準共有することが考えられます。つまり、受益権という財産権を３分の１ずつ平等に保有するが、管理処分権限は長男の子１人に集約し、管理の手間の合理化、財産管理に関する判断の機動力を向上させるとともに、資産の塩漬け対策になるのです（共有不動産を巡る紛争予防策については、第２章〈事例３〉〈事例４〉参照）。

同様に、会社の事業承継における株式譲渡の際にもこの機能が役立ちます。詳しくは第２章〈事例17〉〈事例18〉で説明しますが、株式を信託財産とする信託受益権という財産権を持つ受益者とその株式の管理処分権限（具体的には議決権）を持つ受託者とに分離することで、円満円滑な事業承継を図ることができます。

（4）財産の受取人側の事情に応じた財産給付……（A）＋（B）

受託者は、受益者のために財産の管理・処分・給付をしますが、その方針や実際の給付作業は、信託契約の定めに従うことが原則です。たとえば、浪費家の息子のために信託を設定する場合、受益者である息子が一括で信託財産の給付を要求しても、委託者たる親が信託契約で毎月10万円の給付と規定したなら、受託者はそれに従うことになります。

通常の贈与や相続では、受贈者や相続人は財産を一括して受け取ることが大原則ですが、このように本人に一括で渡したくないというニーズに応え、信託では財産の受渡方法（時期・回数など）を自由に設計することが可能です。

また、すでに判断能力のない配偶者に遺産を遺しても、自己管理できず後見人が必要となりますが、信託では、後見人に代え受託者による財産の管理と給付の仕組みとして配慮ある遺し方も可能となります。

（5）生前の遺産分割機能と撤回不能機能による争族回避……（B）

父親本人が存命中に、父親亡き後の財産分割について推定相続人が合意しても法律上無効です。そこで、一般的には父親にその合意内容を反映した遺言書を作成してもらうことで、実質的に家族の合意を形に残しているケースはあります。

しかし、遺言はいつでも書き替え・撤回ができるという点で、必ずしも将来の遺産分割が確定したとはいえません。また、亡くなる直前に遺言の書き替え合戦が繰り広げられる可能性も排除できません。そこで、次のように信託を活用することで、実質的に生前の遺産分割協議を有効に確定させることが可能となります。

まず、今から発動する信託契約で父親亡き後の資産承継について指定しておきます（遺言代用機能）。そして、この信託契約の変更・解約に一定の制限を加え、父親一人の意思では内容の変更ができない旨、あるいは遺言代用部分の条項のみ変更・撤回不能とする旨を定めておけば、将来の相続に向けて遺産分割内容を確定することができます。これにより、子の一人が老親に働きかけて自分に有利になるような遺言の書き替えを迫るような事態を回避できます。

13. 信託のデメリット（リスク・注意点）とは

次に、家族信託の設計・実施に際して気をつけなければならないポイントを説明します。

（1）税務的な問題

保有資産を信託財産に入れた場合、「所有権」という財産から「信託受益権」という財産に変わりますが（これを「権利転換機能」という）、相続税や贈与税の評価額に影響を及ぼさないため、その受益権の評価額は所有権の評価額と同じです。また、不動産を信託財産に入れても通常受けられる税務的な特例・軽減措置（小規模宅地の評価減、不動産の買換特例など）を受けることができるため、信託を設定すること自体に税務リスクや税務的デメリットはありません。

「信託」はそれ自体が「目的」ではなく、あくまでかなえたい“想い”（＝信託の目的）を実現するための「手段」と考えなければならず、信託を組成する行為自体に、税務的なメリットもデメリットもないという理解は大切です。

（2）損益通算の問題

保有するほとんどの財産を、信託財産として１本の契約で託す場合は問題ありませんが、保有不動産の一部だけを信託財産にする場合や、不動産を複数の信託契約に分けて管理する場合には、損益通算禁止の問題があるので注意が必要です（第３章Q37参照）。

(3) 手間とコストの問題

信託の組成（信託契約書の設計・作成等）を、専門家の関与なくして行うのは困難であり、やるべきではありません。したがって、専門職に依頼する手間やコスト（第３章Q52参照）がかかることは、必要経費として想定しておかなければなりません。

(4) 実務に精通した専門家が少ない

家族信託は、医学業界で例えるなら“最先端治療”にあたりますので、医者であれば誰でもその治療法を扱うことができるとは限らないのと同様、弁護士・司法書士等の法律専門職や公証役場の公証人なら、誰にでも対応できるという訳ではありません。

家族信託の実務に精通していない専門家にうっかり相談してしまうと、後で取り返しがつかない事態が生じるリスクがあります（老親の判断能力が低下してしまえば、後で家族信託の設計や契約内容を修正することができなくなる）。

最先端の財産管理・資産承継の仕組みである家族信託について、きちんとした見識と実務経験がある専門家に相談することが不可欠ですが、そういう専門家はまだまだ一握りですので、中途半端な知識の“なんちゃって専門家”に引っかからないように注意しましょう。

もちろん、専門家に相談もせずに書籍やインターネットの情報だけで家族信託を実行しようとするのは、絶対に避けるべきです。

14. 家族信託のイメージと機能

家族信託を契約で実行する場合、「親の生前の財産管理」と「相続発生後の財産管理・資産承継」という２つの機能を一括で導入できる効果が見込めます。

具体的に「受益者連続型信託」を例に挙げて説明します。

図表1-7　家族信託のイメージ

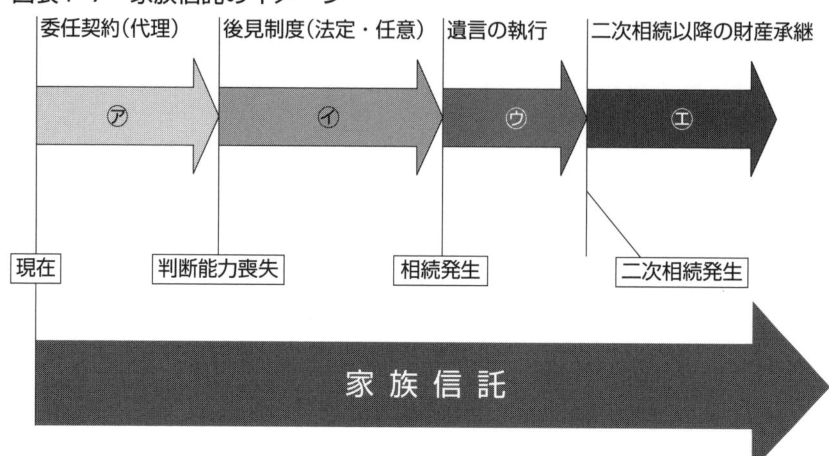

父親が元気なうちに、子を受託者として財産管理を託す契約を締結し信託が発動すると、受託者が父親に代わって財産管理をする、いわば「委任」や「管理委託」の機能を持ちます（**図表1-7の㋐の矢印部分**）。その後、父親が認知症や事故等で判断能力が低下・喪失しても、引き続き受託者が財産管理を実行できるという点では、「成年後見制度による財産管理」の代用機能も持ちます（**図表1-7の㋑の矢印部分**）。つまり、家族信託は、委任・管理委託・成年後見制度といった生前の財産管理の機能を持っているのです。

委託者兼当初受益者である父親が死亡し相続が発生した場合、受託者である子は、信託契約で指定された次の受益者（第二受益者）である母親のために財産管理を継続することになります。つまり、信託財産については、承継者の指定という「遺言」の機能を持つことになります（**図表1-7の㋒の矢印部分**）。

さらに、第二受益者の母親が死亡した時点で信託契約が終了し、終了時点で残った各残余財産について、複数の子にそれぞれ帰属させる旨を信託契約書に規定しておくことで、通常の遺言では実現できない二次相続以降の資産の承継先の指定、いわゆる「後継ぎ遺贈」の機能も持たせることができるのです（**図表1-7の㊟の矢印部分**）。

以上をまとめますと、家族信託は、生前の財産管理としての委任・管理委託・成年後見制度の代用機能を持つことに加え、相続発生後の財産管理や２次相続以降の資産承継の指定ができる点において、遺言の代用機能ばかりか、遺言の限界を補う遺言以上の機能を持ち得ているといえます。そして、これらの機能・効果を、今からスタートさせる信託契約１つで一気通貫で賄えるのが家族信託のイメージとなります（**図表1-7の一番下の太い矢印部分**参照）。

15. 後継ぎ遺贈型受益者連続信託とは

「自分が死んだら妻に全財産を相続させるが、妻が死んだら残った資産のうち自宅を長男に、自宅以外の財産を長女に承継させる」という“後継ぎ遺贈”の遺言は、民法上無効とされています。しかし、信託法91条（**図表1-9**）に規定する信託の仕組みを使うことで、二次相続以降の資産の承継先指定（この例では長男長女への承継）も可能になります。

民法には「所有権絶対の原則」（注4）があるため、自己が相続や贈与で取得した財産（所有権）については、自分しか次の承継先を指定できません。つまり、相続や贈与で財産を受け取った者は、前所有者からの“想い”に束縛・制約されることなく、自由に消費も譲渡も可能です。いったん相手に財産が渡れば、それは、もはや前所有者の“想い”は届かない可能性があるのです。これが通常の相続や贈与が「点の資産承継」といわれるゆえんです。

一方、信託は所有権という財産権を「信託受益権」という債権に転換する機能があります。債権は条件付・始期付・一身専属的指定など、いわば何でもありです。信託の権利転換機能を生かす形で、所有権絶対の原則の適用を排除し、委託者が何段階にも財産の受取人を指定する（指定された者は自分が生きている間だけ経済的利益を享受できるが、死亡したらその権利は消滅して相続人に引き継がないようにする）ことが可能になるのです。

つまり、信託は、相手に財産を渡した後も、自分の"想い"を及ぼすことができるのです。これこそ信託が「線の資産承継」といわれるゆえんです（**図表1-8**）。

（注4）「所有権絶対の原則」とは、人は何人からも妨害を受けることなく自分の所有物を自由に使用・収益・処分できるという原則。

図表1-8　受益者連続型のイメージ

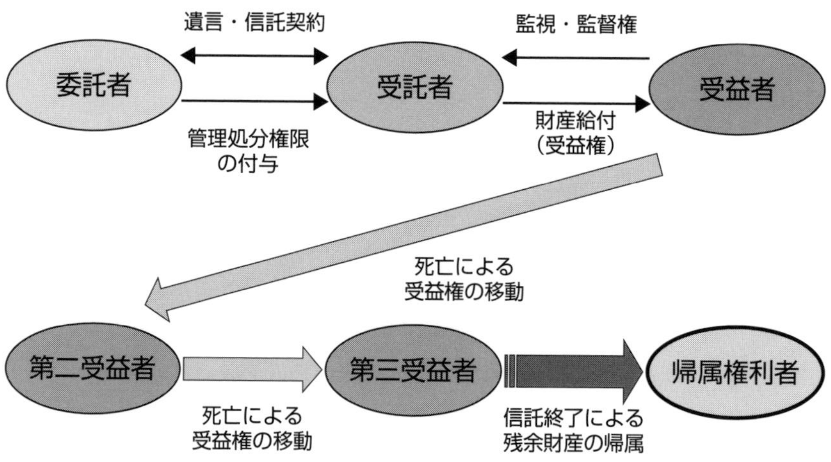

図表1-9　信託法91条

（受益者の死亡により他の者が新たに受益権を取得する旨の定めのある信託の特例）
第91条 受益者の死亡により、当該受益者の有する受益権が消滅し、他の者が新たな受益権を取得する旨の定め（受益者の死亡により順次他の者が受益権を取得する旨の定めを含む。）のある信託は、当該信託がされた時から三十年を経過した時以後に現に存する受益者が当該定めにより受益権を取得した場合であって当該受益者が死亡するまで又は当該受益権が消滅するまでの間、その効力を有する。

図表1-10　信託期間のスキーム

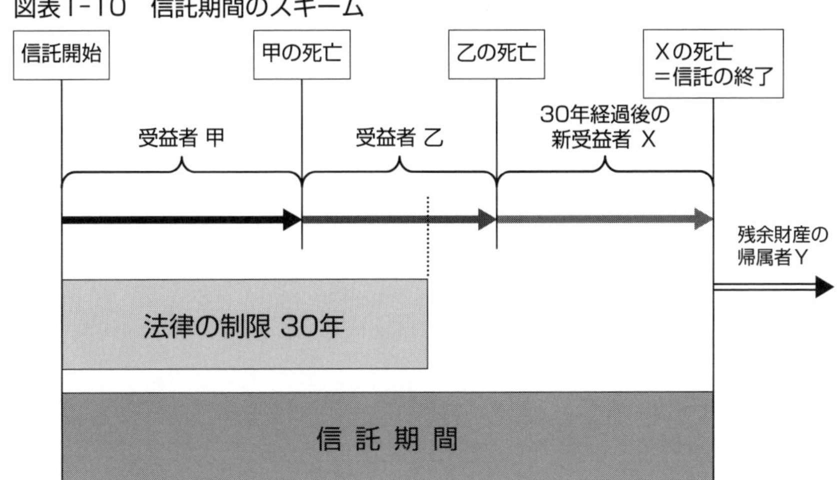

＜受益者連続信託の期間制限＞

受益者連続型信託については、何段階にも受益者を指定できるとはいえ、無制限にこの指定を許すことは、かえって将来の利害関係人を不当に拘束し、国民の経済活動を阻害しかねない等の理由で、信託が設定されたときから「30年」という期間制限を置いています（信託法91条）。

この「30年」の制限の内容は、設定から30年経過した時点で強制的に信託が終了するのではなく、30年経過後は、受益者の交代（受益権の取得）は１回限りで、30年経過後に新たに受益者となった者が死亡するまで存続するという制限です。ただし、信託終了後の残余財産の帰属先指定ができるので、実質的には、30年経過後においては２回分の受益者の交代まで指定できることになります（**図表1-10**）。

16．信託の税務の理解

信託における税務は複雑で不確定要素が多いので、リスクが高いとする専門家もいるようですが、考え方としては非常にシンプルです。

原則として、従来の所有者（委託者）から財産権が実質的に他者へ移ったかどうかで、課税の有無が判断されます。つまり、「信託設定時」「信託期間中」「信託終了時」に、誰が信託財産を実質的に保有しているかを掌握できていれば、言い換えると、受益者または残余財産の帰属先が誰になるかを見極めていれば、税務的なリスクはありません（**図表1-11**）。

（1）信託設定時の税務

たとえば、父親が持っていた不動産や現金を家族信託の契約で長男に管理を託す場合、父親を委託者兼受益者とする「自益信託」の形が一般的です。

この場合、信託財産（不動産や現金）は引き続き受益者たる父親のものになり、財産権は誰にも移動していないので、贈与税等が課税される余地はありません（信託財産に入れた不動産は、形式的に受託者たる長男が登記簿上の所有者欄に記載されますが、あくまで長男は管理者に過ぎませんので、長男に対して不動産取得税が課税されることもありません）。つまり、家族信託のほとんどがこの「自益信託」の形態をとりますので、信託を設定した時点で税務的な問題は生じないと考えてよいでしょう。

参考までに、信託発動時から委託者と受益者が異なる信託（これを「他益信託」という）の設定をする場合の税務についても触れておきます。たとえば、委託者が父親で、受益者を母親とする信託を設定する場合、この信託契約が発動した時点で、信託財産は、委託者たる父親から受益者たる母親に移ったことになります。父親が生きている間に、無償で（母親から父親に対価を支払うことなく）財産権が移ることになりますので、母親に対し「贈与税」が課税されることになります。正確にいうと、贈与契約に基づく財産権の移動ではないので、「みなし贈与」、つまり贈与に準じて課税されることになります。

（2）信託期間中の税務

信託契約の存続中に受益者が変わる場合があります。たとえば、受益者たる父親が生きている間に受益者を父親から長女に代える場合（受益権を父親から長女に移動させる場合）、それが無償で行われるのであれば「受益権の贈与」として贈与税の対象になります。長女から父親に受益権の移動に伴う対価が支払われる場合は、「受益権の売買」（信託財産をすべてまとめて売買した）として「譲渡所得税」の課税対象とされます。

一方、受益者たる父親の死亡により、たとえば母親が第二受益者になる場合は、父親の「死亡」を原因として信託財産が移転するので、父親の他の遺産と合わせて「相続税」の課税対象になります。

（3）信託終了時の税務

受益者（たとえば父親）が死亡したことにより信託契約が終了した場合、契約の中で残余財産の帰属権利者として指定された者（たとえば長男）がいれば、父親の死亡（相続）により信託財産が「帰属権利者」たる長男に移ったことになりますので、相続税の課税対象になります。

一方、受益者（父親）と受託者（長男）の合意で信託契約を終了させる場合、残余財産の帰属先を「信託終了時の受益者」（つまり父親）に指定していれば、今まで実質的に信託財産を持っていた父親がそのまま所有権に戻した財産を取得することになり、新たな財産権の移動は生じないので、贈与税等の課税の余地はなくなります。

以上の⑴から⑶を踏まえ、信託の税務については、常に信託財産の持ち主たる受益者が誰かが最も重要です。そして、この受益者が代わる（つまり、信託受益権という財産権が他者に移動する）際、死亡を原因とする場合は常に「相続税」の課税対象となり、受益者が生きている間に交代する場合、無償なら「贈与税」、有償なら「譲渡所得税」の課税対象になります。この大原則を理解しておけば、信託に関する税務は必要最低限理解できたといえますので、不安を感じる必要はないでしょう。

図表1-11　信託の設定時、期間中、終了時の税務

≪信託設定時≫

委託者＝受益者(自益信託)

⇒ ~~贈与税・不動産取得税~~

委託者≠受益者(他益信託)

⇒ 贈与税課税！ (みなし贈与)

≪信託期間中≫

受益者の変更(受益権の移動)の原因別の税区分

・受益者の「死亡」が原因 ⇒ 新受益者に相続税
・受益権の「無償譲渡」が原因 ⇒ 新受益者に贈与税
・受益権の「有償譲渡」が原因 ⇒ 譲渡人に譲渡所得税

≪信託終了時≫

残余財産の帰属権利者＝信託終了時の受益者

⇒ ~~相続税・贈与税~~

残余財産の帰属権利者≠信託終了時の受益者

⇒ 相続税または贈与税課税！

17. 生命保険信託とは

信託の「財産管理機能」と生命保険の「保障機能」を組み合わせた「生命保険信託」という金融商品があります。

従来の生命保険では、指定受取人が死亡保険金を一括して受け取るか、

年金型として毎月受け取るという選択肢しかないため、保険金の受取人に財産管理能力がなければ、保険金がすぐに費消されてしまうリスクや有効に活用できない可能性があります。

そこで、信託の仕組みを死亡保険金に活用することで、「自分の死亡後は長男が15歳になるまで○円、それ以降は●円を毎月長男に渡してほしい」などあらかじめ定めた支払方針に従って、死亡保険金を長期にわたり柔軟に受取人に届けることができます。

生命保険信託は、下記のような想いを持っている方にとっては有効な選択肢として活用し得ると考えます。

①もしものときに遺される、幼い子や障害を持つ子、引きこもり等で就労が難しい子の生活を保障したい（親なき後問題）

②浪費癖のある子に長期にわたり定期的に生活費を渡したい

③離婚したため離れて暮らす子への養育費を確実に届けたい

④家族・親族がいないので、公共の利益のために有効に使ってほしい

図表1-12　生命保険信託の仕組み

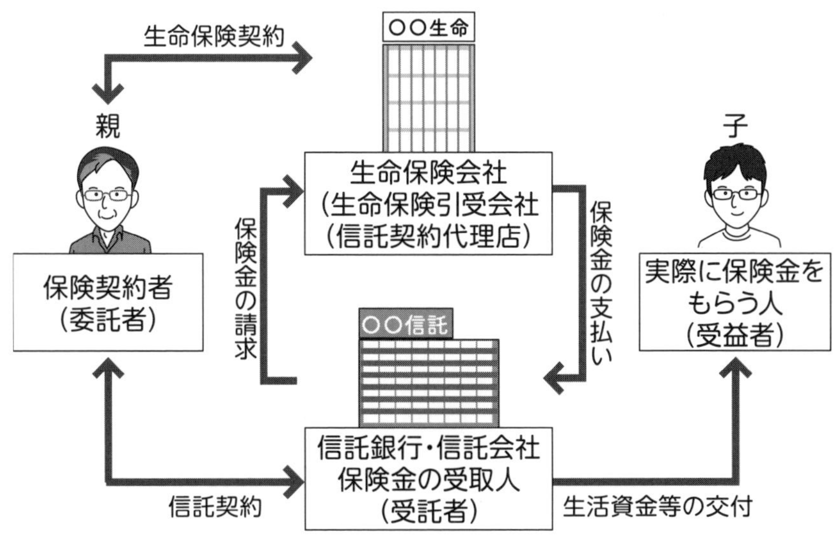

生命保険信託は、信託銀行または信託会社の金融商品で、保険会社は、信託契約代理店という立場で関わるという仕組みになっています（**図表1-12**）。

生命保険の契約なら保険会社を問わず、この「生命保険信託」という仕組みが使えるという訳ではなく、プルデンシャル生命やソニー生命など一部の保険会社の保険契約しか対応することはできませんが、上記①～④に該当する方にとっては、選択肢の一つとして検討する価値はあるでしょう。

18. 信託設計上の留意点

家族信託は、所有者たる親（委託者）の"想い"を実現し、長期にわたり多額の財産を管理・承継していく仕組みのため、後々の親族間の紛争や確執を起こさないような工夫や、"想い"をきちんと実現できるような仕組みが必要です。

次にそのためのポイントを挙げて説明します。

(1) 家族・親族が納得のできる仕組み作り

推定相続人全員の利害と委託者の"想い"は、必ずしも同じ方向を向いているとは限らないため、よかれと思って設定した信託契約（または遺言による信託）が、結局遺産争いを誘発することになっては本末転倒です。家族や親族、特に推定相続人全員にとって納得のいく信託の仕組みを構築することが理想といえます。

遺言書で信託を設定する場合、家族に内緒で行うこともできますが、相続発生時には遺留分の問題も出てくるので、遺留分の確保も考慮に入れた信託設計が望まれます。信託契約はもちろん、遺言であっても、"家族会議"で親世代・子世代がじっくり話し合ったうえで作成するのが理想的です。

(2) 監督機能を持たせる

家族信託の場合、大切な財産を託す相手（＝受託者）は家族などの一般人ですから、財産管理がずさんだったり、資産を勝手に消費・横領したり、投機的商品に手を出して失敗したり、さらには詐欺商法にひっかかってしまう事態が発生する可能性はゼロではありません。

本来は、受益者自ら、受託者が暴走しないように目を光らせていればいいのですが、家族信託は、受益者が老親であることを多分に想定しますので、将来的に受益者が監督・指導する役割を担えなくなる可能性も想定しておかなければなりません。

また、財産管理のプロではない受託者が、管理処分方針や判断に迷ったときに、的確に相談にのれるようなサポート体制を築いておくことも大切です。

そこで、「信託監督人」を置くという選択肢があります。信託監督人は、成年後見制度でいうところの「後見監督人」的立場として、受益者のために受託者が信託目的に沿って、適正に財産管理を行っているかを定期的にチェックする機能を果たします（第３章Q29～31参照）。信託監督人以外には、「受益者代理人」を置くことも良策となります（第３章Q32参照）。

また、株式信託（中小企業の自社株を信託財産とする信託）においては、株主として株主総会で受託者が議決権を行使する際に指示を出す「指図権者」を置くことも多いです（第３章Q34参照）。

受託者の業務に複数の人が関わり続ける方がより安心だという観点から、受託者を複数名にすることも可能です（法律上、受託者の人数に制約はありません。第３章Q19参照）。

いずれにしましても、委託者（老親）の“想い”が長期にわたり確実に実行されるにはどうしたらよいかについて、家族構成、家族の人間関係、受託者の性格・居住地・勤務状況などに応じて設計することが求められます。

(3) 今から信託をスタートさせて受託者の働きを見極める

信頼できる相手だからこそ、受託者として自分の財産を託すわけですが、受託者としての働きぶりを見極めることができれば、より安心です。つまり、認知症対策であっても、契約と同時に信託を発動させ、今から生前の財産管理を受託者に任せる方が、委託者としてはその働きぶりが分かるので安心です。

また、委託者（老親）が元気なうちだからこそ、たとえば、賃貸経営のノウハウ（管理会社や賃借人との付き合い方、修繕のやり方など）を直接伝授できる点も非常に大切です。

なお、そもそも家族・親族はいても、受託者となるべき適任者がいない場合は、これから適任者を育てる方策や、親族で一般社団法人を立ち上げて受託者の受け皿を作る方策、あるいは商事信託を活用する方策などを検討する必要があります。

(4) 予備的に次の受託者を決めておく

受託者が法人であれば別ですが、家族・親族たる個人が受託者となる場合は、受託者の死亡や病気等による信託事務の遂行不能となる事態を想定しておくことも大切です。

現在の受託者が死亡等した場合において、信託行為（信託契約や遺言等）の中に後継受託者に関する定めがないときや、信託行為に定めた後継受託者が受託者を引き受けなかったときなどには、委託者および受益者は新たな受託者を選任することができます（信託法62条１項）。

しかし、受益者が高齢者や障害者の場合もあるため、簡単に次の受託者の選任ができるとは限りません。しかも、受託者が不在のまま１年間経過すると、信託契約は法律上強制的に終了してしまいます（信託法163条３号）。そのため、万が一に備えてあらかじめ次の受託者（第二次受託者・第三次受託者）を決めておくと安心です。

(5) 成年後見制度との併用も視野に入れる

高齢の配偶者や障害のある子を受益者として家族信託を利用する場合、成年後見制度に代えて家族信託という仕組みで財産を管理することは可能です。ただ、もし受益者が入院・転院したり、施設に入所することになった場合、受託者には“身上監護権”がないため、費用の支払いはできても、「受託者」という立場で入院契約や施設入所の契約を結ぶことはできません。

実際のところ、“身上監護権”を誰が持っているかはあまり問題になりませんので、通常は単に「子」や「親族」という立場で入院や入所の手続きをすることが可能でしょう。しかし、もし子供間や親族間で本人についての医療・介護方針が割れた場合には、誰が手続きを担うかで紛糾し、本人の生活を万全に支えられなくなってしまうかもしれません。その場合は、やはり身上監護の権限のある成年後見人を選任する必要が出てくるかもしれません。

なお、信託の受託者と成年後見人とは別にした方が無難ですが、両者の間で利害が大きく相反するような状況でなければ、受託者が成年後見人を兼ねることも理論上可能でしょう。いずれにせよ、家族・親族関係が微妙であれば、不測の事態に備え、信託契約だけでなく任意後見契約を交わすことも含めて十分に検討すべきです。

(6) 仕組みを極力シンプルにする

家族信託は、長期にわたる財産管理の仕組みですから、将来における不測の事態（受益者や受託者の死亡、受益者の離婚・出産・養子縁組等）を想定しておくことも大切です。

ただし、あまり色々と考えすぎると信託の設計自体が複雑になり、委託者も受託者もよく分からなくなってしまうことがあります。現時点ですべてが万全・完璧な信託の仕組みを実行するのは困難ですし、せっかくの仕組みも受益者家族の事情の変化等で、見直さなければならないことも十分あり得ます。

後々、信託契約の変更や遺言書の書き替えにより要望の変更に対応することは可能なため、予期せぬ親族関係の変化が起こった場合はその都度見直すつもりで、なるべくシンプルな仕組みを設計するようにしましょう。

(7) 定期的なメンテナンス

前記(6)の通り、信託の設計は極力シンプルにしたうえで、定期的な家族会議の開催を心がけ、その中で受託者の財産管理状況や受益者等の健康状態の情報共有、信託内容の見直しの必要性などを検討すべきです。必要に応じて、信託組成に関わった法律専門家が家族会議に同席するような体制作りが理想です。

家族信託の実務に精通した専門家を信託監督人に据え、定期的に接点を持つ機会を設けることもお勧めします。

第2章

家族信託
22の活用事例

1. 生前の財産管理・後見制度代用（認知症対策）として活用

<事例１>高齢の地主が認知症のリスクを踏まえ相続税対策をしたい

地主家系の加藤父郎（85歳）は、先祖代々の農地や貸地・貸家等の不動産を数多く所有しています。これまで相続税対策をしていないので、このまま父郎が亡くなると、少なくとも数億円単位の相続税が発生することが分かりました。

父郎の推定相続人は、長男子太郎、長女恵子、二女美子の３人で、それぞれ結婚して子供もいますが、家族・親族関係は円満です。長女恵子と二女美子は嫁いでいるので、先祖代々承継してきた土地・家屋については、将来的に不動産賃貸業を継ぐ長男家系が相続することに家族・親族の全員が納得しています。

今でも農作業をするくらい元気な父郎ですが、年齢を考え早急に相続税対策として、①遊休資産の有効活用、②相続税評価減の施策の実行、③将来の納税資金の確保、について計画・実行することになりました。

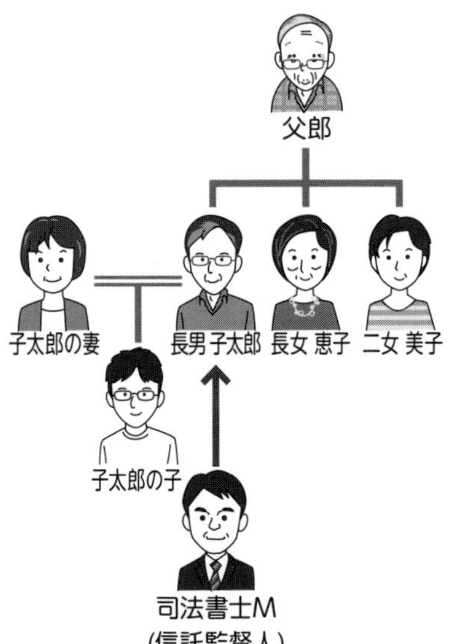

早速、生前贈与や不動産の買換え、農地の転用、貸地の買取り・売却、借入れによるマンション建設等の資産の有効活用・相続税評価減・キャッシュフロー改善に着手しましたが、計画がすべて実行できるまで数年以上の期間を想定しています。

このため、長期計画の途上で父郎の判断能力が低下し、計画が頓挫してしまうリスクを回避したいとの相談が子太郎からありました。

＜解決策＞

加藤父郎は、長男子太郎との間で、父郎所有の不動産を信託財産とする信託契約公正証書を作成します。その内容は、受託者を長男子太郎、受益者を父郎自身とし、さらに子太郎が将来資産を散逸しないように、司法書士Mを信託監督人として、あらかじめ契約の中で設定しておきます。父郎が亡くなった時点で信託を終了させ、信託の残余財産の帰属先を長男子太郎と子太郎の子（父郎の孫）に指定します。

信託財産以外の金融資産等については、長女恵子と二女美子に相続させる旨の遺言公正証書を、信託契約公正証書と同じタイミングで作成しておくので、万が一、将来兄妹間で確執が生じても遺留分対策も万全です。

また、信託財産から長男子太郎に対しては毎月一定額の「信託報酬」を、司法書士Mに対しては「信託監督人報酬」を支出するように、信託契約の中で取り決めておきます。

【信託設計】

委託者：加藤父郎
受託者：加藤子太郎
受益者：加藤父郎
信託監督人：司法書士M
信託財産：保有不動産すべておよび一部の現金
信託期間：父郎が死亡するまで
残余財産の帰属先指定：子太郎・子太郎の子（財産ごとに指定）

＜要点解説＞

信託契約の締結により、信託財産となった不動産には、管理を任う者として「受託者加藤子太郎」の名前が登記簿に記載されます。しかし、自益信託（「委託者＝受益者」）なので、贈与税・不動産取得税は発生しません。

信託契約の締結により、契約後長男子太郎による財産管理が開始し、子太郎は父郎に相談しながら相続税対策を進めることが可能です。父郎は、様々な施策の実行を子太郎に託し、面倒な手続きは関わらなくて済むので気が楽になります。

もし、父郎が認知症になったり、交通事故による後遺症などで判断能力が万全でなくなっても、信託目的に従って子太郎が信託財産を引き続き管理・運用する権限を託されているので、財産管理・相続対策に影響を受けずに実行可能です。

つまり、子太郎は、父郎の承諾や意思確認を要せずに、自己の責任と判断において、父郎が亡くなるギリギリまで相続税対策をすることができるのです。また、月額の信託報酬を設定することで、父郎の体調に関係なく定期的に父郎のお金を子太郎に渡すことが可能となります（原則として、年20万円を超える信託報酬には雑所得として所得税が課税される）。

父郎の死亡により信託が終了すると、各残余財産の帰属先が子太郎や子太郎の子になるので、実質的にその旨の遺言を作ったのと同じ効果が生じます。そして、効果的な相続税対策を実行したうえで、先祖代々の資産を長男家系が引き継ぐことができます。

●遺留分とは●

相続人が当然取得できるものとして、民法が保証している最低限度の遺産受取分を「遺留分」といいます。

遺留分は、原則、法定相続分の半分ですが、被相続人の兄弟姉妹は遺留分の権利がありません。遺留分を無視した遺言も当然有効ですが、遺留分が侵害されている法定相続人は、侵害している他の相続人·受遺者に対して侵害額の金銭を請求することができます。これを「遺留分侵害額請求権」（※）といいます。

この請求権は、遺留分を侵害された相続人が、相続があったことおよび自分の遺留分を侵害する贈与や遺贈があったことを知ったときから１年以内、あるいは、相続開始から10年以内に請求をしなければ時効により消滅します。

※2019年7月1日に改正民法により、遺留分の算定の基礎となる財産についても変更になりました。

<事例２>認知症の妻に後見人をつけずに済むように財産を遺したい

吉田父郎（83歳）は、自宅（戸建）と賃貸アパート１棟を所有しています。妻母子（75歳）は、中度の認知症を患っていますが、夫婦で平穏に暮らしています。子供は、同じ市内に住む長男子太郎（妻と子供１人の３人家族）と他県に嫁いだ長女花子（夫と子供２人の４人家族）の２人で、家族・親族関係は良好です。

心臓の持病がある父郎は、自分が先に亡くなったときに、認知症を患う母子に全財産を渡したいと考えています。また、父郎亡き後は、子太郎が自宅に引っ越し、母子が在宅で過ごせる間は同居する予定です。

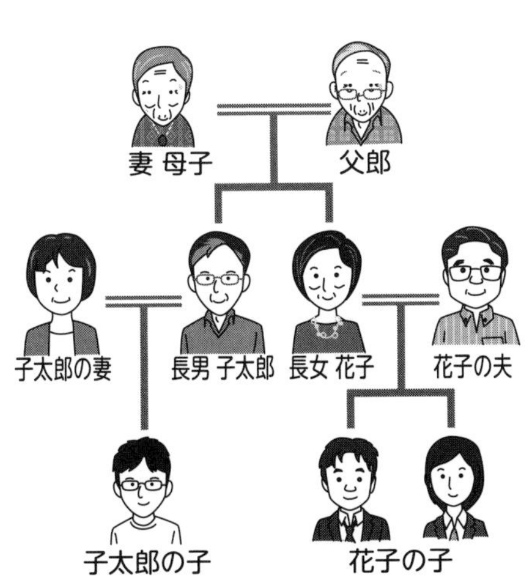

将来的には、子太郎が自宅部分を、花子がアパートを相続する方向で家族内での了解は取れていますが、母子がいったん相続した財産を子供２人に振り分ける旨の遺言を書けるかどうか、中度の認知症では微妙なところです。父郎が先に亡くなることを想定して、今からできることをしておきたいと考えています。

＜解決策＞

吉田父郎は、長男子太郎と父郎所有の自宅およびアパートならびに現預金の大半を信託財産とする信託契約公正証書を作成します。その内容は、受託者を子太郎、父郎存命中は父郎自身を当初受益者、父郎亡き後は第二受益者として妻母子を指定します。子太郎は、今後の父郎の老後の財産管理を担うとともに、父郎亡き後の母子の財産管理も担うことになります。

父郎と母子の死亡により信託契約は終了するように定めておき、信託の残余財産の帰属先については、自宅不動産を子太郎に、アパートを花子に指定します。また、残った信託金融資産については、子太郎が母子と同居して介護に主体的に関わること、また、将来において吉田家の墓守としての責任と負担を担うことなど考慮して、子太郎と花子の分配比率を７：３の割合で指定することにしました。

【信託設計】

委託者：吉田父郎

受託者：吉田子太郎

受益者：①吉田父郎 ②吉田母子

信託財産：自宅・賃貸アパート・現金

信託期間：父郎および母子が死亡するまで

残余財産の帰属先指定：自宅は子太郎、賃貸アパートは花子
金銭は子太郎と花子で７：３の割合

＜要点解説＞

父郎所有の財産をすべて妻母子に渡すことだけを考えれば、その旨の遺言書を父郎が作成すればよいですが、本事例は、そう単純ではありま

せん。すでに中度の認知症を患っている母子が、多額の遺産をもらったとしても、自分で管理することができないため、場合によっては、成年後見制度を利用せざるを得なくなるかもしれません。

将来的に母子のために成年後見制度を利用することは、後見人となった家族（たとえば子太郎）に大きな負担となる可能性が高いです。最低年１回は家庭裁判所に母子の年間の収支状況と財産目録等を報告しなければなりませんし、母子の資産規模が大きければ、子太郎の後見業務をチェックする「後見監督人」（主に司法書士や弁護士）が就任する可能性が高く、後見監督人には３～６ヵ月に一度のペースで財産管理状況の報告をしなければなりません。

また、後見監督人はボランティアではありませんので、報酬として毎年10数万円から20数万円程度を母子本人の財産から支払う必要があり、母子が長生きした場合は、その分の後見監督人報酬としての累積額が高額になります。さらに、もし父郎まで認知症等で判断能力が喪失してしまい、父郎・母子の２人とも成年後見制度を利用せざるを得なくなれば、家族にとっての事務的負担と経済的負担はとても大きなものになります。

そこで、子太郎を受託者として家族信託による財産管理を実行することで、父郎の生涯のサポートはもちろんのこと、中度認知症の母子に対して、父郎の存命中は受益者たる父郎の扶養家族として、父郎亡き後は受益者本人として、何かと負担のかかる成年後見制度は利用せずに母子の生涯も支える仕組みを作ることができます。

また、母子が今も元気であれば、将来父郎から相続する予定の財産を含めた遺言を作成することも可能ですが、母子の現在の状況では遺言を書くのが困難なため、「父郎→母子」の順で相続が発生したときには、長男子太郎と長女花子との遺産分割協議をしなければならなくなります。そこで、将来の兄妹間での煩わしい遺産分割協議の手間を省くための備えとして、父郎が母子亡き後の財産の承継先を指定しておくことで、家族・親族にとって、円満円滑な資産承継が期待できます。

なお、同様の効果を「遺言信託」（遺言書の中で信託を設定すること）で対応することもできますが、父郎の老後の財産管理（認知症対策）については対応できないため、老後の財産管理の必要性も含め、契約による信託を選択しました。これにより、一つの「信託契約」で、父郎および母子の老後の財産管理（成年後見制度の代用）の機能と、父郎および母子の遺言の機能を持たせることができるという大きな効果が見込めます。

2．不動産に関する対策として活用

＜事例3＞不動産を平等に相続させたいが共有は回避したい

林父郎（75歳）は、東京23区内にアパート1棟（収益物件）を所有しています。将来は子供3人（太郎・二郎・三郎）に平等に相続させたいと考えていますが、子供の1人に当該不動産を単独相続させるには、それに見合うだけの代償資産がありません。

また父郎は、しばらくの間アパートの売却処分や不動産を分割（土地の分筆や建物の区分所有権化）することについても望んでいません。

なお、当該アパートの管理は、太郎に任せたいが、あと10年もすれば、老朽化に伴う建替え等の問題が出てくるので、将来の管理・処分方針については、太郎・二郎・三郎の家族間でもめないようにしたいと切望しています。

＜解決策＞

林父郎は、現時点で長男太郎との間で当該アパート（土地・建物）を信託財産とする信託契約を締結します。その内容は、受託者を太郎、受益者を父郎自身とし、父郎の亡き後、第二受益者を太郎・二郎・三郎の３人（受益権は各３分の１）にします。父郎は、将来的には太郎の独自の判断で当該アパートを建て替え、または換価処分できるように信託契約に規定しておきます。

【信託設計】

委託者：林父郎

受託者：林太郎（予備的に太郎の妻・太郎の子を順に指定）

受益者：①林父郎

②林太郎・林二郎・林三郎（受益権割合各３分の１）

③太郎・二郎・三郎の直系卑属たる法定相続人

信託財産：賃貸アパート・現金

信託期間：無期限（受益者および受託者の合意で終了）

残余財産の帰属先指定：信託終了時の受益者

＜要点解説＞

信託契約の発効により、父郎の生前は認知症対策として、あるいは準備期間として太郎に財産管理を任せ、その働き具合を見て太郎に受託者として財産管理の将来を託せるかを見極めるようにします。

父郎が亡くなった後は、所有権で共有にさせるのではなく、第二受益者として子供３人に受益権を準共有させることで、資産承継においては所有権の共有と同様の効果（平等相続）を実現できます。太郎・二郎・三郎のうち、二郎と三郎は、賃料収入の配当を得ることができますが、太郎の管理方針や修繕・建替え・売却処分等の判断については口を出すことができません。

太郎は適切なアパート管理によって収益を得て、二郎および三郎に対しきちんと利益配当を行いさえすれば、アパートの管理・処分方針を巡る無用なモメごとに巻き込まれたり、不動産が塩漬けになることを防げます。

なお、将来の信託終了時に不動産が共有になるとすれば、結局、問題の先送りに過ぎなくなってしまうので、いずれアパートを換価処分して分配することや、将来的に太郎が二郎・三郎側の受益権を買い取るなどして、不動産の共有状態が解消された段階で信託を合意解約することを想定しています。つまり状況によっては、父郎からみると孫の代まで信託が続くことも想定した設計をすることになります。

<事例４>共有不動産におけるトラブルを回避したい

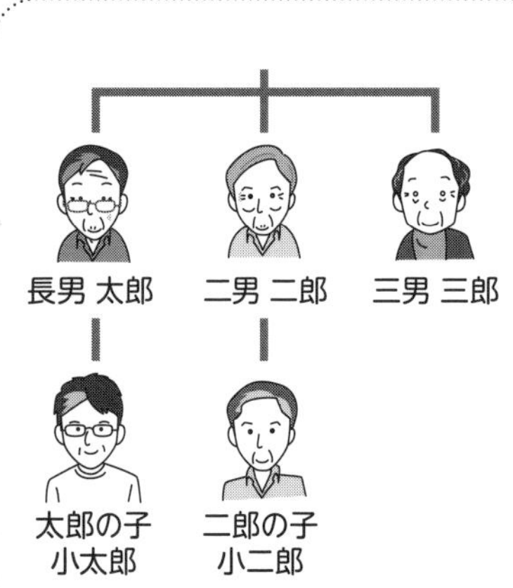

山口太郎、二郎、三郎は、親から相続した賃貸アパートを兄弟で３分の１ずつ共有しています。アパートの管理は三郎が行い、定期的に他の兄弟に賃料収入の配当を行っています。兄弟間では、老朽化が進むアパートを将来は売却して精算しようという大筋の合意はありますが、いつになるかは未定です。

太郎は一人息子の小太郎と疎遠であり、困ったことがあると二郎の子小二郎に相談しています。そんな中、最近太郎の体調があまりよくありません。太郎にもしものことがあれば、太郎の相続人は小太郎になりますが、小太郎は二郎、三郎のいずれとも不仲で長年没交渉の状態です（太郎は小太郎と疎遠ではあるが財産は遺したいと思っている）。

もし、太郎に相続が発生すれば、今までの円満な共有関係が崩れ、二郎、三郎が売りたいと思っても小太郎の協力が得られるかどうか見通しが立たないので、将来的に兄弟や家族間でモメないように今のうちから何とかしたいと考えています。

<解決策>

山口太郎は、弟二郎の子小二郎との間で、契約において当該アパートの持分３分の１を信託財産とする信託を設定します。

その内容は、当初は太郎が「委託者＝受益者」となり、太郎の死後、第二受益者を小太郎にします。太郎の存命中にアパートが売却されたら、売却代金を受託者が管理できるようにしつつ、太郎の死亡後に売却する場合には、アパートの売却手続完了により信託が終了するように定めて、信託の残余財産の帰属先を信託終了時の受益者（小太郎を想定）に指定します。

太郎は、信託契約において、受託者小二郎の裁量で当該アパートを自由に換価処分できるように権限を託しておきます。

【信託設計】

委託者：山口太郎
受託者：山口小二郎
受益者：①山口太郎 ②山口小太郎
信託財産：賃貸アパートの持分３分の１
信託期間：太郎が死亡しかつアパートの売却手続が完了したときまで
残余財産の帰属先：信託終了時の受益者（小太郎を想定）

<要点解説>

太郎は、小太郎に財産は遺したいが、小太郎と他の兄弟である二郎、三郎との不仲を憂い、将来的に共有不動産を巡るトラブルが起きないか心配していました。そこで、アパートの共有持分を信託することで、賃料収入という経済的な利益（受益権）は小太郎に引き継がせつつも、アパートの売却価格や売却時期については客観的妥当性があれば、受託者小二郎の判断による売却が可能となります。つまり、小太郎の音信不通や非協力的行為があっても、賃貸アパートの管理や処分に一切支障を来すことがないようにします。

また、太郎の生前に売却の話が進めば、太郎が入院や認知症等により本人確認が難しくなっても、受託者小二郎によりスムーズに売却手続きを進められるうえに、売却代金を太郎の生活・介護費用のために受託者が管理できるというメリットもあります。太郎の死亡とアパートの売却手続完了という２つの条件が揃った段階で、信託はその役割を終えたとして終了させます。

なお、太郎、二郎、三郎の認知症等による資産凍結対策として、太郎の持分だけでなく、二郎と三郎の持分も合わせて小二郎が信託契約で管理を担うことも検討したいところです。

<事例５>空き家となる自宅を確実に売却したい

森父郎（80歳）は、一人娘の桜子と離れて一人暮らしをしていましたが、火の不始末や食生活の管理など独居生活への不安を解消すべく、

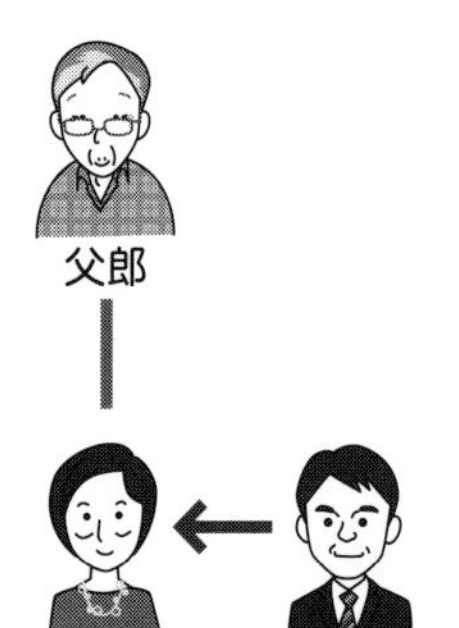

先日老人ホームに入所しました。空き家になった自宅は、桜子も住まないので、桜子は毎月の施設利用料を確保するためにも、１～２年を目安に売却したいと考えています（すぐの売却は家財の整理・処分や父郎の心情面への配慮から難しいと考えている）。

父郎は最近、物忘れがひどくなってきたので、売却する頃になって、判断能力が低下し売却に支障が出ることを危惧しています。

<解決策>

森父郎は、娘桜子との間で委託者兼受益者を父郎、受託者を桜子として、自宅不動産を信託財産とする信託契約を締結します。また、信託契約において、信託監督人として司法書士Mを指名し、受託者たる桜子には信託監督人の同意を得たうえで、自宅不動産を売却できる権限を与えておきます。

【信託設計】

委託者：森父郎
受託者：森桜子
受益者：森父郎
信託監督人：司法書士M
信託財産：自宅不動産
信託期間：父郎が死亡するまで
残余財産の帰属先：桜子（父郎の存命中に契約終了した場合は父郎）

<要点解説>

受託者である桜子には、自宅不動産の管理処分権限を付与しますが、悪質な業者に騙されることなく、適切な時期に適正な価格で売却できるように、信託監督人である司法書士Mの同意を得なければ処分できないようにしておきます。こうすることで、父郎にとっても桜子にとっても、法律の専門家が常に関わるので安心できます。

桜子は、売却価格とそのタイミングを信託監督人である司法書士Mと相談しながら決定し、司法書士Mは、売却の時期や売却価格について精査した結果、問題がなければ同意します（売却の時点で父郎が元気なら父郎の意向を最大限尊重する）。

桜子は、受託者として登記簿上の形式的な所有者になるので、桜子が売主として売却し、その売買代金から諸費用（不動産仲介手数料、信託監督人報酬など）の精算をするところまでも担います。売却後の信託契約の存続は、実務上次の２パターンに分かれます。

一つは、父郎が亡くなるまで現金化された信託金融資産を桜子が後見人の代役として管理を継続するパターンです。受託者である桜子が大きなお金を信託専用口座で管理するため、父郎の老後のサポートとしては安心です。

もう一つは、不動産売却という主目的が達成されたので、信託を終了させるパターンです。受託者である桜子は、年金受取りや施設利用料等の引落口座として設定している父郎の銀行口座に売却代金の残りを返金することで、受託者が預かる財産がなくなるため、「信託財産の消滅」という信託の終了事由で信託契約を終了させることもできます。つまり、自宅不動産のスムーズな売却のために家族信託を設定し、売却後の精算事務完了をもって信託が終了するような、不動産売却のための一時的な信託契約という活用法です。

父郎の老後の不測の事態に対応できるように万全のサポート体制を築くのであれば、父郎の死亡まで信託を継続する前者のパターンが好ましいでしょう。

なお、もし不動産売却前に父郎が急死した場合でも、あらかじめ信託契約書において清算受託者が売却できる旨を規定しておけば、信託契約終了に伴い登記簿上の名義を「所有者森桜子」にしなくても、受託者名義のまま売却することができますので、非常に合理的な処理が可能となります。

清算受託者は、原則として信託事務の清算（プラスの資産の取りまとめおよび負債の支払いなど）が主たる業務になりますが（第３章Q40参照）、この清算業務の一環として信託不動産を売却する権限を付与することができることを知っておくと便利です（〈事例６〉参照）。

＜事例６＞自分の死後に不動産を売却して分配したい

石田ウメ（80歳）は、独身で一人暮らしをしています。所有する資産は、自宅である都内の戸建（時価１億円弱）ですが、この家を引き継ぐ家族・親族はいません。自分の亡き後は自宅不動産を売却して、その代金を自分の兄弟である妹桃子や甥信彦・姪信子にあげたいと思っています（ウメと疎遠な弟二郎には財産を遺す必要はないと考えている）。

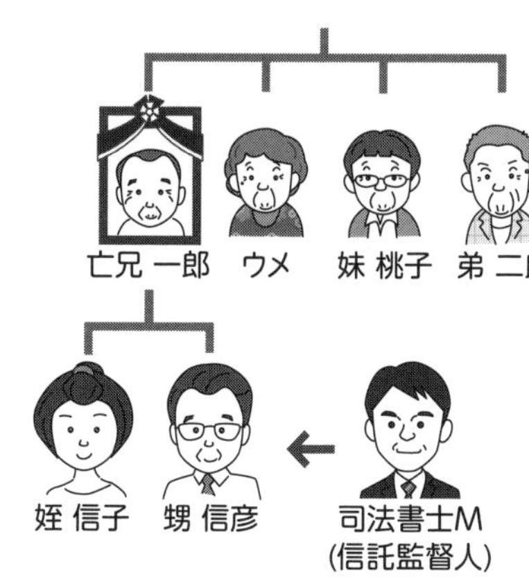

ウメは、老後と自分が死んだ後のことは、親戚の中でも一番信頼でき、自分を気にかけてくれている甥信彦に頼みたいと思っています。

＜解決策＞

石田ウメは、受託者となる甥信彦と信託契約公正証書を作成します。その内容は、委託者兼受益者をウメ、信託監督人を司法書士M、自宅不動産と預貯金の大半を信託財産とし、信託の期間をウメが亡くなるまでとします。ウメが亡くなると信託契約が終了し、清算受託者となった司法書士Mは、信託の清算を行い、残った残余財産を甥信彦・姪信子・妹桃子（帰属割合は、信彦：信子：桃子＝２：１：１）に引き渡します。

もし、信託終了時に自宅不動産が残っていた場合は、清算受託者となった司法書士Mが自宅を換価処分できるように、契約書の中に清算受託者の権限を明記しておきます。なお、信彦を受任者とする任意後見契約も信託契約締結時に一緒に締結しておくと、万が一、ウメの入院や施設入所、介護保険関係の手続き等に際して甥という立場だけでは不十分と指摘された場合に、スムーズかつ確実に信彦が後見人に就任できて安心です。

さらに、信託契約だけでは網羅しきれない財産があるので、信託契約作成時に合わせて、遺言公正証書（信託の残余財産と同様に信彦・信子・桃子に遺贈する旨）も作成しておきます。こうすることで、相続発生後、遺言執行者となった司法書士Mが信託財産以外の財産をすべて取りまとめ、信託の残余財産と同様に信彦・信子・桃子にスムーズに遺産を渡すことができます。

【信託設計】

委託者：石田ウメ
受託者：石田信彦
受益者：石田ウメ
信託監督人：司法書士M
信託財産：自宅および現金
信託期間：ウメが死亡するまで
清算受託者：司法書士M
残余財産の帰属先：信彦、信子、桃子

＜要点解説＞

信託契約により、ウメの老後の財産管理とともに、入院や高齢者施設の入所費用捻出のための自宅売却もタイミングを逃さずできるので、ウメにとっての安心感は大きいと思われます。

通常の遺言で不動産を承継させる場合、遺言に基づく相続登記または遺贈の登記をしたうえで、所有者となった者が売りたいときに売るという流れになります。一方、「清算型遺贈」の旨が遺言書にあれば、遺言執行者が不動産の換価処分をして、現金化されたものを相続人または受遺者に引き渡すことになるので、相続人または受遺者の負担はほぼないでしょう。

今回は、これと同様の効果を信託契約の中に盛り込んでおり、清算受託者が信託の残余財産たる不動産を換価処分して現金化されたものを取りまとめ、残余財産の帰属権利者である信彦・信子・桃子の３人に引き渡すことになります。なお、弟二郎には遺留分はないため、この信託契約の内容で完結します。

●清算型遺贈との相違点●

遺産である不動産を換価処分して、残った金銭を相続人や受遺者に分配する方策は、「清算型遺贈」として遺言執行者が担うのが一般的ですが、本事例ではそれを家族信託（遺言代用信託）の仕組みを活用して、同様の効果を実現しています。

今回の事例を清算型遺贈による不動産の換価手続にする場合は、ウメから法定相続人への相続登記が必要となるので、法定相続人である信彦・信子・桃子・二郎がいったん所有者として登記簿に記載されます。その後、遺言執行者が売主として、売買による所有権移転登記手続きをすることになります。

したがって、信彦・信子・桃子・二郎が売主として、不動産取引の場に立ち会ったり、委任状や印鑑証明書を提出する必要がないことは、家族信託の場合と同様です。

両者に違いが出てくるのは、売却に伴い譲渡益が発生し、譲渡所得税を納めなければならない場合です。

清算型遺贈の場合は、機械的に登記簿上の所有者が売却益を得たという取扱いになり、信彦・信子・桃子・二郎に対して譲渡所得税が課税されます。遺産を受け取らない法定相続人（事例では弟二郎）に対しても譲渡益が課税される事態になるので、当該相続人とトラブルにならないために、実務上は、遺言執行者が二郎に課せられる所得税額相当額を受遺者に分配せず保管しておき、その中から二郎の税金を支払うなどの手立てを講じる必要があります。

さらに、二郎については不動産売却による所得が増えたことで、翌年の健康保険料の負担が増加する可能性があります。場合によっては、負担限度額認定がもらえなくなる等の影響が出る可能性もあります。

その点、「遺言代用信託」による売却の場合は、ウメが亡くなった時点で、信彦・信子・桃子の３人が遺産を相続したことになり、その後の不動産売却に関する所得税課税の問題も二郎を巻き込むことなく信彦・信子・桃子間だけで処理できるため、スムーズな処理が可能となります。

3. 争族対策・遺留分対策として活用

<事例７>遺留分対策も踏まえ認知症の妻亡き後の承継先も指定したい

小林父郎（78歳）は、自宅を二世帯住宅に建て替え、１階で認知症の妻母子（72歳）と暮らしていますが、２階は長男一郎の家族が住んでおり、一郎の家族が母子の介護のサポートをしてくれています。また、父郎は賃貸マンションも１棟保有しています。

父郎の子供は、一郎の他、地方勤務の二郎、外国人と結婚し海外に暮らす花子の３人です。花子は、20年以上両親に顔を見せず、一郎や二郎ともあまり仲がよくありません。

父郎は、自分が死んだら、自宅を含めた財産はすべて母子に相続させたいと考えていますが、母子の亡き後、自宅は一郎に、賃貸マンションは二郎にあげたいと考えています。しかし、母子はすでに認知症が進行しており、遺言書を書けるだけの理解力はなさそうです。

自分亡き後の母子の生活を保障しつつ、遺言の書けない母子に代わって、母子亡き後の資産の承継先まで父郎が自分で指定したいと考えています。

＜解決策＞

林父郎は、長男一郎と公正証書で信託契約を締結します。その内容は、委託者兼当初受益者を父郎自身、受託者を一郎と定め、自宅・賃貸マンション・金融資産の管理を託します。

父郎亡き後の第二受益者を妻の母子に定め、引き続き一郎に母子のための財産管理と生活・介護・療養に関する費用の給付等を託します。父郎と母子が亡くなることで信託が終了するように定め、残余財産については、一郎に自宅を、二郎に賃貸マンションを、金融資産は一郎、二郎で分け合うように規定しておきます。

また、信託契約と同時に父郎の遺言公正証書も作成し、自分亡き後の信託財産以外の財産は、同時に作成する信託契約の信託財産にすべて追加信託する旨を規定しておきます。

なお、父郎の相続時に長女の花子から遺留分侵害額請求をされた場合は、受託者が信託財産（＝母子の財産）から代償金を支払うことを想定します。

【信託設計】

委託者：小林父郎

受託者：小林一郎（予備的に小林二郎）

受益者：①小林父郎　②小林母子

信託財産：自宅・賃貸マンション・現金

信託期間：父郎および母子が死亡するまで

残余財産の帰属先：自宅は一郎、賃貸マンションは二郎、金融資産は一郎・次郎に均等

＜要点解説＞

一郎は、受託者として、父郎の生前は父郎および被扶養者たる母子のために財産管理をし、父郎亡き後は母子のために財産管理をします。い

わば、父郎と母子の成年後見人としての役割も実質的に担えるので、特別な事情がない限り、父郎夫妻が成年後見制度を利用することは想定しなくて済みます。

父郎夫妻の健康状態によっては、どちらか一方あるいは夫婦とも入院・施設入所の可能性があるので、マンションの賃料収入や保有する現預金で万が一収支が回らなくなれば、不動産を処分したり不動産を担保に融資を受けることも、受託者一郎の判断で行うことができます。

父郎亡き後に遺った財産は、遺言で信託財産以外の全遺産も信託財産に追加することで（**図表2-1**）、結果として父郎の遺産全てが信託財産として母子に遺すことができますので、母子の財産管理に全く支障が出ず安心です。また、遺産分割協議の余地を排除できるので、話し合いに参加が難しい母子に後見人を就けずに済みますし、“争族”の火種となりうる長女の花子と話し合いをする必要もなくなります。

花子は、父郎の死亡（一次相続）時に何ももらえないので、全財産を相続した母子に対して遺留分侵害額請求をすることが可能です。この場合、母子自身が遺留分相当の代償金を支払うことができないので、代わりに受託者たる一郎が信託財産から支払うことになります。

母子の死亡（二次相続）時、残余財産から何ももらえない花子は、一郎・次郎に対して遺留分侵害額請求ができるかという問題ですが、まだ裁判所の判断が示されていないため明確に言い切れませんが、二次相続

図表2-1

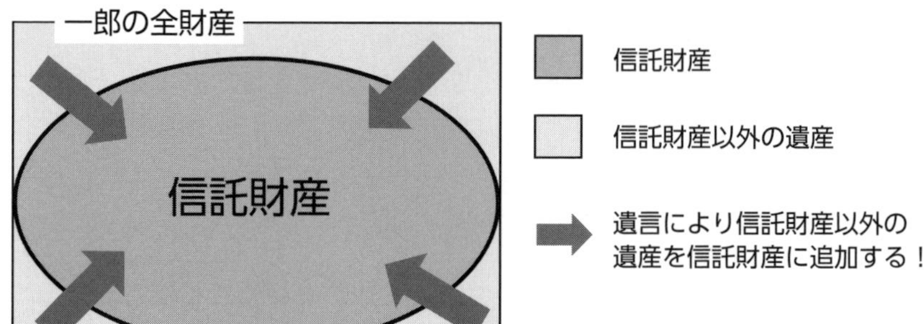

以降の受益権の移動（信託財産の承継）については、遺留分侵害額請求は及ばない、つまり遺留分の問題は一次相続の際にすべて解決済みになるという学説が有力視されています。

したがって、学説どおりに判例が確定すれば、父郎の当初の“想い”の通りに一郎・二郎に財産を渡してあげられることになります。

●「配偶者居住権」の活用との比較における２つの観点●

①自宅を処分したい場合の対応

受益者連続型信託の実行に代えて、母子が配偶者居住権に基づき自宅に住んだ場合、母子が将来入院・入所せざるを得なくなったときのリスクを考える必要があります。つまり、空き家となった自宅を売却処分し、母子の介護費用を捻出したい場合には、配偶者居住権を消滅させたうえで、自宅所有者となった一郎が売却手続きを実行する必要があります。

そのため、自宅の売却代金は所有者たる一郎の財産になり、母子がその売却代金を直接手にできる訳ではありません。母子は、配偶者居住権を放棄する際に一郎から対価を受けることしかできません（その際、母子に譲渡所得税が課税される可能性がある）。

一方、家族信託を導入した場合、第二受益者として指定された母子は、実質的に自宅を承継したことになるので、受託者たる一郎が売却手続きをしたうえで、その換価代金は丸ごと母子の財産（信託財産たる金銭）として自分の介護費用に使うことができます。

②認知症対策にならない

配偶者居住権は、遺言か遺産分割協議で設定することになるので、１次相続発生前（父郎の生存中）の財産管理に対しては、何らの対策（認知症による資産凍結対策）にはなりません。また、１次相続後の母子の財産管理・生活サポートについても役立つ仕組みにはなりません。

たとえば、父郎亡き後配偶者居住権で自宅建物に住み続けていた母子が入院・入所して空き家になった場合を想定しましょう。自宅所有者たる一郎の承諾を得て母子が自宅を賃貸に出して収益を得ることができますが、母子が認知症等で自ら貸主として賃貸ができない状況になれば、それも困難になります。また、もし自宅売却のために配偶者居住権を放棄して、その対価を一郎から母子が受け取った場合でも、その受け取った金銭の管理を母子自身ができない健康状態になれば、その対応策を別途講じなければなりません。

以上を踏まえて、節税効果が見込めることよりも、高齢の夫婦（老親）の生涯を万全に支えることを最重要視するのであれば、家族信託の「受益者連続型」の方がベターとなります。

<事例８>親の介護負担を踏まえ遺産分割の生前合意を形にしたい

斎藤父郎（75歳）は、妻に先立たれ、父郎所有の自宅不動産に１人で暮らしています。近所に長男一郎家族が住んでいて定期的に来てくれているので、今のところ生活に不安はありません。

もし、父郎が将来認知症になったときは、できる限り在宅介護を希望していますが、あまり一郎の家族に負担もかけられないので、いずれ自宅を売却し、有料老人ホームに入居したいと考えています。

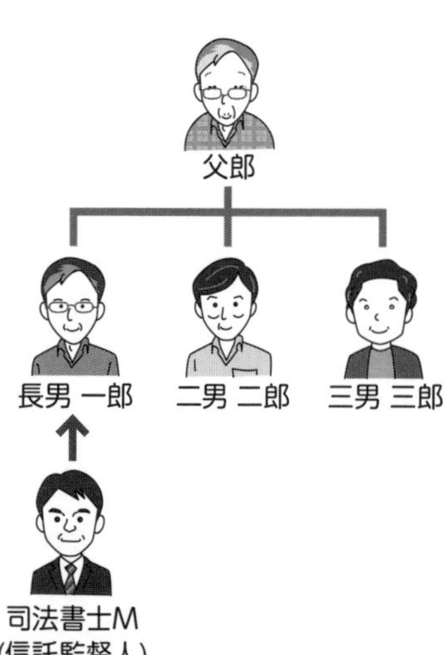

父郎と一郎・二男二郎・三男三郎は、皆仲がよいですが、二郎家族も三郎家族も遠いところに住んでいるので、年に１回程度しか父郎に会いに来ません。そこで、父郎の緊急時の対応や介護、財産管理等は一郎家族に任せることに、父郎、二郎、三郎の全員が納得しています。

将来、自宅売却と老人ホームへの入居手続きを進める際に、父郎の判断能力の低下が著しければ、自宅売却には後見制度を利用して売却しなければなりませんが、家族全員が可能な限りスムーズな売却と、負担の大きい成年後見制度を利用しないことを希望しています。

また、一郎家族の介護負担を考慮して、将来の父郎が亡くなったときの財産の分配を一郎に多くすることについて、父郎も二郎、三郎も納得しているので、その合意内容も有効な形で書面に残しておきたいと考えています。

＜解決策＞

斎藤父郎は、長男一郎との間で、父郎所有の自宅不動産および一部の現金を信託財産とする信託契約を締結します。その内容は、受託者を一郎、受益者を父郎自身とし、信託期間は父郎が死亡するまでとします。

将来父郎が自分で売却することが困難になっても困らないように、一郎は受託者として、自宅不動産の売却ができるように権限を明記しておきます。父郎が死亡した時点で信託は終了し、信託の残余財産の帰属先を一郎に２分の１、二郎と三郎に各４分の１と指定しておきます。

【信託設計】

委託者：斎藤父郎

受託者：斎藤一郎

受益者：斎藤父郎

信託監督人：司法書士M

信託財産：自宅不動産および現金の一部

信託期間：父郎が死亡するまで

残余財産の帰属先指定：（不動産を現金化する前提で）一郎２分の１、
二郎４分の１、三郎４分の１

<要点解説>

もし家族信託をしないとすると、いざ不動産を売却する際に、所有者の父郎に判断能力がなければ成年後見人を就任させ、家庭裁判所の許可を得てから自宅を売却しなければならないため、手間と費用がかかるうえに、売却スケジュールが大幅にずれる可能性があります。

また、いったん後見制度を利用してしまうと、本人が完治しない限り利用をやめられないので、毎年の家庭裁判所（または、数ヵ月ごとの後見監督人）への報告義務など、親族後見人として長期にわたる負担は避けられなくなります。

信託契約により、自宅不動産の登記簿は「受託者斎藤一郎」の名義になり、一郎が売主として売却手続きを行いますので、父郎の判断能力の有無は一切問題にならなくなります。なお、「委託者＝受益者」のため、贈与税・不動産取得税の課税は発生しません。

父郎の死亡後の資産承継者は、残余財産の帰属先として信託契約の中で指定されているので、実質的に父郎が遺言を書いたのと同じ効果があります。ただし、遺言はいつでも父郎が勝手に書き替えることができますが、信託契約は、内容を変更できないよう制限を加えることができます。

具体的には、受益者父郎、受託者一郎、信託監督人である司法書士Mの三者が合意しない限り、遺言の機能を持つ残余財産の帰属先指定条項等重要な条項は変更できないようにします。そうすることで兄弟３人が父郎の生前に納得した割合で将来確実に遺産の受取りが実現できるという点で、民法上無効な「生前分割」を実質的に有効にすることが可能となります。

これにより、もし３兄弟が不仲になったり、３兄弟の誰かが亡くなって、親交の薄い親族が父郎の法定相続人として現れても、遺産分割が難航するリスクを排除することが可能となります。

＜事例９＞遺留分相当を受益権持分で相続させたい

渡辺父郎（78歳）には、３人の息子がいます。そのうち、放蕩息子の二郎には、これまで生活費等を無心され、散々苦労させられたうえ、ここ10年は音信不通です。

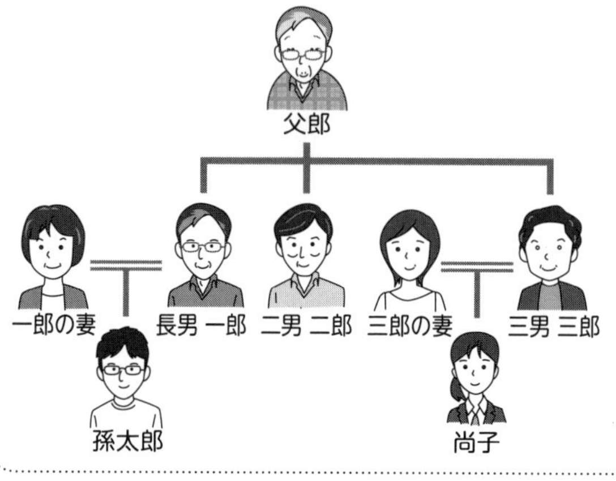

そこで、１人暮らしの父郎を心配して頻繁に連絡をくれる一郎と、何かと気を回してくれる三郎にだけ将来の遺産を遺したいと考えています。

＜保有資産とその承継先の希望＞

・自宅：一郎へ

・賃貸アパート：三郎へ

・熱海の別荘：特に希望なし

・北海道の山林：特に希望なし

・現預金：一郎と三郎へ

＜解決策＞

渡辺父郎は、一郎を受託者とする信託契約を２本締結します。１つ目の信託契約（信託契約Ａ）は、自宅と金融資産の一部を信託財産として託し、当初受益者を父郎、父郎亡き後の第二受益者を一郎および孫太郎とします。２つ目の信託契約（信託契約Ｂ）は、賃貸アパートと金融資産の一部を信託財産として託し、当初受益者を父郎、父郎死亡後の第二受益者を三郎とします。

さらに、信託契約公正証書作成時に遺言公正証書も合わせて作成します。その中で、①北海道の山林、②熱海の別荘、③信託財産以外の現預金を二郎に相続させる旨を定めます。そして、もし上記①～③では二郎の遺留分を満たさない場合は、遺留分に満つるまで信託契約Ｂに基づく信託受益権の一部を二郎に相続させるように指定します。

【信託設計】

信託契約Ａ：自宅分

委託者：渡辺父郎

受託者：渡辺一郎（予備的に一郎の子・渡辺孫太郎）

受益者：①渡辺父郎 ②渡辺一郎および渡辺孫太郎

信託財産：自宅および現金

信託期間：父郎および一郎の死亡

残余財産の帰属先：孫太郎

信託契約Ｂ：賃貸アパート分

委託者：渡辺父郎

受託者：渡辺一郎（予備的に一郎の子・渡辺孫太郎）

受益者：①渡辺父郎 ②渡辺三郎（遺産の状況に応じて、受益権の一部を二郎が持つことも想定）③三郎の子 渡辺尚子

信託財産：賃貸アパートおよび現金

信託期間：㋐父郎および二郎の死亡 ㋑受益者および受託者の合意

残余財産の帰属先：信託終了時の受益者。信託終了時の受益者が死亡している場合、当該死亡者の保有分は尚子

＜要点解説＞

生前の財産管理・認知症対策として、近所に住む長男 一郎に自宅と賃貸アパートを信託しておくことで、父郎が入院・施設入所して自宅が空き家になっても、賃貸や売却を含めたあらゆる選択肢を確保できます

し、賃貸アパートの経営も万全に引き継げるので、本人および家族にとって安心です。また、老後の生活・介護資金も合わせて一郎に託しますので、預貯金を父郎自身が下ろしに行けなくなって困る事態も防げます。

信託契約の中で遺言の機能を持たせ、自宅は一郎とその子の孫太郎に遺し（一郎だけを受益者とすると「受託者＝100％受益者」となり、父郎の死亡時点から１年で信託が終了してしまうので）、さらに一郎の老後の財産管理まで見据えた長期的な自宅の管理を実現できます。

賃貸アパートは、最終的に三郎家系に承継させるつもりですが、二郎の遺留分を満たすだけの遺産を用意できないことも想定し（もちろん遺留分相当の金銭があれば、信託受益権の取得に代えて代償金の一括支払いで済ませたいが、分割払いの話し合いも難航する可能性も高いので）、その場合は、賃貸アパートを信託財産とする信託受益権の一部を二郎に渡して遺留分に充当することを遺言の中で指定しておきます（※）。

二郎は受益権の一部を持つことにより、毎月の賃料収入の一部を受け取ることになりますが、賃貸経営の方針に直接口を出すことはできませんし、受託者は二郎の了解を取る必要もありません。将来的に二郎が死亡した場合は、信託契約を終了させて、二郎が持っていた受益権持分を三郎の子 尚子が引き継ぐ設計にしておくことで、無事賃貸アパートを三郎家系で承継することが可能となります。

なお、自宅の信託契約（信託契約Ａ）と同様、三郎の老後の財産管理まで見越して、信託期間を無期限にして、終了したいときまで信託が存続できるような設計も良策でしょう。

（※）遺留分対策として遺留分権利者に信託受益権の一部を渡すことは可能ですが、平成30年9月12日の東京地裁判決（公序良俗違反で家族信託の一部が無効）を踏まえ、次の点に注意すべきと考えます。

①受託者による財産管理の実態があること

②遺留分制度を潜脱することが主たる目的・動機ではないこと

③受益権の内容に経済合理性・客観的妥当性があること

<事例10>遺産分割協議と家族信託を組み合わせ二次相続に備えたい

先日亡くなった高橋父郎は、敷地内に自宅建物と賃貸アパートを所有していました。相続人は、母子（80歳）と長男太郎（55歳）、長女の木下長子（53歳）の3人で、母子は、太郎の家族（妻・子2人）と同居中です。長子は結婚していますが子供はおらず、他県でマンション暮らしをしています。

相続人3人で遺産分割協議を行うことになり、次のような内容で話がまとまりましたが、高齢の母子の今後のこと、将来の母子の相続後のことも家族全員で話し合うことになりました。

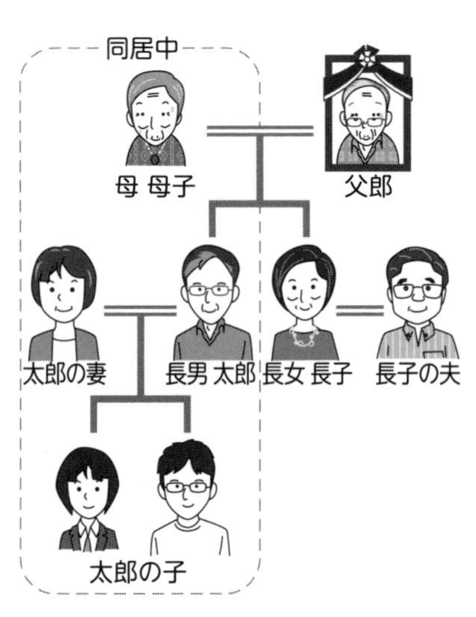

特に、もし万が一母子が認知症になっても、財産管理等に支障が出ないようにしたいこと、長子に子供がいないので、長子が相続する賃貸アパートは、最終的には太郎の家族に引き継がせたいという母子の希望についても、何らかの形に残しておきたいと考えています。

<遺産分割内容>

・自宅の土地と建物は、母子と長男太郎が共有で相続

⇒ 母子と長男太郎の家族の生活拠点の確保

・賃貸アパートは、母子と長女長子が相続

⇒ 母子と長女長子の生活費を確保

<解決策>

高橋母子、高橋太郎、木下長子の３人全員で遺産分割協議を行います。それと同時期に３人で信託契約を２本締結します。

１つ目の信託契約は、母子が委託者兼受益者となり、太郎を受託者として、母子が相続した自宅の土地・建物（持分各２分の１）と現金を信託財産とするものです。２つ目は、母子と長子の２人が委託者兼当初受益者となり、太郎を受託者として、母子と長子が相続した賃貸アパートを信託財産とするものです。

【信託設計】

信託契約Ａ

委 託 者：高橋母子

受 託 者：高橋太郎

受 益 者：高橋母子

信託財産：母子が相続した自宅の土地と建物（持分各２分の１）および現金

信託期間：母子が死亡するまで　⇒《生前の財産管理機能》

残余財産の帰属先：自宅の土地・建物の持分はすべて長男太郎へ、金融資産は太郎、長子で折半

信託契約Ｂ

委 託 者：高橋母子、木下長子

受 託 者：高橋太郎

受 益 者：①持分２分の１：高橋母子⇒②木下長子
①持分２分の１：木下長子⇒②高橋太郎

信託財産：母子および長子が相続したアパート（+ 敷金相当の現金）

信託期間：母子および長子が死亡するまで　⇒《受益者連続》

残余財産の帰属先：太郎へ

＜要点解説＞

自宅持分に関する信託契約は、母子の生前の財産管理（後見制度の代用）の機能と遺言の機能として活用するので、母子の死亡により信託を終了させて、自宅の土地・建物が長男の単独所有となるように設計します。母子の老後の資金として預かった信託金融資産で残ったものがあれば、太郎、長子で分けます。

賃貸アパートに関する信託契約は、その最終的な行き先を太郎の家系にしたいという希望を踏まえ、受益者連続型にします。つまり、委託者兼当初受益者は、受益権２分の１が母子、２分の１が長子としてスタートし、賃料収入を母子と長子とで分けます。将来母子が亡くなった場合には、母子の受益権持分は、長子が取得することにし（結果として100％を長子が取得）、母子も長子も亡くなった場合は信託契約を終了させ、所有権の財産として太郎に渡すことを設定できます。

なお、実務上は太郎が亡くなる場合にも備えて、予備的受託者（第２受託者）や予備的残余財産帰属者を信託契約で定めておくことも大切です。

４．受益者連続の機能を活用

＜事例11＞子供がいないので妻亡き後は自分の血族に財産を遺したい

近藤太郎（75歳）は、地主として先祖代々守りぬいてきた広大な土地とその敷地内の建物（アパート・マンション等）を所有しており、その不動産収入（地代・家賃）で暮らしています。妻花子との間に子供はいないので、太郎の法定相続人は花子と弟健二郎になります。

太郎は、自分が亡くなったら花子には苦労をかけたくないので、遺産

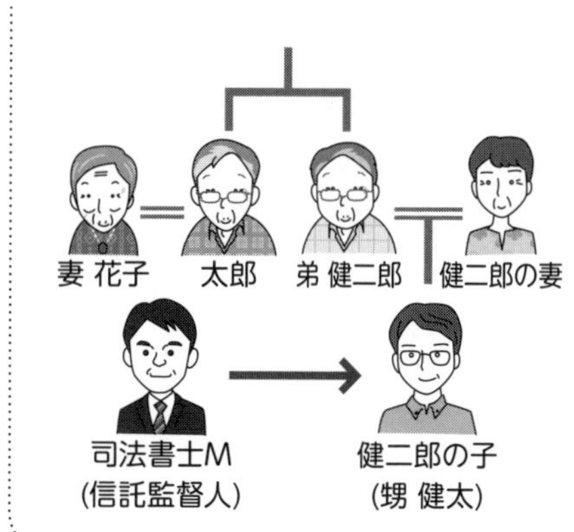

は多く譲りたいと考えています。しかし、次に花子が亡くなると、先祖代々太郎家が守り抜いてきた不動産が花子側の親族の手に渡ってしまうことを憂いています。太郎は花子が亡くなったら、不動産はすべて太郎家の血族である弟健二郎の家族に遺すことを希望しています。

＜解決策＞

近藤太郎は、弟健二郎の子健太との間で信託契約公正証書を作成します。その内容は、受託者を健太（太郎の甥）にして財産を託し、当初受益者を太郎、太郎亡き後は第二受益者を妻花子にして、遺された花子の老後は、健太が生活費等の財産給付を担うなどして支えていきます。

健太がきちんと花子のサポートをしているかどうかは、信託監督人の司法書士Mが見届けることにします。そして、太郎と花子が亡くなったら信託が終了するように定め、信託の残余財産の帰属先を健太に指定します。

【信託設計】

委託者：近藤太郎
受託者：近藤健太（太郎の甥）
受益者：①近藤太郎 ②近藤花子
信託監督人：司法書士M
信託財産：太郎所有の不動産および現金
信託期間：太郎および花子が死亡するまで
残余財産の帰属先指定：健太

<要点解説>

通常の相続では、妻花子が相続した財産を最終的に甥の健太に承継させるには、花子にその旨の遺言書を書いてもらう必要があります（子のいない花子の法定相続人は、花子の両親または兄弟・甥姪となるので）。しかし、それは花子の意思次第なので、花子の気持ちが変われば、太郎の知らない間や太郎の死後に遺言書を書き直されるリスクがあります。つまり、弟健二郎の家族が資産を承継できる保証はないというのが、通常の民法における相続です。

しかしこの場合、家族信託の仕組みを使うことで、理論上は太郎以外の利害関係人（妻花子など）の承諾や協力を得なくても、最終的に太郎家の不動産を、弟健二郎の家族に承継させたいという、太郎の希望を反映させた財産承継を実現できるのです。

甥健太による太郎および花子の財産管理については、直接的ではありませんが、将来的には甥健太と太郎・花子は潜在的な利益相反的な関係になります。つまり、太郎および花子が財産をあまり費消せずに亡くなれば、結果として健太に遺産がより多く入ってくることになるからです。そのため、司法書士Mが財産管理と太郎や花子への財産給付が適正になされているかを監督・指導するという、重要な役割を担います。

なお、信託終了時の残余財産の帰属先ですが、「太郎→花子」の順番に亡くなって、花子の死亡で信託契約が終了した場合は、花子からその法定相続人でない弟家系に遺産が行くことを意味します。一方、花子が太郎よりも先に亡くなっていたことにより、太郎の死亡で信託契約が終了した場合は、健二郎が太郎の法定相続人になります。

しかし、いずれの終了の仕方をしても、相続税の課税上「２割加算」（※）されることなりますので、少しでも税金の負担を抑えるために、健二郎が存命していても、あえて健二郎の代を飛び越え、甥である健太に直接遺産が行くように設計しました。

（※）被相続人の一親等の血族および配偶者以外の人（たとえば兄弟や

甥姪など）が相続・遺贈で財産を取得する場合には、その人の相続税額にその相続税額の２割に相当する金額が加算される（相続税法18条）。

＜事例12＞子供がいない夫婦それぞれの財産は自分の血族に遺したい

子供のいない村上孝太郎（68歳）と妻美子（60歳）は、ともに医者として財をなし、それぞれが１億円近い金融資産を保有しています。孝太郎は、もし自分が先に亡くなったらいったん美子に相続させたいが、美子も亡くなった後は、元々の自分の財産分（１億円程度）は、自分の甥孝介と姪孝子に遺してあげたいと考えています。

また、美子も同様のことを考えていて、もし自分が孝太郎より先に亡くなったら、いったん孝太郎に遺産を相続させたいが、孝太郎も亡き後は、元々の自分の財産は、自分の甥美史と姪優美に遺したいと考えています。

「自分の亡き後はすべて配偶者に相続させる」旨の遺言を双方が作るだけでは、夫孝太郎と妻美子のどちらが先に亡くなるかで、莫大な資産を受け取る親族が決まるという、不安定な状況になってしまいます。

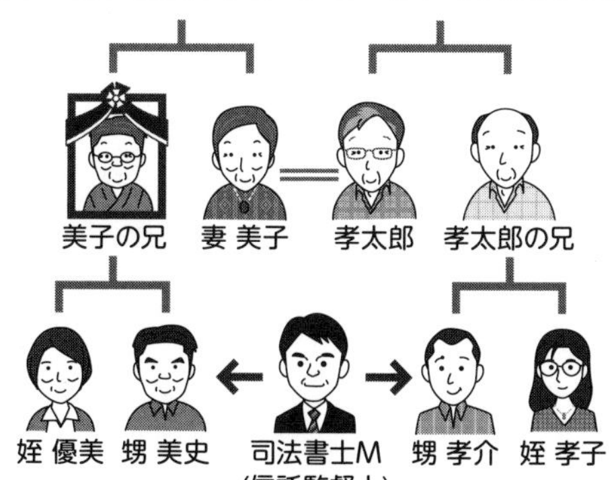

なお、親族関係は非常に良好で、孝介・孝子・美史・優美は相互に交流もあり、孝太郎と妻美子の将来の介護についても、孝介・孝子・美史・優美が協力してサポートする旨の話合いはできています。

＜解決策＞

村上孝太郎は、遺言において信託を設定します。その内容は、自分が妻美子より先に亡くなった場合、全財産を信託財産として設定し、甥美史を受託者にして財産を託します。受益者を妻美子にし、美子の生存中は甥美史が信託財産から必要に応じた財産給付を行い、美子の生活・介護のサポートおよび財産管理全般を担うこととします。そして、甥美史がきちんと財産の管理と給付をしているか監督する立場として、司法書士Mを信託監督人に設定します。妻美子が亡くなったら信託が終了するように定め、信託の残余財産の帰属先を甥孝介および姪孝子に指定します。

こうすることで、孝太郎が医師として築いた財産は、孝太郎側の親族に承継することができます。

また妻の美子も、遺言書において同様の信託を設定します。その内容は、自分が夫孝太郎より先に亡くなった場合、全財産を信託財産として設定し、甥孝介を受託者にして財産を託します。受益者を夫孝太郎にし、孝太郎の生存中は甥孝介が信託財産から必要に応じた財産給付を行い、孝太郎の生活・介護のサポートおよび財産管理全般を担うこととします。

そして、司法書士Mを信託監督人に設定し、甥孝介がきちんと遺産の管理をしているか監督させます。夫孝太郎の死亡により信託が終了するように定め、信託の残余財産の帰属先を甥美史および姪優美に指定します。

【信託設計】

孝太郎の遺言信託

委託者：故 村上孝太郎

受託者：高嶋美史（美子の甥）

受益者：村上美子

信託監督人：司法書士M

信託財産：孝太郎所有の全財産

信託期間：妻美子が死亡するまで

残余財産の帰属先指定：甥孝介および姪孝子

※ただし、美子が先に死亡していた場合は、信託は効力を生じず、全遺産は甥孝介および姪孝子に遺贈する。

妻美子の遺言信託

委託者：村上美子

受託者：村上孝介（孝太郎の甥）

受益者：村上孝太郎

信託監督人：司法書士M

信託財産：妻美子所有の全財産

信託期間：孝太郎が死亡するまで

残余財産の帰属先指定：甥美史および姪優美

※ただし、孝太郎が先に死亡していた場合は、信託は効力を生じず、全遺産は甥美史および姪優美に相続させる。

＜要点解説＞

夫孝太郎が妻美子より先に亡くなった場合、通常の遺言書による相続では、孝太郎の遺産がすべて妻美子に行った時点で甥孝介と姪孝子に相続権がなくなりますので、美子が遺言書で孝介と孝子に財産を遺贈する旨を残していなければ、孝介と孝子は一切の財産を受け取れません。美子の遺産についても同じことがいえます。

つまり信託を設定しない場合、孝太郎と美子のどちらが長生きしたかで、夫婦が最終的に遺した遺産の受取人が異なるという事態になるのです。そこで、前記のように孝太郎と美子がそれぞれ自分の遺産について相互に遺言信託を設定することで、円満な関係である双方の親族に公平な遺産の承継が可能になります。

また、夫婦で遺言を作成する際に、同時に任意後見契約公正証書も作成しておきます。具体的には、孝太郎は姪孝子を受任者とする任意後見契約を、美子は姪優美を受任者とする任意後見契約を締結しておきます。

もし、美子が将来的に認知症等で判断能力が低下し必要に迫られた場合は、任意後見契約を発動し（任意後見監督人選任審判を受け）、優美が任意後見人に就任します。もともとの美子固有の財産については任意後見人優美が主体となって管理し、（孝太郎がすでに亡くなっていれば）信託財産となった孝太郎の遺産については、受託者の甥美史が管理する形になります。つまり、実質的には美史と優美が協力して美子の生涯にわたる財産管理を担うことになりますし、身上監護（身上保護）については、任意後見人となった優美が主体となって行うことになります。

これとまったく同様に、もし孝太郎が認知症等で判断能力が低下し必要に迫られた場合は、任意後見契約を発動し、孝子が任意後見人に就任します。もともとの孝太郎固有の財産については任意後見人孝子が主体となって管理し、（美子がすでに亡くなっていれば）信託財産となった美子の遺産については、受託者の孝介が管理する形になり、孝太郎の生涯を孝介と孝子が協力して支えてくれることになります。

なお、孝太郎および美子の遺言の中で、遺産を調査したうえ負債を清算し、残った遺産を信託財産として受託者に引き渡すまでの役割は遺言執行者が担うので、その部分は信頼できる司法書士Ｍを遺言執行者に定めるとよいでしょう。

もし、孝太郎が亡くなった時点で、すでに美子が死亡していた場合は、孝太郎の遺言信託は効力を生じず、元々の孝太郎の財産分（１億円程度）は、自分の親族である甥孝介と姪孝子に遺贈することになります。一方、孝太郎と美子の死亡する順番が反対の場合は、美子の遺言信託が効力を生じず、シンプルに美子の甥姪に相続させることになります。

＜通常の遺言との相違点＞

孝太郎が、「自分が亡くなったらすべて妻美子に相続させる。もし、美子がすでに亡くなっていたら、孝太郎が築いた財産は甥孝介と姪孝子に相続させ、美子から相続した遺産については甥美史と姪優美に遺贈する」という旨の遺言書を、妻美子が、「自分が亡くなったらすべて夫孝太郎に相続させる。もし、孝太郎がすでに亡くなっていたら、美子が築いた財産は甥美史と姪優美に相続させ、孝太郎から相続した遺産については甥孝介と姪孝子に遺贈する」という旨の遺言書をそれぞれ遺すことで、実質的に信託スキームと同様のことが実現できそうに思えます。

しかし、現実的には夫孝太郎と妻美子の財産の選別は非常に困難なうえ、妻美子が一人残された後にどういう財産の使い方をするか（たとえば孝太郎の遺産から先に消費することもあり得る）や妻美子が後日遺言書を書き替えて、甥孝介と姪孝子に遺贈することを取り消してしまうこともあり得ます。したがって、将来的に遺言内容の履行（遺言時に思い描いた資産承継の形）を確実なものにするという目的において、この信託の実行はより安心確実な方策といえるでしょう。

<事例13>前妻にも後妻にも子供がいないので思い通りに分配したい

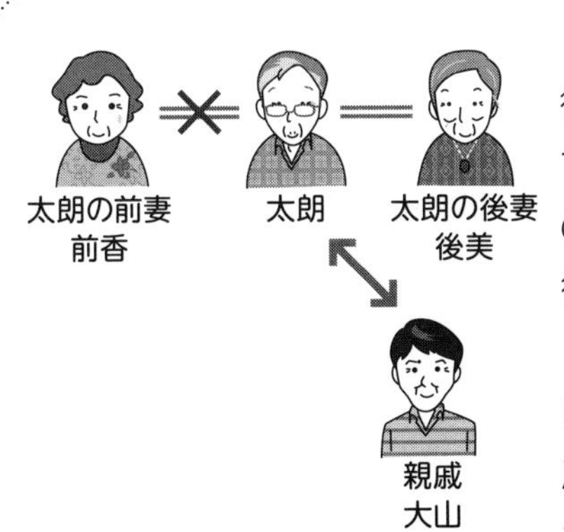

小川太朗（75歳）は、再婚相手の後妻の後美（77歳）と2人で暮らしています。太朗には、離婚した前妻の前香（65歳）との間にも、後妻の後美との間にも子供がいません。

太朗は、自分が亡くなったら後美には何不自由させたくないので、遺産はすべて後美に譲りたいのですが、次に後美が亡くなった場合は、残った太朗の遺産は後美の相続人（後美の兄弟・甥姪など）ではなく、前妻前香にあげたいと思っています。さらに、前香も亡くなったら、残った財産は前妻前香の親族側ではなく福祉団体に寄付したいと考えています。

<解決策>

小川太朗は、夫婦で親交があり信頼できる親戚大山との間で信託契約公正証書を作成します。その内容は、委託者兼当初受益者を太朗、受託者を親戚大山、自宅および大半の金融資産を信託財産とします。夫婦の終の棲家としての自宅と老後の資金は、太朗がやりくりできる能力がなくなっても有効活用できるように、受託者である大山に管理を託しておきます。

太朗が先に亡くなった場合は、遺される後美の生活の場および生活費の確保のため、第二受益者を後美にします。さらに、後美が亡くなったときにもし前妻前香が生きていれば、前香を第三受益者として指名しておきます。太朗、後美、前香の３人全員が亡くなったら信託が終了するように定め、信託の残余財産の帰属先を社会福祉団体に指定します。

【信託設計】

委託者：小川太朗

受託者：親戚大山

受益者：①小川太朗 ②小川後美 ③前妻の前香

信託財産：自宅および現金

信託期間：太朗、後美、前香の全員が死亡するまで

残余財産の帰属先：社会福祉団体

<要点解説>

通常の相続では、前妻の前香に財産を承継させるには、後妻の後美にその旨の遺言書を書いてもらう必要があります。しかし、それは後美の

意思次第のため、後美の気持ちが変われば、太朗の知らない間や太朗の死後に遺言書を書き替えられてしまうリスクがあり、前香が資産を承継できる保証はありません。

同様に、社会福祉団体に財産を承継させるには、前香にその旨の遺言書を書いてもらう必要があり、そのハードルはかなり高いといえます（遺産をいつもらえるか分からない段階から、離婚した前妻の前香に遺言を書かせることは非現実的で、実際に遺産を手にした段階で遺言書を書くことを要請するのも困難）。

このようなケースで、「後継ぎ遺贈型受益者連続信託」の仕組みを使うことで、民法上の単なる遺言では実現できない、数次相続に関する太朗の希望を反映させた財産承継の道筋を作ることができます。

なお、信託契約で網羅できない財産については、太朗の死後に相続人全員（後妻の後美と太朗の兄弟）で遺産分割協議をする必要がでてきますので、それを避けるため、また信託財産以外のすべての遺産も後美の財産として万全の管理・活用ができるように、信託契約締結時に合わせて、信託財産以外の一切の財産を本件信託契約の信託財産に追加信託する旨の遺言書を作成するのがよいでしょう（遺言追加信託）。

<事例14>後妻亡き後は前妻の子に財産を遺したい

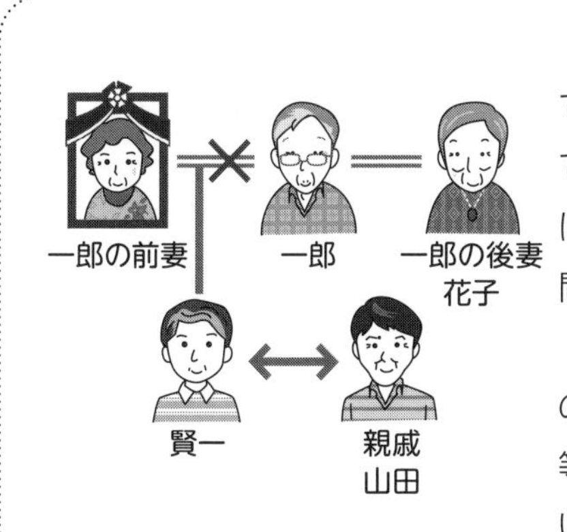

後藤一郎（78歳）は、再婚相手である後妻花子（80歳）と暮らしています。一郎と花子との間に子供はいませんが、亡くなった前妻との間に子供賢一が１人います。

一郎は、自分が亡くなったら遺産のすべて（自宅マンションや現預金等）を花子に相続させたいと考えています。

しかし、その後、花子が亡くなった場合には、残った自宅マンション等の資産は、花子の相続人ではなく賢一に遺してあげたいと思っています。

<解決策>

後藤一郎は、夫婦で親交のある信頼できる親戚山田との間で信託契約公正証書を作成します。その内容は、委託者兼当初受益者を一郎、受託者を親戚山田、自宅および大半の金融資産を信託財産とします。

夫婦の終の棲家としての自宅と老後の資金は、一郎が自分でやりくりできる能力がなくなっても有効活用できるように、受託者である親戚山田に管理を託しておきます。一郎が先に死亡した場合は、遺される花子の生活の場および生活費の確保のため、第二受益者を花子にします。そして、一郎および花子の死亡により信託が終了するように定め、信託の残余財産の帰属先を前妻との子賢一に指定します。

その一方で、一郎は遺言公正証書も作成し、信託財産で網羅できなかった信託財産以外のすべての遺産を本件信託契約の信託財産に追加信託します。それにより、実質的に花子がすべての遺産を相続することになるので、その引き換えに、花子は賢一に対し遺留分相当額に満つるまで毎月分割で代償金を支払う旨の負担付の遺言条項を設けておきます。

【信託設計】

委託者：後藤一郎

受託者：親戚山田

受益者：①後藤一郎 ②後藤花子

信託財産：自宅および現金

信託期間：一郎と花子が死亡するまで

残余財産の帰属先：前妻との子賢一

<要点解説>

通常の相続では、後妻花子に確定的に移転したマンション等の財産を賢一に承継させるには、花子にその旨の遺言書を書いてもらう必要があります。しかし、それは花子の意思次第のため、花子の気持ちが変われば、一郎の知らない間や一郎の亡き後に遺言書を書き替えられてしまうリスクがあり、賢一が資産を承継できる保証はありません。このような解決策を講じることで、花子の遺産について相続権のない賢一にもマンション等の財産を交付できることになります。

また、一郎の遺言において、賢一の遺留分に配慮し、花子に遺留分相当の金銭を賢一に分割で支払わせることで、花子への遺留分侵害額請求の余地を排除するとともに、花子が遺留分相当額の一括支払いをしなくて済むというメリットを得ることができます。

<事例15>内縁の妻亡き後は思い通りに分配したい

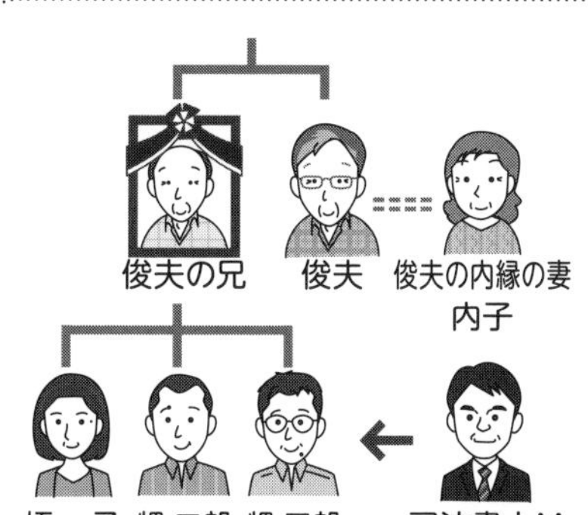

中島俊夫（70歳）は、籍を入れていない内縁の妻内子（60歳）と２人で暮らしています。俊夫には子供がいません（法定相続人は３人の甥姪のみ)。俊夫は、自分が亡くなったら長年連れ添った内子には何不自由させたくないので、遺産はすべて相続権のない内子に譲りたいと考えています。

しかし、内子には法定相続人がいないので（子はおらず両親も他界し兄弟もいない)、次に内子が亡くなった際に残った自宅不動産を含めた財産については、すべて売却した後、一部を甥三郎に残りを俊夫が生まれ育った故郷に寄付して、高齢者福祉事業に役立ててほしいと思っています。

<解決策>

中島俊夫（70歳）は、信頼できる甥三郎との間で信託契約を締結します。その内容は、委託者兼当初受益者を俊夫、俊夫の死後、第二受益者として内縁の妻内子を指定します。受託者である三郎には、俊夫と内子が亡くなるまで信託契約により自宅と金融資産の管理を有償（甥三郎に信託報酬を支払う形）で託します。また、司法書士Mに信託監督人として三郎の業務を監督し、俊夫や内子の生活状況を確認する役割などを任せます。

【信託設計】

委託者：中島俊夫
受託者：中島三郎（俊夫の甥）
受益者：①俊夫 ②内縁の妻内子
信託財産：自宅および現金
信託期間：俊夫および内子が死亡するまで
残余財産の帰属先：三郎と○○市

<要点解説>

遺言や信託による資産承継先の指定がない場合、内縁の妻内子には俊夫の遺産に対する一切の相続権がないため、俊夫の姪一子、甥二郎、甥三郎が相続することになります。そこで、信託契約のなかで遺言の機能を持たせ、第二受益者として内縁の妻内子を指定することで、内子の先々の生活保障は実現できます（甥姪に遺留分の権利はないので、内子は確定的に財産を引き継げる）。

俊夫や内子の老後の資金が減少し、入所資金を捻出する必要がでてくれば、甥三郎が自己の判断で自宅不動産を売却することができます。一方で、俊夫と内子が亡くなって信託が終了した時点で、もし自宅不動産が残っていた場合は、清算受託者となった三郎が売却して、その換価代金の一部を市に寄付をすることになります。なお、三郎の長期にわたる財産管理の労に報いるべく、毎月の信託報酬を設定しておくことにより、三郎は、信託財産から毎月指定された金銭を受け取ることができます。

司法書士Ｍには信託監督人として、三郎の業務を監督したり、三郎の相談にのったり、俊夫や内子の生活状況を確認する役割などを担ってもらいます。

５．相続・事業承継対策として活用

＜事例16＞子供に生前贈与した財産を自分の管理下に置きたい

長谷川父郎（64歳）は、長男子太郎が同居して自分の老後をみてくれることを前提として、結婚したばかりの子太郎（30歳）に住宅取得資金を贈与し、子太郎の名義で二世帯住宅を建てようと考えています（長女好子も納得しており家族関係は円満）。

しかし、子太郎は新婚でまだ子供がいません。もし、この状態で贈与後に子太郎が先に亡くなると、子太郎の妻嫁子と父郎が自宅についての相続権を引き継ぐことになります。嫁子と父郎の関係が微妙になることや自宅に嫁子の名義を入れてしまうと、将来嫁子の相続時に嫁子の親族側に相続権が発生することに危機感を持っています。

また、子太郎に生前贈与しても、事業を営む子太郎が父郎の知らないうちに自宅を担保に入れないように、二世帯住宅の実質的な管理処分権限は父郎の手元に残しておきたいと考えています。

<解決策>

長谷川父郎は、長男子太郎に建築資金を生前贈与し二世帯住宅を建設します（住宅取得等資金贈与の非課税特例などを活用）。それと同時に子太郎は父郎との間で、受託者を父郎、委託者兼受益者を子太郎、新築した自宅などを信託財産とする信託契約を締結します。

もし子太郎が父郎より先に死亡した場合でも、信託契約は終了させず、第二受益者を子太郎の妻嫁子とし、第三受益者をまだ産まれていない子太郎と嫁子の間の子にしておきます（子供がいなければ予備的に第三受益者を長女好子に設定）。

父郎と嫁子が死亡した場合は、その役割を終えて信託は終了するように定め、残余財産は子太郎が生きていれば子太郎、すでに他界していれば子太郎の子に帰属させるように規定します。

【信託設計】

委託者：長谷川子太郎

受託者：長谷川父郎（予備的に長女好子）

受益者：①長谷川子太郎 ②長谷川嫁子 ③未存在の子太郎と嫁子の子 ④長女好子

信託財産：二世帯住宅および現金

信託期間：父郎および嫁子が死亡するまで

残余財産の帰属先：信託終了時の受益者（予備的に子太郎の法定相続人）

<要点解説>

父郎は、受託者として信託財産を管理・処分する権限を持つので、長男子太郎に贈与した後も、これまで通り父郎が自宅等の実質的な管理を行うことができます。また、信託の倒産隔離機能により、子太郎が事業を失敗しても、自宅不動産の所有権がすぐに差し押えられることを回避

できます（受益権を差し押えられることにはなる）。

万が一、子太郎が父郎よりも先に亡くなった場合でも、第二受益者を子太郎の妻嫁子としておくことで、財産権としては嫁子に相続させるが、実質的な管理の権限は、引き続き父郎が保持できるので、嫁子と父郎とで話し合う必要もなく、互いに二世帯住宅に住み続けることができます。

一方、父郎および嫁子が亡くなった場合は、信託を終了させ、残余財産の帰属先を長男子太郎（子太郎がもし亡くなっていた場合は予備的に子太郎の法定相続人）にします。子太郎は、信託の終了により所有権の財産を手にすることになるので、もし子ができなければ、将来的に自分の財産の承継問題として家族信託や遺言で承継先を決めることになるでしょう。

なお、この「生前贈与＋信託契約」の設計を実行したとしても、父郎の長女好子については、父郎の遺産に対する法定相続分（２分の１）あるいは遺留分（４分の１）の権利がありますので、長女好子の心情にも配慮した遺言書を別途作成しておくことで、長男子太郎家族と長女好子家族の円満な関係を維持できます。

＜事例17＞中小企業の円滑な事業承継に信託を活用したい（その１　自己信託編）

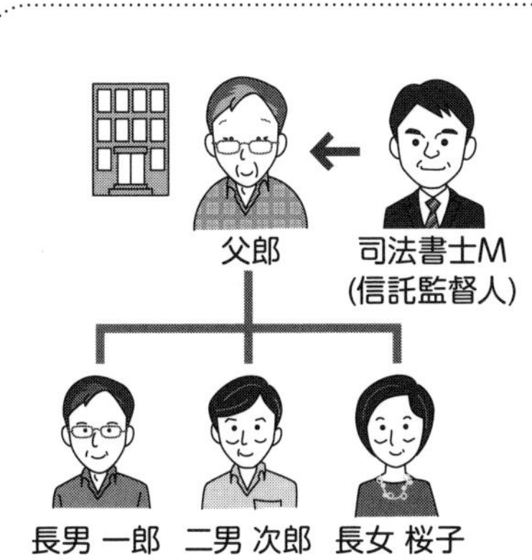

甲社の創業者である代表取締役岡田父郎（70歳）は、自社株（未上場会社）を100%保有するオーナー社長です。子供は一郎、次郎、桜子の３人ですが、現時点では後継者として次郎を考えています。

今期の会社の業績は悪く純資産がマイナスですが、来期以降は業績の回復とさらなる成長を見込んでいます。そこで、今のうちに自社株を後継者として会社に入っている専務取締役の次郎に生前贈与しておき、円滑な事業承継を図りたいと考えています。
　ただし、まだ引退するつもりはないので、代表権も経営権も当分は父郎の元に残しておきたいと思っています。

＜解決策＞

岡田父郎は、公正証書による書面で甲社株式すべてを信託財産とする自己信託を設定します。その内容は、受託者を父郎自身（つまり委託者＝受託者）、受益者を次郎とし、信託監督人を司法書士Mにします。父郎の死亡等により信託は終了するように定め、信託終了の際には、確定的に次郎が甲社株式を取得し、次郎が議決権を行使（経営権を掌握）できるようになります。

【信託設計】

委託者：岡田父郎
受託者：岡田父郎
受益者：①岡田次郎 ②岡田一郎または桜子
信託監督人：司法書士M
信託財産：甲社株式
信託期間：①父郎が死亡するまで ②信託監督人である司法書士Mと受益者が合意するまで
残余財産の帰属先指定：次郎（次郎死亡のときは新たな後継者）
受益者変更権者：父郎（信託監督人である司法書士Mの同意が必要）

＜要点解説＞

自己信託の設定により、甲社の株式は受益者たる二男次郎の資産となるので、税務上は、自己信託設定日をもって父郎から受益者次郎に甲社株式が贈与されたものとみなされ、贈与税の課税対象となります（これを「みなし贈与」という）。しかし、今期の業績不振により甲社の株価評価に値がつかなければ、贈与税は実質課税されずに後継者の次郎に株式の承継ができることになります。

父郎は、受託者として引き続き甲社株の議決権を行使できるので、実質的に甲社の経営権を手元に残したまま、株式（財産的価値の部分）を後継者である次郎に贈与することができます。なお、株主名簿には、議決権を行使する者として「受託者父郎」と記載されることになります。

なお、今回の設計では高齢である父郎の認知症対策とはなっていないため、もし父郎が亡くなる前に判断能力が低下・喪失した場合には、経営上のリスクが発生します。そこで、父郎の体調面の悪化など状況によっては、父郎の生前に自己信託を解消し、次郎が甲社の株主として議決権を行使できるようにすべきとの判断から、客観的立場である信託監督人（司法書士M）と後継者である受益者（次郎）の合意があれば、自己信託を終了できる設計にしています。

現時点では、後継者は次郎となっていますが、将来、次郎の経営者としての資質に問題が生じたり、別にやりたいことが見つかり後継者にならない場合も想定されます。この場合、次郎は退社したにもかかわらず受益者として実質的に株式を保有している状態は経営リスクとなります。これを早期に解消するために、「受益者変更権」（第３章Q51参照）という手段を使って、父郎が強制的に次郎の持つ受益権を他の後継者に移し替えることも可能です。

もちろん、安易に使うべき手段ではないので、父郎の感情的な判断によって実行されないように、客観的な信託監督人の同意を得て実行できるような設計にしています。

●遺言による事業承継の施策との相違点●

遺言により二男次郎を甲社株式の承継者と指定することは可能ですが、次の点で自己信託を活用する仕組みにメリットがあります。

①相続税対策になる

遺言による承継の場合、将来の父郎が亡くなる時点で甲社の業績が良ければ、株価評価が大きくプラスとなり、多額の相続税を課せられるリスクを負うことになります（つまり遺言による承継は将来の株価上昇リスクがある)。一方の自己信託の場合、株価の低い今のタイミングで「みなし贈与」として次郎に実質的な生前贈与を実行できるので、将来の相続税対策を図りつつ円滑な事業承継が可能になります。

②自社株式が遺留分算定の基礎財産から除外できる可能性

将来次郎が遺言により株価の高い甲社株式を相続すると、一郎や桜子の遺留分を侵害していれば、次郎は２人から遺留分侵害額請求を受け多額の代償金の支払いが発生する可能性が高くなります。一方、自己信託で生前に財産を次郎に移しておけば、遺留分侵害額を算定する基礎に算入されることなく話がまとまるかもしれません。

ただし、もし一郎や桜子が過去の経緯を含めて徹底的に遺留分対象財産を精査して請求してきた場合は、法律上、父郎の死亡時から10年以内に行われた生前贈与やみなし贈与は「特別受益」として遺留分侵害額を計算する基礎となる遺産に加えられてしまいます（※１)。

その観点からすると、なるべく早くこの自己信託を実行しておくことで、自己信託の実行から父郎の相続発生まで10年以上が経過すれば、法律上算定基礎財産に加えられることがなくなります。なお、事業承継における遺留分対策としては、「中小企業における経営の承継の円滑化に関する法律」（いわゆる「経営承継円滑化法」）を使って、民法の特例として遺留分算定基礎財産から自社株式を除外できたりしますが、この制度の適用要件が厳しいため、実際に活用しているケースはそれほど多くないようです。

なお、遺留分対策についての別の方策として、株価の低いタイミングで父郎から次郎に自社株を売買して、株式を確定的に次郎の所有財産にした後、次郎を委託者兼受益者、父郎を受託者とする信託契約を締結すれば、自己信託とほぼ同じスキームを構築でき、なおかつ将来の遺留分の算定基礎財産への算入の問題もなくなるといえます（時価評価による「売買」であれば、「贈与」と違って特別受益の概念は排除できる)。

（※1）民法改正前は期間的な制約はありませんでしたが、2019年７月の民法改正により、相続人に対する生前贈与については、原則として相続開始前10年間に行われたものに限り、遺留分の算定基礎財産に組み入れられることになりました（改正民法1044条３項)。

③後継者指名を明確に示す意義

遺言は、理論上いつでも何度でも書き替えることができるので、事業を承継予定の次郎は、本当に自分が経営権を承継できるのか、相続が発生するまでは不安定な地位にあるといえます。一方、自己信託は、親が元気なうちから後継者指名を受けることを意味しますので、次郎にとっては後継者としての自覚と責任感、安心感が生まれることでしょう。

●種類株を活用した事業承継の施策との相違点●

オーナー社長が後継者に株式を生前贈与したいが、現時点では経営権を完全に譲りたくないというケースでは、無議決権株式を発行し、後継者に贈与する方法や、拒否権付株式（いわゆる「黄金株」）を発行し、オーナー社長がこの黄金株だけを手元に残し、残りの株式はすべて贈与するという方法もあります。

これらの「種類株式」を発行する場合、定款変更決議を経たうえで、会社の登記簿にもそれを反映させなければなりません。つまり、外部の人間が甲社の会社謄本を見れば、種類株を使って何かやっていることを悟られてしまうことになります。

また、定款変更には株主総会の特別決議（議決権の過半数を持つ株主の出席かつ出席株主の議決権の３分の２による賛成）が必要なため、オーナーが100％所有している今回のケースでは問題ありませんが、もし親族・従業員・取引先等に株式が分散している場合は、種類株の導入が難しいこともあります。その点、自己信託は取締役会等の譲渡承認機関の承認が必要にはなりますが、導入のハードルは低いといえます。

もう一つ、種類株よりも自己信託の方が優れている点として、万が一オーナー社長よりも先に、後継者である二男次郎が亡くなる場合のリスク対策になることが挙げられます。種類株の場合、次郎が持っている株式は、相続により次郎の配偶者や子に承継されてしまいます。次郎の死亡により、長男一郎または長女桜子が後継者になったら、次郎の配偶者や子から株式を回収する（買い取る）必要が出てくるでしょう。

一方、自己信託の場合、もし次郎が信託期間中に死亡した場合に備え、第二受益者として一郎または桜子をあらかじめ指定しておくことで、後継者にならない次郎の配偶者や子に株式が流失することを防ぐことが可能になります。

＜事例18＞中小企業の円滑な事業承継に信託を活用したい（その２　遺留分対策編）

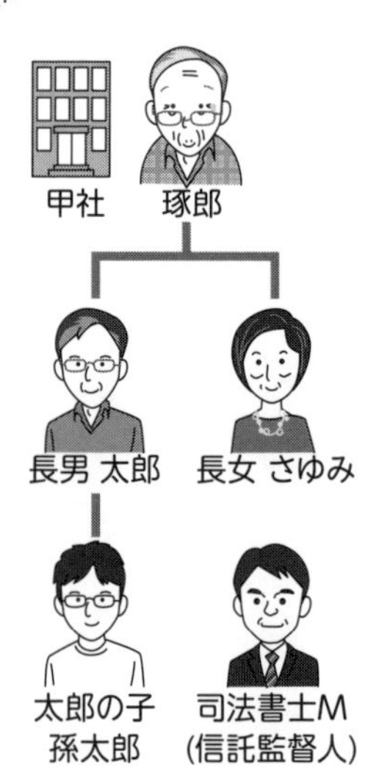

甲社の創業者である代表取締役会長の石川琢郎（82歳）は、自社株（未上場会社）を100%保有していますが、会社経営は、すでに代表取締役社長となっている長男太郎（57歳）に任せています。将来的には、太郎の次期後継者として、昨年入社し修行を積んでいる太郎の子の孫太郎（29）を考えています。

琢郎の推定相続人は、長男太郎、長女さゆみ（54歳）の２人です。太郎・さゆみは不仲ではありませんが、琢郎の保有資産の大半がこの自社株となるので、将来の琢郎の相続発生時には、さゆみの遺留分（遺産の４分の１相当額）に相当するだけの自社株以外の資産がなく、さゆみに支払う代償金の額は高額になりそうです。

　琢郎は遺言書を書く必要性は理解していますが、どうすれば円満・円滑な事業承継ができるか苦悩しています。

＜解決策＞

　石川琢郎は、甲社株式のすべてを信託財産とする信託契約公正証書を作成します。その内容は、受託者を長男太郎（予備的に第二受託者を孫太郎）、委託者兼当初受益者を琢郎にします。琢郎の相続発生により、信託受益権という財産は、第二受益者として指名された孫太郎および長女さゆみ（受益権割合は孫太郎４分の３、さゆみ４分の１）が取得する形にします。

　琢郎が元気なうちは、「指図権者」として議決権を行使し、引き続き経営の実権を握ることができますが、琢郎が指図権を行使できないような体調になれば、受託者太郎がそのまま議決権を行使できるような設計にしておきます。

【信託設計】

委託者：石川琢郎

受託者：石川太郎　（予備的に石川孫太郎）

受益者：①石川琢郎　②４分の３石川孫太郎、４分の１さゆみ　③さゆみ持分（４分の１）につき孫太郎

信託監督人：司法書士Ｍ

受益者変更権者：太郎

指図権者：琢郎が元気で指図権を行使できる間は琢郎、行使できなくなれば太郎

信託期間：受託者と受益者と信託監督人が合意するまで

残余財産の帰属先：孫太郎

<要点解説>

現状では、高齢の会長琢郎が100％株主になっているため、もし琢郎が体調不良や認知症などで、株主としての権利行使・判断ができなくなると、株主総会の開催（決算・予算の承認や役員改選など）が不能になるという経営リスクがあります。そこで、事業経営における認知症対策として、全株式を信託財産に入れ、議決権行使をはじめとする株主としての権利は受託者が対応できるようにしておきます。

ただし、琢郎の“想い”を重視し、琢郎が元気でいる限りは、琢郎が「指図権者」として株主総会における議決権を行使できるようにしてあります。琢郎は、できれば甲社株式をすべて後継者である孫太郎に承継させたいのですが、長女さゆみの遺留分の額に相当する他の資産がありません（もし琢郎に金融資産があれば、死亡保険金を受取人孫太郎とする生命保険を使い、遺留分相当の支払い原資に充てることが可能だが)。

したがって、仕方なく長女さゆみにも甲社株式を相続させることになりますが、株式自体ではなく、株式を信託財産とする信託受益権を孫太郎とさゆみに渡します。信託期間中にさゆみが亡くなった場合、さゆみの受益権は、孫太郎に行くように定めておくことで、最終的に甲社の経営権が後継者である孫太郎に集約できるようにします。

甲社株式を所有権財産として相続させるのではなく、甲社株式を信託財産とする信託受益権としてさゆみに相続させることで、次のような大きなメリットを得ることができます。

まず、長女さゆみは、遺留分相当額を満たす遺産の４分の１を実質的に株式で取得することになりますが、甲社の株主としての権利行使（主に議決権）は、すべて受託者である長男太郎に集約できるので、甲社の経営を安定させることができます。さゆみは、いわば配当のみを得られる「無議決権株式」を保有しているような状況になり、経営（株主総会の議案等）に口を出すことができなくなります。

長女さゆみが受益権の買取りを希望すれば、孫太郎などが適正価格で買い取ることも可能です（その一方で、さゆみが勝手に第三者に受益権を売るようなことは制限・禁止できる）。

株主としての地位を、長男太郎を飛び越えて直接孫太郎に移すことで、遠い将来の太郎の相続税対策にも効果が出てくる可能性があります。ただし孫太郎はまだ後継者として修行中なので、株主としての議決権も配当として受け取った金銭も、親である太郎が管理でき安心です。

また、長女さゆみが死亡した場合は、さゆみの承諾を要せず保有する株主としての権利（受益権）を、さゆみの相続人（配偶者や子）に渡さずに、後継者である長男太郎側に回収することが可能となります。

なお、信託期間をどうするかは検討を要しますが、受益権が孫太郎に集約でき、なおかつ孫太郎が甲社の３代目社長として経営を任せられるようになった段階で、本信託の目的は果たしたといえるので、受託者太郎と受益者孫太郎と信託監督人Ｍの合意により信託を終了させ、甲社株式は孫太郎が所有権財産として所有することができます。

６．障害者・未成年者を守るために活用（福祉型信託）

<事例19>親なき後に障害のある子の生活を保障したい

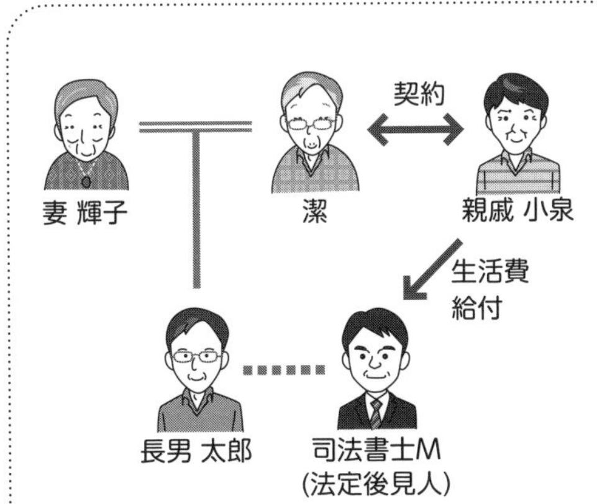

山下潔（78歳）は、妻輝子（72歳）と障害のある一人息子太郎の３人家族です。潔は、自分と輝子が太郎の面倒をみれなくなった後の太郎の生活を心配しています。また、太郎は障害により、遺言書を書けるだけの理解力はありませ

ん。潔は、自分・妻輝子・一人息子太郎がすべて亡くなった後に残った資産があれば、それを長男太郎がお世話になった障害者施設を運営する社会福祉法人への寄付を希望しています。

<解決策>

山下潔は、今のうちから信頼できる長男太郎の法定後見人候補者（司法書士M）を探し、あらかじめ法定後見人に就任してもらいます。同時進行で、潔は、信頼できる親戚の小泉との間で信託契約公正証書を締結します。その内容は、潔が委託者＝当初受益者とし、潔の亡き後は第二受益者を妻輝子にし、さらに輝子の亡き後は第三受益者を太郎にして、太郎の生活・療養に必要な資金は、受託者小泉から後見人の司法書士Mに必要に応じて給付するようにします。

また、潔、輝子および太郎全員の死亡により信託が終了するように定め、信託の残余財産の帰属先を社会福祉法人に指定しておきます。これにより、輝子および太郎が生存中に使いきれず残った財産は、最終的に国庫に没収されることなく、潔が希望する社会福祉法人へ譲ることが可能となります。

【信託設計】

委託者：山下潔

受託者：小泉

受益者：①山下潔 ②山下輝子 ③山下太郎

信託財産：自宅および現金

信託期間：潔、輝子、太郎の全員が死亡するまで

残余財産の帰属先：社会福祉法人

太郎の法定後見人：司法書士M

<要点解説>

本事例のように障害のある子を抱える家族の問題を「親なき後問題」といいますが、この問題に対処するには、家族信託や遺言という手段だけでは不十分なこともあります。その場合は、あえて家族信託と成年後見制度を併用して、遺された障害のある子の長い人生をサポートする仕組みを早い段階から構築することが重要です。

潔および輝子が元気なうちから法定後見制度を利用することで、高齢の潔夫妻の長男太郎に対する負担を極力軽減させることができます。また、潔夫妻は、法定後見人である司法書士Mに対して、太郎の生い立ちや趣向、どのような方針で身上監護・財産管理をしてほしいか等、様々な情報・希望を直接伝えることができ、司法書士Mが法定後見人としてしっかり業務執行をしている姿を見て安心できます（両親亡き後に知らない人間が息子の後見人になるという漠然とした不安を解消できる）。

さらに、将来的に潔夫妻が太郎の面倒をみれなくなった場合でも（両親が亡くなる前のこの時点でもいわば「親なき」状態といえる）、司法書士Mが潔夫妻に代わって障害者向けグループホームへの入所手続きをするなど、太郎の身上監護（身上保護）を担うので、太郎の生活に支障が生じないスムーズな対応が可能となります（両親が支えきれなくなってから、あわてて太郎に後見人を就けようとしても、数ヵ月間の対応できない期間が生じる可能性がある）。

太郎に遺言能力がないため、通常の相続をすると潔夫妻の資産がすべて太郎に集約されたのち、太郎の亡き後に残った財産は相続人不存在としてすべて国庫に帰属してしまいます。この場合、「後継ぎ遺贈型受益者連続信託」の仕組みを駆使することで、民法上の単なる遺言では実現できない、潔夫妻の希望を反映させた財産承継の道筋を作ることが可能となります。

なお、信託受託者の地位と法定後見人の地位を同じ親族が兼ねるということも理論的には可能ですが、親族への過度な負担を避ける意味でも、また受託者への監督機能を働かせるという意味からも、受託者は親族、後見人は別の親族または職業後見人に頼むほうが好ましいと思われます。

<事例20>別れた夫に子の財産管理を牛耳られるのを防ぎたい

清水母子（38歳）は、別れた夫俊雄（40歳）との間の子翔（8歳）の親権者となり、母子家庭として2人で暮らしています。もともと体が弱い母子は、もし翔が成人する前に、自分が亡くなるようなことがあれば、離婚した元夫俊雄に翔が引き取られ、子にわたった自分の遺産も元夫に管理・消費されてしまうことを心配しています。

翔が成人する12年後までに、自分が亡くなるようなことがあれば、翔の世話・養育と遺した財産は、母子の妹不二子に託したいと望んでいます。

<解決策>

清水母子は、遺言公正証書を作成して、次の2つのことを定めておきます。

1つ目は、もし翔が成人する前に母子が亡くなった場合、翔に対する未成年後見人として妹不二子を指定します。

2つ目は、遺言信託を設定します。その内容は母子の遺産すべてを信託財産とし、翔を受益者、妹不二子を受託者として財産管理を託します。受託者不二子は、翔が成人するまで、翔に関する学費・生活費・教育費等を信託財産から賄い、また毎月一定額を小遣いとして翔に給付するように定めておきます。

【信託設計】

委託者：清水母子
受託者：峰田不二子
受益者：清水翔
信託財産：自宅および現金
信託期間：受託者不二子と受益者翔が合意するまで
残余財産の帰属先：信託終了時の受益者（翔）

<要点解説>

翔が成人になる前に親権者が亡くなったからといって、別れた夫俊雄が自動的に親権を取得するわけではありません。親権者が不在になると、家庭裁判所に「未成年後見人」を選任してもらう手続きが必要となりますが、この未成年後見人は、遺言によりあらかじめ指定しておくことができます。

母子は、遺言で妹不二子を未成年後見人に指定しておきます。こうすると、母子の亡き後に元夫の俊雄が出てきて、未成年者の翔に代わって母子の遺産を俊雄が管理する事態を防ぐことができます。ただし、未成年後見人として妹不二子が養育するよりも、父親である俊雄が養育した方が、翔の福祉にとって望ましいという家庭裁判所の判断により、別れた俊雄の親権復活が認められることもあり得ます。したがって、このような事態に備えて遺言信託を用意しておきます。

遺言の中で信託を設定し、母子の遺産の管理を不二子が担うことで、俊雄が翔の親権者として母子の遺産を消費してしまうことを制限することができます。つまり、信託の定めにおいて、子の学費・教育費としての支払いが生じた場合は、元夫の俊雄に財産を給付するのではなく、直接受託者から支払先に振り込むことができるうえ、翔に対する毎月の定額給付の定めを設けておけば、たとえ俊雄が親権者になっても、俊雄からの不当な一括給付の請求を拒否することも可能になります。

信託期間は母子が亡くなると開始し、終了時は翔が成人するまででも大学卒業まででも構いませんし、あえて存続期間を指定しないで、不二子と翔が合意したタイミングで信託を終了させることも可能です。信託の終了に伴い、残余財産をそのまま翔に引き渡すという内容にしておきます。

なお、母子が何事もなく翔を成人まで育てた場合、未成年後見人の指定の遺言条項は、翔が成人した時点で無効な条項となります。一方、遺言信託の部分は、特に条件を付けなければ、翔が成人した後でも母子が亡くなることにより発動するので、その必要がなければ、当該遺言を取り消すか書き替えるべきです。あるいは、遺言信託を条件付き（たとえば翔が成人に達する前に母子が亡くなることを条件）にしておけば、未成年後見人の指定条項と同様、あえて遺言を書き替えなくても、無効な遺言として放っておいても問題ありません。

なお、この遺言信託を組んだ場合の税務はシンプルで、母子が亡くなったときに単独相続人である翔に相続税がかかるかどうかだけです。それ以外に遺言書作成時はもちろん、信託継続期間中も翔に贈与税や所得税等の課税の問題は一切発生しません。

●民法838条、839条●

第八百三十八条　後見は、次に掲げる場合に開始する。

一　未成年者に対して親権を行う者がないとき、又は親権を行う者が管理権を有しないとき。

二　後見開始の審判があったとき。

（未成年後見人の指定）

第八百三十九条　未成年者に対して最後に親権を行う者は、遺言で、未成年後見人を指定することができる。ただし、管理権を有しない者は、この限りでない。

2　親権を行う父母の一方が管理権を有しないときは、他の一方は、前項の規定により未成年後見人の指定をすることができる。

７．その他

<事例21>受益権売買により流通税を軽減したい

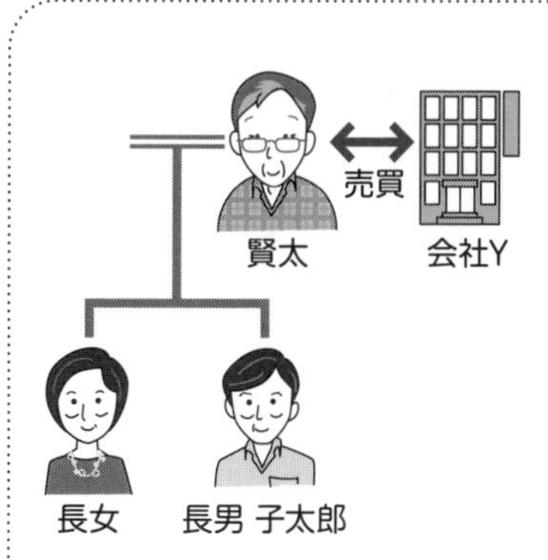

山﨑賢太（80歳）は、将来の相続税の節税と毎年の所得税の負担軽減等の対策として、築後数年経過したテナントビル１棟を、賢太の長男子太郎が設立した資産保有法人（株式会社Ｙ）に売却しようと考えています。将来的には、その法人が第三者に売却する可能性もありますが、最もコストが安い手段を検討したいと考えています。

<解決策>

山﨑賢太は、長男子太郎との間で信託契約を締結します。賢太が委託者兼当初受益者、子太郎が受託者、このテナントビル１棟を信託財産とします（底地は信託財産に入れません）。信託契約後、速やかに受益者である賢太と株式会社Ｙとの間で、信託受益権の売買契約を締結します。

【信託設計】

委託者：山﨑賢太

受託者：山﨑子太郎

受益者：①山﨑賢太 ⇒（売買で）②株式会社Ｙ

信託財産：テナントビル（建物のみ）

信託期間：定めなし

残余財産の帰属先：信託終了時の受益者

<要点解説>

収益物件である建物のみを資産保有法人に移すような節税対策は、通常はテナントビルの所有権自体を売買します。しかし、売買対象物件を信託契約で信託財産に入れることで、所有権の財産から信託受益権という財産に転換させ、その受益権の売買をすることで比較表の通り、流通税（登録免許税・不動産取得税）の負担軽減を図ることができます。また、通常の不動産売買では、売買全額によって契約書に貼る印紙税が変わりますが、受益権の売買契約書の場合は一律200円と安価です。

なお、受益権の売買価格は、通常の建物所有権の売買価格と同じと考えて問題ありません。

受益権売買をした場合、その不動産の登記簿はどうなるかといいますと、甲区所有者欄は、引き続き受託者名義のままですが、信託目録の「受益者欄」が賢太から株式会社Ｙに変わります。これにより、信託財産の持主が賢太から株式会社Ｙに変わったことが登記簿上も明らかになります。なお、実務上は、受益権の売買と同時に「委託者」の地位も一緒に移転させ、賢太を信託の関係者から完全に離脱させることが一般的です。

	建物を所有権で売買する場合	建物を信託受益権化して受益権で売買する場合
登録免許税（a）	固定資産税評価額の２％	①信託設定による受託者への所有権移転登記：固定資産税評価額の0.4% ②受益権売買による受益者変更登記：1,000円×物件の数 ③受益権売買による委託者変更登記：1,000円×物件の数
不動産取得税（b）	固定資産税評価額の４％	非課税
上記流通税の合計（a＋b）	固定資産税評価額の６％相当	固定資産税評価額の0.4％＋2,000円×物件の数
建物の固定資産税評価額が２億円とした場合の実際の流通税	1,200万円 （内訳）登録免許税400万円 不動産取得税800万円	80万円＋2,000円 ※登録免許税のみ
契約書貼付印紙税	売買金額に応じて200円～ 48万円	200円

したがって、信託目録の「委託者欄」も賢太から株式会社Ｙに変えることになります。

将来的に信託契約を終了（解約）し、株式会社Ｙがこの建物を所有権財産として取得する場合は、信託終了時点において不動産取得税が課税されるとともに、株式会社Ｙを甲区所有者欄に記載する信託終了に伴う登記手続き（登録免許税は固定資産税評価額の２％）が必要になります。

したがって、流通税削減にとって一番効果があるのが、いつかこのテナントビル自体を受託者から第三者に売却することです。そうすると、売却益は受益者たる株式会社Ｙに入ってきますが、結果として不動産取得税は一度も課税されることなく、第三者に売り抜くことができます（この場合、底地もスムーズに売却できるように、別の信託契約で子太郎に託しておくのが無難です）。

＜事例22＞遺されるペットの面倒を見てもらいたい

犬飼昌子（80歳）は、夫を亡くし子はいないので、家族の代わりに愛犬・愛猫１匹ずつと一戸建てで暮らしています。ペットと暮らす生活は穏やかですが、唯一の心配は、自分が認知症等で判断能力を喪失した場合や亡くなった場合に、後に遺される愛犬・愛猫の行く末です。

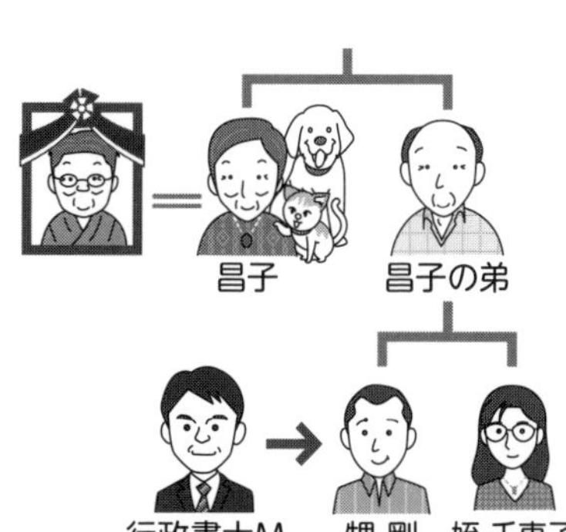

甥の剛や姪の千恵子をはじめ頼れる親戚は遠くにいますが、マンション暮らしで、ペットを引き取ってもらうことまでは頼めません。そこで、昌子が飼育することができなくなったときには、懇意にしているペットショップ経営者の伊藤に任せたいと思っています。

<解決策>

犬飼昌子は、行政書士Mと任意後見契約公正証書を締結します。もし昌子が病気や事故、認知症等でペット２匹を飼い続けることが困難になった場合には、長いお付き合いの伊藤に引き取ってもらうことになっているので、行政書士Mには、任意後見人に就任して自分自身の介護・入所費用の管理・支払いに加え、ペットを伊藤に預ける手配とそれに伴い発生する毎月のえさ代・世話代等を支払うように依頼しておきます。

また、昌子が亡くなった際の備えとして、任意後見契約と同時に遺言公正証書を作成します。遺言の中で、自宅不動産は遺言執行者に指名した行政書士Mが換価処分（売却）し、すべて金融資産に換えます。現金化された遺産のうち、あらかじめ試算したペット２匹の生涯の飼育代と２匹が亡くなるまでの期間の信託報酬・信託監督人報酬の予想累計額（たとえば月額○万円×○ヵ月分）を信託財産とする遺言信託を設定します。信託財産以外の残りの金銭については、甥の剛や姪の知恵子などの親戚に遺贈します（清算型遺贈)。

遺言信託の内容は、受託者を剛、受益者を剛と知恵子の２人にし、信託監督人として行政書士Mを指定します。信託財産は、ペット２匹と現金とし、毎月のえさ代・世話代については、受託者剛が剛名義の信託専用口座から伊藤に支払います。

剛や知恵子は、伊藤から定期的にペットの飼育状況の報告を受けるともに、行政書士Mは必要に応じて伊藤のところにペット２匹の状況を見に行くようにします。

【信託設計】

昌子の遺言信託：（P.88と同様）

委託者：故 犬飼昌子

受託者：剛（予備的に知恵子）

受益者：剛および知恵子（受益権は各２分の１）

信託監督人：行政書士M
信託財産：ペット２匹 および現金
信託期間：ペット２匹が死亡するまで
残余財産の帰属先：剛、知恵子、伊藤

＜要点解説＞

ペットが遺されるリスクは飼い主の死亡だけではないため、任意後見契約と遺言をセットで準備しておくことで、生前の判断能力喪失と死亡の両方のリスクに備えることができます。

頼れる親戚は遠方にしかいないので、ペットを引き取ることも定期的に会いに行くこともできません。そこで、ペットショップ経営者の伊藤に、いざというときの世話をお願いし、その際の世話代等の月額の費用をあらかじめ決めておきます。昌子が施設入所等で飼育できなくなった場合、任意後見人となった行政書士Mが、伊藤にペットのお世話を任せる手配を実行するとともに、昌子の老後の財産管理と身上監護を担います。

昌子が亡くなったあとは、まず行政書士Mが遺言執行者として遺産をすべて取りまとめたうえで、その遺産の一部（親戚に遺贈した残り全て）を信託財産とする遺言信託の仕組みのなかで、甥の剛に受託者としてペットのための財産管理を担ってもらいます。ペットの健康状態や飼育方針の確認については、受益者（実質的な飼い主）になる剛・知恵子に定期的に連絡が入りますが、何かあれば近くにいる行政書士Mが伊藤のところに行って実際のペットの現状を確認しますので安心です。

法的には、ペットも「動産」として扱う必要がありますので、昌子の遺産たる「ペット２匹およびその飼育代相当額」を信託財産とし、剛・知恵子が受益者として実質的にその財産を受け取ることにします（受益者は個人または法人でなければならないので、ペット自身を受益者にすることはできない）。こうすることで、ペット２匹の飼主が受益者であることを明確にしたうえで、いざというときには剛・知恵子が責任をもって対応することができます（もし、ペットの所有者を実際の飼育者たる伊藤にしてしまうと、飼育者の故意・過失によりペットに死傷事故が起きても責任を追及できなくなる）。

ペット２匹が亡くなった時点で信託が終了し、２匹の葬儀・納骨・永代供養まで行った後に残った残余財産（信託専用口座の預金）があれば、それを剛、知恵子、伊藤で３等分に分配して清算も完了します。ペット２匹の死亡の段階で、剛・知恵子の財産の一部（残余財産の３分の１）が伊藤に移動することになりますので、もしその金額が金110万円を超える場合には、伊藤に対して贈与税の課税の対象となるので注意しましょう。

なお、遺言信託については、遺言者の記載において、品種、生年月日、性別、名前などで信託財産となるペットをしっかり特定しておく必要があります。

第 3 章

家族信託の超実務・60問60答

1．信託契約について

Q1　親が認知症でも信託契約は可能ですか？

「すでに施設入所している要介護度２の父親は信託契約できますか？」「最近物忘れがひどくなってきた母親はどうですか？」「医師から軽い認知症と診断されていますが…」

などの質問を頻繁に受けます。

まず、介護保険制度における要介護認定（要支援１～２、要介護１～５の７段階）と物事をきちんと理解する力（これを「判断能力」という）の有無は、必ずしも関連がないと理解することが大切です。いわゆる介護認定は、他人による介助が必要な度合いを測る物差しであって、判断能力の程度を測る物差しではありません。したがって、判断能力がしっかりしていても、病気等の理由により手や足が上手に使えず食事や排泄に介助が必要な方は介護度が高くなります。

「認知症の診断が出ている」などの事実があっても、「認知症」が定義する判断能力の程度に大きな幅がある以上、そのことですぐに信託契約を締結する能力がないと結論づけることはできません。また、公的な機関が客観的な立場から親の判断能力の有無を判定してくれるという仕組みもありません（医学的な見地からは、主治医に診断書を出してもらうくらいしかない）。

以上を踏まえますと、要介護度や認知症の診断、物忘れが顕著等という客観的事実はあくまで事実として捉えつつも、老親と直接会って、様々な話をしていくなかで判断能力の有無を慎重に判断しているのが現実です。つまり、認知症の診断が出たからといってすぐにあきらめず、早急に対応策を検討することが重要なのです。

●信託契約の趣旨・概要を理解・納得できれば締結は可能

「信託」というのは、特定の財産の管理・処分を包括的に託す仕組みという点で、ある意味非常にシンプルです。したがって、親が高齢であっても「自分がどんな財産を持っているか（＝信託財産）」「その財産の管理を誰に託すか（＝受託者）」「管理や処分等を任せることで何が実現できるか（＝信託目的）」等について概要をきちんと理解し、納得できれば、信託契約の締結が可能なケースは少なくありません。

老親が所有する賃貸アパートの管理を、実質的には子が担っているケースはよくあります。これは、親子間で口頭により信託契約を交わしているようなものですが、このような場合は、老親が将来、判断能力を喪失したときに備えて親子間できちんと信託契約書を締結し、子が託された権限を対外的に明示できるようにしておくことが、将来の老親の財産管理にとって非常に重要です。

Q2　判断能力が低下したときに発動する信託契約は可能ですか？

Ｑ１で触れたように、親がある程度元気で物ごとの理解力がなければ信託契約は締結できませんが、一方で、親側の要望として「まだ自分が元気なうちは必要ないので、将来認知症になった時点で信託契約を使って子どもに財産管理を託したい」という声も多く聞きます。では、そのような条件付（始期付）信託契約は締結できるでしょうか。

理論的には、親（委託者）の「判断能力の低下」や「認知症の発症」をもって信託契約が発動する仕組みはできそうに思えます。しかし、実務上、実効力のある契約として本当に可能かどうかを検証する必要があります。

そもそも、老親の「判断能力の低下」や「認知症の発症」を誰がどう客観的に判断するのでしょうか。医師でしょうか？　どの程度の低下が必要でしょうか？「契約」は、いつからその効力が生じるかという日付（「効力発生日」という）が非常に重要であり、誰が見ても客観的に明確な日付でなければなりません。人によって効力発生日の解釈が異なることは許されないのです。

理論上、認知症と診断された医師の診断書の日付を効力発生日とすることはできますが、恣意的に診断書を取らないこともできますし、診断書の日付は実際に判断能力が低下した日や認知症の発症日とは異なるので、効力発生日の特定として法的にも問題が多いといえます。

●後見制度を利用する前提では家族信託の意義が半減

「委託者につき成年後見人の選任審判が下りた日」という客観的な日付をもって契約を発動させることはできますが、そもそも成年後見制度の代用として家族信託を活用したいというニーズが多いことを考えると、この条件付契約は意義が半減するといわざるを得ません。

以上のことを踏まえますと、信託契約に特に条件等を付けて発動時期を先送りにするのではなく、あえて信託契約の締結と同時に発動させることをお勧めします。そうすることで、親（委託者兼受益者）の元気なうちは、親自身が受託者たる子に指示を出し、その働き具合を見定めることができるので安心です。

また、もし信託財産に賃貸アパート等の収益物件が入っている場合は、自分が元気だからこそ賃貸経営の“イロハ”（管理会社との付き合い方、修繕の時期・やり方・予算決め、各賃借人の人柄・属性の把握、確定申告の仕方、顧問税理士との付き合い方など）を少しずつ後継者である子に教え込むことができ、賃貸経営における権限移譲・事業承継がスムーズにできる大きな効果も得られるでしょう。

家族信託を活用して老親の財産管理と生活支援の仕組みを作ることは、会社経営や家業の事業承継と同様、「まだちょっと早いかな」と思えるタイミングから計画的に始め、時間をかけて徐々に“後継者を育てる”という気持ちを持つことが大切ですし、“任せてみる覚悟”も必要でしょう。それができれば、自分の希望や方針を伝えつつ法務・税務等の煩わしい手続きはすべて子に任せ、自分は今まで通りの生活をより気楽に楽しく過ごすことができるでしょう。

Q3 信託契約書は公正証書で作成すべきですか？

信託は、長期にわたる財産管理の仕組みであり、設計次第では何世代にもわたって資産承継先を指定する“数次相続における遺言の機能”を持っています。そんな重要な信託契約書を私文書で作成する場合、万一契約書の原本を紛失してしまうと、信託契約に基づく資産承継の実現ができなくなるという非常に大きなリスクを負うことになります。

また別の観点からみると、家族・親族の世代を超えて財産管理・資産承継に拘束力を持つため、それを快く思わない利害関係人（法定相続人やその配偶者等）がいた場合、信託契約の有効性そのものを争う事態（信託契約の無効を主張される事態）が起きかねません。

たとえば、委託者となる親と受託者となる子の契約当事者双方が署名押印した契約書が残っていても、委託者本人が理解納得して署名・押印したのではなく、本人が知らないところで子が勝手に実印を持ち出し代筆で書面を作成したのではないか、という疑いをもたれる可能性があります。また、信託契約の締結日が実際に調印した日付より過去の日付となっている（親の理解力がしっかりしていた頃にバックデートしている）のではないか、そもそも信託契約日の時点で委託者となる老親の理解力（判断能力）はなかったのではないか、といったトラブルも想定されます。

●信託契約を公正証書で作ることの意義は大きい

以上を踏まえ、後々の紛争を未然に防ぐという観点からすると、信託契約書を公正証書で作ることの意義は非常に大きいといえます。公正証書は、「原本」が公証役場に長期間保管されるので、契約当事者に交付される「正本」を紛失しても再発行ができます。また、公正証書作成にあたっては、公証人が契約当事者の面前で契約内容について理解・納得できているか、公正証書の作成意思があるかをきちんと確認するため、後日、利害関係人が信託契約の法的効力を否定することはかなり困難になります（法的に有効であることがより確実になる）。

以下に、信託契約書を公正証書と私文書で作成する場合のメリット・デメリットをまとめたので、参照してください（**図表3-1**）。

図表3-1　公正証書と私文書のメリット・デメリット

	信託契約公正証書	私文書
メリット	・契約書を紛失しても再発行可能。 ・本人の意思を公証人が確認するので、後日の紛争になりにくい。 ・契約後、金融機関で信託口口座の作成がよりスムーズになる。 ・受託者に対する融資を受けやすくなる。	・コストがかからない（印紙税は金200円）。 ・作成のタイミングが自由（夜間や土日祝日でも作成可能）。
デメリット	・コスト（公証役場の手数料）がかかる。 ・委託者および受託者が必ず公証人の面前で作成する必要がある（代理不可）。 ・平日の日中しか作成できない。	・後日紛争の可能性　（日付バックデート、代筆、印鑑流用、判断能力の欠如による契約無効）がある。 ・原本を紛失すると対応できなくなるリスクがある。 ・金融機関の諸手続きが難航する可能性がある。

Q4　受益者に指定された人の承諾は必要ですか？

信託契約や遺言の中で「受益者」（＝受託者が管理する信託財産から経済的な利益を受け取る権利を持つ者）として指定された者は、原則として当然に受益権という権利を取得します（信託法88条）。つまり、委託者と受益者が異なる信託の場合（信託契約がスタートしたときから異なる場合だけではなく、信託契約の継続中に受益者が交代した場合も含む)、受益者が「受益権」という財産を持つことについての承諾は必要ありません。

この点、よく「贈与」と比較されますが（**図表3-2参照**)、贈与は「当事者の一方が自己の財産を無償で相手方に与える意思を表示し、相手方が受諾すること」によって成立する契約のため、もらう側（受贈者）の贈与を受ける意思表示が必要です。たとえば、もらう側が幼児や障がい者、認知症高齢者の場合は、法定代理人（親権者や後見人）が本人に代わって贈与契約を交わさない限り、財産を有効に受け取ることができません。

一方、信託は、もらう側の受諾の意思表示は必要ないため、幼児や認知症高齢者等に財産を渡したい場合でも、一方的に「受益者」に指定すれば、財産を渡すことが可能です。

図表3-2　贈与と信託の違い

	贈　与	信　託
意思表示の要否	受贈の意思表示必要	受益の意思表示不要
効力発生時	原則契約締結時	原則契約締結時
適用対象税制	贈与税	・死亡を原因として財産権が移動した場合は相続税（遺言信託や受益者連続型における第二受益者など） ・死亡以外の原因で対価を伴わずに財産権が移動した場合は贈与税（受益権の贈与、受益者変更権の行使による受益者変更など） ・対価を伴った財産権の移転の場合は譲渡所得税（受益権の売買など）
その他	贈与者の死亡を契機に効力が発生する贈与契約（＝死因贈与契約）は、死亡を原因に財産権が移動するので、遺贈に準じて相続税の課税対象になる。	

●受益者となった旨の通知は原則として必要

財産を管理する受託者は、受益者として指定された者が受益権を取得したことを知らないときは、原則その者に対し、遅滞なく受益者となった旨の通知をしなければならないと定められています（信託法88条②）。一方で、信託契約書や遺言の中で、通知をする義務を免除する旨の規定を置くこともできます。たとえば「受託者は、受益者○○に対し、受益者となった旨の通知をしないものとする」という条項を設けておけば、受益者に内緒で受益者のために財産を管理していくことも理論上可能となります。

実務上は、「委託者＝受益者」（自益信託）以外のケースでは、受益者となったタイミング・原因により、“みなし相続”または“みなし贈与”として相続税や贈与税の課税対象になります。その場合、受益者に税務申告義務・納税義務が発生しますので、注意してください。

Q5 信託契約時に家族の承諾は必要ですか？

家族信託の契約における当事者は、財産を持つ親（委託者）とその財産管理を担う子（受託者）というのが典型です。したがって、契約締結にあたり契約当事者とならない家族の同意は法律上必要ありません。また、信託契約に定められた予備的な受託者（第二受託者、第三受託者）や次順位の受益者（第二受益者や第三受益者、残余財産の帰属権利者）、信託監督人なども、信託契約書に調印する必要はありません。

しかし、家族信託を委託者・受託者の二者間の問題として捉えるのはお勧めできません。家族信託の導入を検討する（老親の認知症による資産凍結対策や円満円滑な資産承継対策などの相談）にあたっては、その初期段階から、委託者である親と受託者となる子はもちろんのこと、推定相続人となる配偶者や他の子も交えた家族全員が話し合いのテーブルにつくこと、いわゆる「家族会議」で話し合うことを原則として考えるべきです。

●最適な財産管理と資産承継について合意形成が必要

家族全員が揃う「家族会議」では、次の２つの議題（情報）について、家族内で正確に認識（情報共有）することがとても重要です。

一つ目の議題は、現在の「親の保有資産」や年金・不動産所得などの収入と生活費・医療費・介護費用等の支出を踏まえた「今後の収支予測」です。「親の保有資産」については、相続税評価額（親が亡くなったときに相続税の申告と納税が必要になる場合の評価算定基準）だけではなく、時価（今その財産を売却したらいくらになるか）とその時価の動向（今後値上がりするのか値下がりするのか）を把握するのが理想的です。

「今後の収支予測」は、もし親が要介護状態になったら在宅介護をすべきか、施設に入所すべきかを踏まえ、年間収支がプラスになるかマイナスになるかの予測を立てておくと、預貯金・有価証券等の保有資産を今後どう消費するかについての計画・備えができて大変有効です。

一つ目の議題は、客観的な“事実”に基づくものでしたが、二つ目の議題は、親やその家族の“想い”に関するものです。親が考える今後の生活の希望や財産の管理・活用・処分方針、子世代が親をどう支えるか（親がこの先病気や認知症になった場合、誰が主体となって介護等を担うかなど）、その先の資産承継についての要望（実家を引き継ぐ子がいなければ、親が亡くなった後は実家を売却して子世代が金銭で分けたいなど）も伝えるべきです。この親子の要望のすり合わせをしている家族は思った以上に少ないのが現状です。

“事実”と“想い”について、家族内で情報格差・認識の食い違いが起きることは、家族の人間関係に将来的な憂い・確執を生みかねません。家族全員が“事実”と“想い”を情報共有し、共通認識の下、親の財産管理や将来の資産承継について「自分のこと」として当事者意識を持った話し合いを行い、そこに専門家の知恵を借りることで、将来の“争族”とは無縁の、安心の老後の財産管理と円満円滑な資産承継の理想的な形を実現することができると考えます（第１章18.(1)参照）。

Q6 信託契約は1本にしないといけませんか？

親が子に財産管理を託すための信託契約は、必ずしも1本の契約になるとは限りません。書籍やセミナー等で紹介されている信託の活用事例は、一般の方に分かりやすくするために1つの契約で対応する設計イメージとなっていますが、実際はそんなシンプルな案件ばかりではありません。

もちろん、1本の契約ですべてのニーズに応えられれば理想的ですが、実務上は、お客様のニーズに応じて、あえて複数の契約に分けることも少なくないのです。

たとえば、目的別、財産別、将来の承継者別、管理者別などの観点から、信託契約を複数に分けることも検討する必要があります。そこで、契約を複数に分ける場合の観点について、1つずつ説明していきます。

①目的別

信託を実行する目的ごとに契約を分ける考え方で、これが最も分かりやすい分け方です。たとえば、認知症対策・成年後見の代用策として、生前の財産管理・生活サポートを目的として自宅と生活資金を信託財産とする信託契約を1本締結するとともに、近い将来に古いアパートを建て替え、賃貸経営を万全にすることを目的として賃貸アパートを信託財産とする信託契約をもう1本締結するようなケースです。

②財産別

預ける信託財産ごとに信託契約を分ける考え方です。これは、老後の資金を管理・給付するために現金を預けておく「金銭信託」と、賃貸不動産の管理と建替えを目的とする「不動産信託」と、議決権行使と円満な事業承継を目的とする「株式信託」とに分けるようなイメージです。

③将来の承継者別

将来の承継者が異なる場合に、信託契約を分ける考え方です。たとえば、自宅と老後資金である金銭は、「父親⇒母親⇒長男」という順番で承継させたい、一方の賃貸アパートは「父親⇒長女」という順番で承継させたいという場合は、１つの信託契約で実行することはできないので、あらかじめ信託契約を２つに分ける必要があります。

④管理者別

受託者として管理を任せる人ごとに信託契約を分ける考え方です。たとえば、親（委託者）と同居する長女には、老後の生活費等の給付と自宅の管理を任せたい一方で、賃貸アパートの管理は長男の方が適任な場合には、それぞれ長女と長男を受託者とする２つの信託契約を締結することになります、

以上、信託契約は必ずしも１つになるとは限らず、複数に分けることもときには不可欠・合理的だということを説明しましたが、１つだけ注意すべきポイントがあります。それは、信託契約を複数に分けた場合、その信託契約ごとに独立して年間の収支計算をしなければならないため、１つの信託契約の年間収支の赤字を他の信託契約の年間収支の黒字と損益通算できないということです（Q37参照）。

Q7　夫婦の共有不動産を１つの契約で信託できますか？

自宅などを夫婦で共有している場合、委託者を２人とする１つの信託契約で財産管理を担うことは可能です。この場合、夫婦のどちらが先に亡くなっても、死亡した側が持っていた受益権持分を生存する配偶者に承継させ（生存配偶者が単独で信託財産を持つことになり）、夫婦が亡くなったら信託を終了させ、残余財産を子供に承継させるという設計は良策となります。この場合、１つの信託契約なので１つの信託受益権という財産を夫婦で持ち合う（これを“準共有”という）ことになり、夫婦間で受益権割合を定める必要があります。一般的には、不動産の共有持分比率をそのまま受益権割合に反映させることで、税務上の課税の余地

を排除します。

●委託者兼受益者が複数の信託契約は要注意

１つの夫婦共有不動産を１つの信託契約でまとめて管理を担うことは可能ですが、注意すべき点があります。それは、夫婦それぞれが持つ現預金も共有不動産とセットで信託財産として預ける場合です。

この場合、受益権割合の比率に応じた金銭の額を信託財産に入れないと（たとえば、受益権割合が夫：妻＝７：３であれば、信託金銭も７：３の比率で預けないと）、受益権割合と信託財産として預けた金銭の比率が異なることになり、その財産評価の差額分について、無償で財産の移動が行われたとして贈与税の課税対象にされますので注意してください。

●複数の共有不動産は安易に１つにまとめない

また、複数の不動産を夫婦で共有している場合、不動産によって夫婦の共有持分比率が異なるのであれば、１つの信託契約でまとめることはお勧めできません。受益権割合と異なる共有持分比率の不動産を信託財産に入れると、前述の信託金銭と同様、その財産評価の差額分については贈与税の課税対象になります。

結論としては、夫婦共有不動産がある場合は、安易に１つの信託契約にまとめることはせず、委託者ごと（夫用の信託契約、妻用の信託契約）に分けることも視野に入れて、信託の設計をすべきということになります。

Q8 家族信託契約の“ひな型”はありますか？

以前から掲題のような質問や「家族信託のひな型契約書をもらえませんか？」という相談を数多くの法律専門職から受けています。一方で、問題の多い契約書の“ひな型的”な書式例が書籍やインターネット等で出回っているのも事実です。

結論から申し上げると、家族信託の契約書には、ひな型というものは存在しません。書籍やインターネット等で掲載されている信託契約書は、「こういう事例を想定した場合に、こういう信託契約書を作成することが一例として考えられますよ」という、あくまで一つの“回答例”に過ぎません。委託者となる親の保有資産の規模・内容、家族構成とそれぞれの年齢・健康状態・居住地、親側の想い・子側の想い等が異なれば、設計が変わってくるのは当然のことです。

しかし、書籍やインターネット等で表面的な情報しか収集していない法律専門職は、その“回答例”に従って個々のお客様の当事者情報を当てはめれば、信託契約書ができると勘違いしているようです。つまり、「家族会議」において親側の想い・希望と、それを踏まえた子側の希望・覚悟をすり合わせる作業を経ずに、短絡的に信託契約書を作ってしまうケースが散見されるのです。このようないい加減な法律専門職が作成した“危ない信託契約書”が、この先大きなトラブルを巻き起こさないか、大変心配です。

次に、危ない信託契約書の代表的なものを紹介します。

①条文が40前後またはそれ以上ある契約書

条文数にして60条以上ある「商事信託」（＝信託銀行や信託会社に費用を支払って管理や運用を依頼する信託の形態のこと）の信託契約書をベースとして、その条文をできる限り削って、40条前後に体裁を整えた信託契約書をたまに見かけます。条文が少なければよいというわけではありませんが、一般の親子が、特に高齢の親世代が40条にわたる信託契約書の条文を読んで理解するのは、かなりハードルの高い作業だということは認識しなければなりません。

条項の多い信託契約書を作成しようとする法律専門職は、家族信託の契約書と信託業法で制約を受ける商事信託の契約書とでは、根本的な考え方が異なることをまず理解しなければなりません。

「商事信託」の契約書は、金融庁の監督下に置かれている信託銀行・信託会社がお客様とのトラブルを起こさないために、受託者の権限と責任の範囲を明確にすることを主眼として、事細かに規定が盛り込まれています。それに対し、「家族信託」の契約書は、家族間の信頼関係を前提として、委託者たる親側の"想い"を実現するために、それを支えてくれる子にどんな権限を与え、何をしてもらうかを明確にすることを主眼としています。

したがって、家族信託においては、信託契約書に明記しなくても信託法の条文が当然に適用される条項はあえて契約書に盛り込まず、契約内容を、シンプルにするのがお勧めです。筆者が提案する信託契約書は多くても25条、ほとんどが20条を超えることはありません。

②必要のない信託関係人の定めがある信託契約書

書籍やインターネット等で見られる"回答例"とされる信託契約書には、「信託監督人」や「受益者代理人」などの契約当事者以外の信託関係人が記載されているケースが多いです。そうすると、家族構成やそのニーズによっては、本来置く必要のないこれらの信託関係人についても、家族の誰かを無理に当てはめるケースもあるようです。

信託契約書は、原則オーダーメイド（自由設計）という考え方が前提のため、すべての条項について、それを置く意味あるいは置かない意味を、作成に関与した法律専門職はきちんと説明できなければなりません。「家族信託の書籍に記載されていたから」では理由にならないので、家族皆が理解できるような説明が専門職に求められます。

③受託者の権限が不十分な信託契約書

先に述べた通り、「家族信託」の契約書は、親や家族が抱える課題を解決するために（親や家族が望む未来を実現するために）、受託者にどんな権限を与え、何をしてもらうかがポイントです。にもかかわらず、包括的な権限しか記載されていない、反対に必要な権限が網羅されていないケースも散見されます。信託契約は、将来に備えた"保険"の意味もありますので、様々な事態を想定しつつ、想定外の事態が起きても対応できるような設計・条項の作り込みが必要になります。

④信託契約の期間が有期の信託契約書

信託契約の有効期間が「５年」や「10年」となっている信託契約書が稀にあります。これは、まさに「商事信託」の契約書を流用したケースです。「商事信託」は、お客様から信託報酬をもらって財産の管理や運用をするので、有期の契約で財産を預かったうえで、お客様の希望があれば更新をするというやり方をします。

しかし、家族信託は、現在財産を持つ父親（または母親）を生涯サポートする仕組みとして活用するケースや、両親を生涯支える仕組みとして活用するケースが典型的ですから、契約の有効期間を年数で区切る意味はありません。あえて有期契約とすることの合理的な理由がなければ、その契約書は「家族信託」の実務に即していない可能性が高いと思われます。

⑤予備的な受託者の定めがない信託契約書

「商事信託」の受託者は、信託銀行・信託会社のため、受託者が業務を遂行できなくなる事態を想定する必要はありません。しかし、「家族信託」の場合は、管理を託された子が健康を損ったり親よりも先に死亡してしまう事態を想定する必要があります。このように、受託者が財産管理業務を遂行できなくなった場合、新たな受託者を指定したくても、親（受益者）の判断能力が低下していると指定は難しくなりますので、あらかじめ予備の受託者を信託契約書に指定しておくことは、実務上大変重要です。「商事信託」の契約書をベースとした契約書だと、この予備的受託者という概念がないため、実務上大きなリスクを抱えることになります。

最後に、問題のある契約書の条項例を次頁にまとめたので参考にしてください（**図表3-3**）。

図表3-3　問題のある契約書の条項例

問題のある条項	理由
予備的受託者の条項が用意されていない	商事信託における受託者は会社なので、受託者がいなくなることは想定されていませんが、家族信託では、受託者個人の死亡等のリスクを考慮する必要があります。
受託者の責任を免除する条項がやたらと詳しい	信託業法の規制を受ける商事信託と違い、家族信託において、受託者責任の免除が問題になることは、ほぼありません。
信託不動産の管理や処分に関する具体的な権限の記載がほとんどない	商事信託は、その都度受益者の指図を前提にしますが、家族信託は、受託者の裁量による部分が大きくなるので、具体的な権限や方針等につき、あらかじめ明確にしておく必要があります。
契約期間を10年とし、受益者からの更新しない旨の意思表示がなされない限り更新する規定がある	正常な判断ができにくくなってきた親（受益者）が一方的に契約の更新を拒絶し、財産管理の仕組みが突如終了してしまうリスクがあります。家族信託では、契約期間は「○○の死亡まで」というのが一般的ですし、受託者との合意がなければ、契約の変更・解約ができないようにすることも多いです。
契約書中に「営業日」という記載がある	家族信託においては、「営業日」などという概念はありません。
契約不適合（瑕疵担保）責任の記載が詳しい	親子間での財産管理において契約不適合（瑕疵担保）責任の所在が問題になることは、ほぼありません。

Q9 家族信託はいつまで続けたらいいですか？

親子間で契約締結したことでスタートした信託による財産管理は、いつまで続けるべきでしょうか。また別の言い方をすると、家族信託はいつ、どんなタイミングで終わらせるべきでしょうか。

その答えは、信託を組む目的、親の保有財産の状況および将来の収支予測、家族構成およびその関係性、資産承継の希望などにより変わってきます。つまり、画一的な答えがないために、そこに関わる専門家の力量により、家族信託の設計の良し悪しが左右され得るという問題もあります。

●特定の受益者の死亡を契機に終わらせる設計が基本

信託法163条で規定する「信託の終了事由」（**図表3-4**参照）は、信託契約の設計において重要な要素になります。したがって、信託契約書の中で「信託の終了事由」や「信託契約の期間」等の条項を設け、どの時点で信託契約を終了するかを決めておくのが一般的です。

何を信託財産とし、誰に財産管理を託すか、委託者兼当初受益者が亡くなった後は誰に財産をどのように遺すか等、信託契約の設計時に検討すべきことは多いですが、絶対に欠かせないのは、いつ信託を終わらせるかという“出口”のイメージです。

分かりやすいケースで説明すると、高齢の父親の認知症による資産凍結対策として家族信託を活用する場合、あくまで老親の生存中の財産の管理・処分が目的のため、父親が亡くなった時点で、その役割を終え、信託契約を終了させるというのが一つの考え方です。この父親の生きている間の財産管理という“一代限り”の財産管理のために信託の仕組みを活用するのは最もシンプルな設計であり、そのニーズも最も多いといえます。

また、今の例でいうと、高齢の父親に加え高齢の母親もいるとすれば、父親亡き後に残された母親の老後を盤石にするために、信託による財産管理を継続することも多いです。そうすると、父親および母親が死亡するまで（両親の老後を支え看取るまで）、信託契約を継続するという設計が効果的です。

さらには、障がいを持つ子や浪費癖のある子がいるケースでは、老親が亡くなっても信託契約を終了させずに、さらにサポートが必要な子が亡くなるまで信託を継続させることもあります。

このように、当初の受益者の死亡または何世代かの受益者の死亡により信託が終了する設計を「死亡終了型」と呼んでいますが、この設計は、最も分かりやすい設計といえるでしょう（**図表3-5**参照）。

図表3-4　信託法163条

（信託の終了事由）

第百六十三条　信託は、次条の規定によるほか、次に掲げる場合に終了する。

一　信託の目的を達成したとき、又は信託の目的を達成することができなくなったとき。

二　受託者が受益権の全部を固有財産で有する状態が一年間継続したとき。

三　受託者が欠けた場合であって、新受託者が就任しない状態が一年間継続したとき。

四　受託者が第五十二条（第五十三条第二項及び第五十四条第四項において準用する場合を含む。）の規定により信託を終了させたとき。

五　信託の併合がされたとき。

六　第百六十五条又は第百六十六条の規定により信託の終了を命ずる裁判があったとき。

七　信託財産についての破産手続開始の決定があったとき。

八　委託者が破産手続開始の決定、再生手続開始の決定又は更生手続開始の決定を受けた場合において、破産法第五十三条第一項 、民事再生法第四十九条第一項 又は会社更生法第六十一条第一項（金融機関等の更生手続の特例等に関する法律第四十一条第一項 及び第二百六条第一項 において準用する場合を含む。）の規定による信託契約の解除がされたとき。

九　信託行為において定めた事由が生じたとき。

（委託者及び受益者の合意等による信託の終了）

第百六十四条 委託者及び受益者は、いつでも、その合意により、信託を終了することができる。

2　委託者及び受益者が受託者に不利な時期に信託を終了したときは、委託者及び受益者は、受託者の損害を賠償しなければならない。ただし、やむを得ない事由があったときは、この限りでない。

3　前二項の規定にかかわらず、信託行為に別段の定めがあるときは、その定めるところによる。

4　委託者が現に存しない場合には、第一項及び第二項の規定は、適用しない。

●終わらせたいときまで無期限に続く設計も可能

一方で、信託財産である賃貸物件について、親亡き後は家賃収入を複数の子で平等に分けて欲しいケースなどでは、老親などが亡くなっても信託契約をあえて終了させないという設計があり得ます。そうすると、特定の受益者の死亡により終了させるのではなく、元気な子や孫世代が受益者になった際に、タイミングを見計らって受益者と受託者の合意で信託を終わらせることになります。

今の例でいうと、信託財産たる賃貸物件を適切な時期に売却しすべてお金に換え、兄弟姉妹間で売却代金を分配し終えたタイミングで、信託契約を受益者と受託者の合意で終了させることが想定できます。

このような設計を「合意終了型（無期限型）」と呼んでいます（**図表3-5**参照）。これは、受益者の急死等で図らずも信託契約が強制終了してしまうことを避け、信託契約の存続期間を完全にコントロールできるという点で柔軟性が高いですが、やや高度な設計になるので関与する専門家の力量が試されます。

図表３-５　信託契約の典型的な２つの形態

死亡終了型　誰かを看取るところまで支える仕組み

（例）「父の死亡」「父及び母の死亡」で終了

合意終了型（無期限型）　やめたいタイミングまで存続する仕組み

（例）「受益者と受託者の合意」で終了

●将来実現したい未来まで見据え家族信託の設計を

「死亡終了型」と「合意終了型」の２つの設計パターンは、どちらが優れているかではありません。大切なのは、「家族会議」で共有した親世代・子世代の希望や"想い"を踏まえ、家族全員が安心納得できる未来・実現したい未来を見据えた設計を心がけるということです。

2．信託財産について

Q10 預貯金は信託財産に入れられますか？

契約書の一部をなす信託財産目録に、「○○銀行○○支店 口座番号×××の普通預金及び定期預金」や「○○銀行○○支店に対する一切の預金債権」と記載された信託契約書を見かけます。

結論からいうと、このような記載は正しいとはいえません。家族信託の実務・金融実務に精通していない法律専門職が関与して作成した信託契約書には、このような実務上使えない契約条項が盛り込まれることがあります。

そもそも金融機関に預けているお金は、法律上「現金」ではなく、「預貯金債権」という財産になります。そして、この債権は、各金融機関が定める規定や約款において「譲渡禁止特約」が付いているので、金融機関の承諾がなければ預金名義人以外の財産として取り扱うこと（受託者への信託による譲渡も含め）はできないことになっています。

つまり、信託契約書に冒頭のような預金口座・預金債権を信託財産とする旨を記載しても、その契約書を金融機関の窓口に持ち込んで、口座の名義人を受託者に変える名義変更手続きや受託者名義の信託専用口座への送金手続きができる訳ではなく、実務上何もできません。

●信託財産目録記載の現金をしっかり移動させる

日本の金融機関では、相続の場合も含め口座番号をそのままに口座を別人の名義に変えることはできません。したがって、親（委託者）名義の口座番号のまま、「信託」を契機に名義だけを変更して受託者が引き継ぐことは事実上不可能です。

それを踏まえると、信託契約書の信託財産目録に記載すべき現預金としての資産は、「現金 金○○円」と記載すべきというのが実務における正解になります。つまり、どの預金口座からお金を移そうが、複数の口座からお金をかき集めようが、信託財産たる現金のお金の出どころは実務上問題にならないので、信託財産として現金をいくら受託者に移動させるかがポイントになります。

なお、信託契約を交わしても、受託者が単独で親の預貯金口座から自由に下ろせるようにはならないことにも注意すべきです。つまり、家族信託の実務としては、信託契約公正証書の作成後、それだけで安心せずに、老親が元気なうちになるべく早く親子で金融機関の窓口に行き、親の口座から受託者たる子の管理する信託専用の口座に、信託目録記載の現金額を実際に移動させること（送金や預入れ）をしましょう。

Q11 信託財産である金銭はどうやって管理しますか？

受託者には「分別管理義務」（信託法34条）があるため、受託者固有の財産と委託者から託された信託財産とは、明確に分けて管理する必要があります。

不動産であれば、登記簿に受託者の名前が記載されるので分別管理は明快ですが、お金となるとそう簡単ではありません。もし、親から託された現金を受託者が普段使っている銀行口座に入金したら、親と子の資産が区別できなくなるうえ、場合によっては贈与や貸付、横領だと指摘されかねません。

現金は、手提げ金庫等に入れて現金出納帳で分別管理することも可能です。しかし、家族信託に基づく金銭管理は親を看取るまでの長期にわたるケースも多く、また、百万円単位、不動産の売却が絡めば数千万円もの現金を管理することがあるため、手提げ金庫での管理は現実的ではありません。

最も堅実な管理は、金融機関に預貯金として預けておくことですが、この場合、信託財産であることが分かる「信託口口座」で管理するのが理想です。この信託口口座とは、信託契約を根拠に、信託財産たる金銭が預けられている口座で、管理を担う受託者が印鑑を届け出ている口座です。さらに、受託者の任務が終了したり業務遂行が難しい状況（死亡、大病、事故など）が起きても、信託契約書で定めておいた予備的受託者（後継受託者）がスムーズに口座を引き継げることになります。

信託口口座は、**図表3-6**の通り、口座名義を見るだけで「信託金銭を入れている口座であること」「印鑑の届出を含め口座の管理をしているのが受託者であること」が明確であり、分別管理が徹底できることなどから、受託者はできる限り信託口口座で管理するのが理想的といえます。

図表3-6 "信託口口座"の口座名義記載例

委託者 山田父郎 受託者 山田子太郎 信託口

委託者 山田父郎 信託受託者 山田子太郎

山田父郎 受託者 山田子太郎 信託口

山田父郎 信託受託者 山田子太郎

●信託口口座作成までの流れ

「信託口口座」の作成についての一般的な流れは次の通りです。

①まず、信託口口座を作成したい金融機関で事前に信託契約書案の審査（リーガルチェック）を受けます。この際、法律専門職が自ら作成した契約書を持ち込まないと（一般の方が金融機関に契約書案を持ち込んでも）受け付けてくれないケースがほとんどです。

また、公正証書を作成してから金融機関の審査を受けると、金融機関から文言の追加・修正の要請を受け、変更契約を公証役場で再度作成しなければならない可能性もあります。そのため、公正証書の作成前にリーガルチェックを受けることが大切です。

②金融機関から事前にリーガルチェックを受け了解をもらった文案を、実際に信託契約公正証書で作成した後、受託者が当該公正証書を持って金融機関に行き、この信託契約書に基づいた口座を作成することになります。なお、金融機関としては公正証書を作成することで、委託者兼受益者たる親側の意思は問題ないという判断をするので、口座作成時に親（委託者）側と面談をしないケースも多いです。

●信託口口座を作成できる金融機関は全国で１～２割

実際に「○○銀行で信託口口座を作れた」と耳にするケースは徐々に増えていますが、一度作ってもらったことのある金融機関でも、支店が異なるとできない、別のお客様は作ってもらえなかったなどの事態も起きています。そのお客様の預金残高や属性、金融機関とのつながりの深さ、あるいは支店長の裁量により作ってもらえたというケースもあるのです。つまり、どこの金融機関のどの支店でも簡単に信託口口座を作れるようになるには、もうしばらく時間がかかるでしょう。

信託口口座の作成が可能として公式に発表している銀行・信用金庫・信用組合は増えてきましたが、全体からみるとまだまだ少数です。したがって、お客様の地元の金融機関で信託口口座への対応ができる金融機関があるとは限りません。2020年時点で、メガバンクのほとんどは信託口口座の対応ができていません。日本全国で信託口口座に対応できる金融機関は全体の１～２割に過ぎません。

そこで、次に「信託口口座」が作成できない場合の次善の策について説明します。

●受託者の個人口座を「信託専用口座」として利用

「信託口口座」を使わずに、信託金銭を長期に安定的に分別管理をすることを考えたとき、実務的には、受託者となる子の個人名義で新規の口座を１つか２つ作り、それを家族信託専用の口座として分別管理をする対応が次善の策といえます。

実際の流れとしては、信託契約締結前に受託者の個人口座を新規で作成しておき、その口座の口座番号まで信託契約書に「信託専用口座」として記載します。そうすることで、口座名義は受託者個人ですが、親も納得・了承のうえで、親の金銭をその口座に入れて管理するという便宜上の対応をすることになります。

便宜上の対応について贈与税の課税を心配する方も多いですが、税務は実態課税のため、口座の名義人が誰かということよりも、そのお金が実質的に誰のもので、それを何に使っているか、という実態が問われるので、お金の流れ・使途が明確であれば、税務上も法律上も問題は生じません（親の相続時に孫名義の“名義預金”が親の遺産として相続税の課税対象財産に組み込まれるのは、まさに税務が実態課税だから）。

●信託口口座が作成できたらメイン口座として利用

受託者個人名義の「信託専用口座」にも問題があります。それは、受託者が死亡したり、交通事故や大病で受託者たる子が受益者たる親よりも先に倒れてしまった場合の対応です。このような非常事態の場合、ＡＴＭで少額の現金を下ろしたり口座引落しを継続することは可能ですが、多額の現金を下ろすことはできなくなってしまいます。

つまり、「信託口口座」は、信託契約書に定めた後継受託者にスムーズに財産管理を引き継ぐことができますが、「信託専用口座」の場合、金融機関は受託者個人の財産が入っている口座としか認識していないため、受託者個人の預金として処理されてしまうリスクがあります。現段階では、「信託専用口座」のキャッシュカードの保管場所と暗証番号を後継受託者と共有しておく、「信託専用口座」をインターネットバンク化してＩＤとパスワードを後継受託者と共有しておくような対応が求められます（Q23参照）。

このように「信託専用口座」のリスク・弱点を考えると、家族信託を実行する現段階で信託口口座が作成できなくても、いずれ全国各地で作成可能な金融機関が増えてくることが想定されるので、将来的に信託口口座を作成することを前提に考えておくことをお勧めします。そして、信託口口座が無事作成できたらメインの口座とすべきです（信託口口座は信託財産の管理口座であることが明快なため、信託専用口座のように信託契約書に口座番号まで記載しておく必要はない。つまり、信託口口座の作成後に改めて契約の変更等を行う必要はない）。

なお、外観上は「信託口口座」に見えても、実際は受託者の個人口座に"屋号"として「委託者 山田父郎 信託受託者」が付いているに過ぎない口座も多数あります。"屋号"口座では、受託者の死亡時に"相続預金"として凍結され、次の受託者が口座をスムーズに引き継げなくなりますので、金融機関に本当の意味の「信託口口座」なのか"屋号"扱いの口座なのか、事前に確認したいところです。

Q12 信託財産にあとから金銭を追加することはできますか？

信託法の条文の中には、「追加信託」という条項は存在しませんが、かねてより信託銀行が担ってきた金銭信託の実務においては、既存の信託財産に新たな金銭を組み入れることは頻繁に行われていました。

家族信託の実務でも、老親名義の預貯金口座に多額のお金を預けておくことは、老親の判断能力の低下等の事情により、いつか下ろせなくなるリスクを負うことになるので、日常的に出し入れしている金額以外の余剰金銭部分は、なるべく受託者に預けておくことをお勧めします（次頁のイメージ図の通り、なるべく信託財産を膨らませておいた方が"資産凍結"のリスクを回避でき、本人にとっても家族にとっても安心）。

そのため、信託契約締結時に定めた管理を任せる金銭（信託契約書に記載した現金の額）だけではなく、その後追加で金銭を信託したいというニーズは非常に高いといえます（**図表3-7**）。

図表3-7　信託財産のイメージ

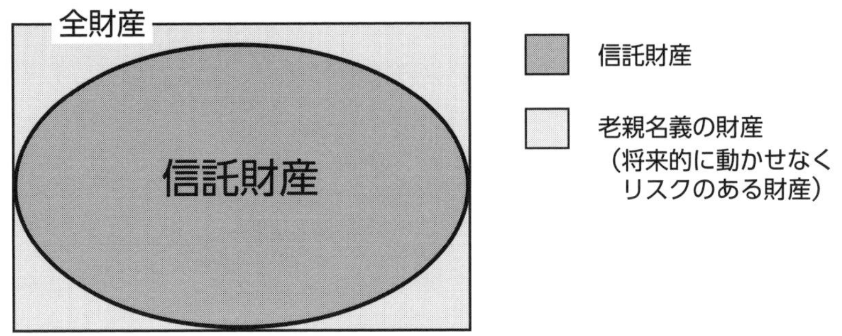

●信託専用口座への入金で契約書の調印作業が省略できる

信託財産の追加は、「追加変更契約」として、委託者と受託者の間で、改めて契約を取り交わすことが原則ですが、大元となる信託契約書に次のような金銭の追加信託の条項を盛り込むことで、実務上非常に簡便的な取扱いが可能となります。

図表3-8　信託財産の追加の条文例

（信託財産の追加）
第○条 委託者は、本件信託財産に金銭の追加信託ができる。
2　前項の追加信託をする場合、委託者は受託者指定の銀行口座への振込み又は預入れにより行うものとし、当該振込み又は預入れの事実をもって、追加信託契約の成立とみなす。
3　受託者は、前項による追加信託の成立後、速やかに追加信託を受けた旨の書面を委託者に対し交付する。

図表3-8の条項を設けることで、金銭を信託財産に追加したい場合、委託者の金銭を受託者が管理する家族信託用の専用口座へ移すことにより、その入金の事実をもって、金銭を追加で信託した取扱い（追加信託契約が成立したという取扱い）が可能になります。

つまり、追加で管理を託すたびにその都度契約書を取り交わさなくても済むので、一般的には高齢の委託者側にとっては契約書類への調印の負担を軽減できます。また、書類作成の事務作業も省略でき、お金の移動が可能な都度、気軽に何度でも預けやすくなります。

しかし、お金の移動だけで、何の書類も残しておかないのは、法律的にも税務的にも憂いが残ります。そこで、追加信託の契約書の取り交わしに代え、受託者が追加信託を引き受けた旨の書面を作成し、委託者側に交付することをお勧めします。その書面には、「いつ（日付)」「いくら（金額)」を「どの口座」で信託財産として引き受けたかを記載します。実際のお金の移動に加え、その根拠となる書面を残しておくことで、法律面・税務面で憂いのない明確な証拠を残すことができます。

なお、金銭の追加信託は、このように便宜上簡易な取扱いをできるようにしていますが、不動産を追加で信託する場合は、当該不動産の登記簿に信託財産である旨の登記手続き（いわゆる“信託登記”）をしなければなりません。この信託登記を行うには、通常、手続きを担う司法書士が委託者と受託者に対して、意思の確認（いわゆる“本人確認手続き”）を行う必要があります。

したがって、不動産を追加信託する場合は、その都度追加信託の契約書を交わし、その契約の場に司法書士が立ち会うという、原則通り厳格な手続きを踏むことになります。

Q13　上場株式や国債、投資信託は信託できますか？

筆者が講師を務める家族信託セミナーや専門家向けの研修では、家族信託の実務で受託者が管理を担う主要な財産は、「現金」「不動産」「未上場株式」の３つだと従来から説明してきました。しかし、一部の大手証券会社が家族信託の契約に基づく「信託口口座」の作成に対応できるようになり、この動きが他の大手・中堅の証券会社にも波及しつつあることから、今後、上場株式・国債・投資信託等の有価証券についても、家族信託で対応できるケースが増えてくることは間違いありません。

上場株式は、預託をした証券会社を通じて名義書換代理人である信託銀行等が､株主名簿の管理やその名義変更手続きを行うことになります。しかし､まだ多くの証券会社が家族信託の実務に対応できていないため、信託財産に上場株式を入れた場合、当事者間では法的に有効ですが、株主名簿に受託者の名前を記載する変更手続き（株主名簿に受託者の名前が記載されると、受託者に株主総会招集通知が発送される）ができません。

これは、上場株式に限らず、国債・外国債・投資信託等の有価証券類全般についても同様です。

●証券会社の対応次第で家族信託が可能

前述のように､証券業界が家族信託への対応に動き出していることは、非常に大きなニュースとなっています。証券会社が対応可能になると、お客様家族のニーズである次の２つの動きが可能になります。

①既存の有価証券類を受託者が随時換価可能に

委託者たる老親がすでに持っている有価証券類を信託財産に入れることで、老親の健康状態に左右されずに（老親の判断能力喪失後でも成年後見制度を利用することなく）換価処分ができ、その代金の払戻しを受託者が受け、受益者たる老親の介護費用等に充てることができます。

証券会社によっては、親本人が元気なうちに代理で売買注文ができる者を登録できる「代理人制度」を用意していますが、この制度は、証券会社側で定期的に老親本人の判断能力の有無をチェックし、能力低下が著しい場合は代理人の売買発注権限もなくなるので、家族信託の「信託口口座」の方がより確実な対応ができます。

なお、現時点で家族信託に対応できる証券会社はまだ一部のため、現在預託している証券会社が家族信託に対応できていない場合、対応できる証券会社への「移管」手続きを取ることができます。ただし、各証券

●アンケートへのご協力をお願いします●

本書をお買い上げいただき、ありがとうございました。今後の企画の参考にさせていただきたく、以下のアンケートにご協力をお願いいたします。アンケートをお送りいただいた方の中から抽選で図書カード（1000円分）をお送りいたします。

(1) お買い上げいただきました本の書名

(2) 本書をどこで購入されましたか

□一般書店（書店名　　　　　　　）□インターネット書店（書店名　　　　　　　）
□勤務先からのあっせんで　□小社への直接注文
□その他（具体的に　　　　　　　）

(3) 本書をどのようにしてお知りになりましたか

□書店で見て　□新聞広告を見て　□勤務先からの紹介　□知人の紹介
□雑誌・テレビで見て（ご覧になった媒体・番組名　　　　　　　）
□インターネット・SNS で見て（サイト名等　　　　　　　）
□ダイレクトメール　□その他（　　　　　　　）

(4) 本書についての感想をお聞かせください

(5) 今後お読みになりたいテーマ・ジャンルをお教えください

ご協力ありがとうございました。

郵便はがき

料金受取人払郵便

中野北局
承認

122

差出有効期間
2026年5月
31日まで

165-8790

東京都中野区新井2－10－11
ヤシマ1804ビル4階

株式会社 近代セールス社
ご愛読者係 行

ご住所	〒□□□-□□□□　□自宅 □勤務先（いずれかに☑印を） ☎（　　　）　　―				
お名前	（フリガナ）				
Eメールアドレス					
ご職業		会社名		年齢	歳

＊ご記入いただいた住所やEメールアドレスなどに、小社より新刊書籍などのご案内をお送りしてよろしいですか。不要の場合は下記に✓をしてください。
□送らないでほしい

※当社は、お客様より取得させていただいた個人情報を適切に管理し、お客様の同意を得ずに第三者に提供、開示等一切いたしません。

会社が定める移管手数料が発生することと、有価証券類の銘柄次第では移管できないもの（各証券会社独自の投資信託商品などは移管不可）もあるため注意が必要です。

②余剰金銭を受託者が任意に運用

資産的に余裕のある親世代が、その余剰金銭を将来に向けた活用を子に託すケースがあります。この場合、信託契約の中で受託者に有価証券類への投資運用権限を明確に与えたうえで、金銭を信託財産として託すことにより、受託者である子がその権限と親の意向に基づき有価証券類に投資・運用することが可能となります。

預金の利息が超低金利の現在の日本において、少しでも余剰金銭を活用・運用して将来に備えたいという親本人や家族の想いに応えることが可能となるでしょう。

●証券会社における信託口口座作成のポイント

家族信託に対応できる証券会社で「信託口口座」を作成する場合、いくつかのポイントがあります。おそらく、ほとんどの証券会社が下記の注意点に該当することになると思われるので、事前に証券会社としっかりと話を詰めておく必要があるでしょう。

①法律専門職が作成に関与すること

証券会社に持ち込む信託契約書については、家族信託に精通した法律専門職が作成に関与する必要があります。そして、その契約書には、有価証券についての管理処分権限が明記されていなければならないため、直接証券会社に問合せをするよりも、まずは家族信託に精通した法律専門職に相談されることをお勧めします。

②信託契約を公正証書で作成すること

法的有効性が否定されるリスクのある私文書は、金融機関から嫌がられるため、きちんとした公正証書で作成する必要があります。

③家族信託の設計で“受益者連続型”は対応不可

委託者兼受益者（たとえば父親）が死亡することにより信託契約が終了する設計、いわゆる“一代限り”の信託でなければなりません。したがって、委託者兼受益者亡き後にその配偶者（たとえば母親）がその資産を承継しつつ、受託者が運用を継続するという“受益者連続型”を設計することができないので、株式等有価証券だけを信託財産とする信託契約を作成し、他の財産と信託契約を分けることも検討すべきです。

④払戻先口座は「本人名義」か「信託口口座」に限定

受託者が有価証券類の換価処分をした後の金銭を受益者たる老親の介護費用等に活用したい場合、証券会社が預かっているその換価代金の払戻送金先の口座は、老親名義の個人口座か信託口口座に限定されます。

受託者名義の個人口座を“信託専用口座”として使用している場合は、その口座への送金ができない可能性が高いので、換価代金をどこに移動させてどう活用するかまで想定する必要があります（入所費用が引落しされる親名義の銀行口座に送金すれば、少なくとも施設利用料の資金として活用できる）。

Q14 農地は信託できますか？

広い土地を所有する農家や地主にとっては、保有不動産を減らさずにどうやって将来の相続を乗り切るかという相続税対策（相続財産評価の圧縮策・納税資金の確保など）が大きなテーマになります。特に高齢の農家・地主からすれば、相続が発生するギリギリのタイミングまで様々な対策を講じたいというニーズは高いですが、そのニーズに応える対策の最有力となり得るのが「家族信託」です。

農家・地主が保有する不動産の中には「農地」（注1）が含まれることが多いため、「農地と信託」というテーマは非常に重要です。農地は農地法という法律で規制されており、所管の農業委員会の許可または届出（注2）がなければ、農地の売買契約や贈与契約の効力が生じません（当然、売買や贈与を原因とする所有権移転登記手続きもできない。ただし、相続による所有権移転登記は農業委員会の許可・届出は不要)。「信託」も売買や贈与と同様に、農業委員会の許可等がなければ、農地についての信託契約の効力は生じないことになります。

●農地を信託することは原則禁止されている

そもそも農地は、所有者自らが農業従事者として耕作するか、他の農業従事者に貸して小作料をもらうことが基本となるため、農業従事者でない子供等に農地の管理を託すという信託の仕組み自体、国が考える農地の概念にそぐわないといえます。それを裏付けるように、農地を信託することは、農業協同組合等が引き受ける場合を除き、原則禁止されています（農地法３条２項３号)。

しかし、農地を信託したいというニーズは少なくありません。高齢の農地所有者が、駐車場や宅地に転用したり、将来他の農業従事者に売却、あるいは宅地等に転用する目的で売却したりする際に、認知症等で手続きができなくなることに備えておきたいからです。

では、農地を信託財産に入れることはできないのでしょうか。結論からいうと、農地も信託契約書の一部となる信託財産目録に記載したうえで信託契約を締結することが可能です。ただし、農地については、農業委員会の許可等の手続きを経てはじめて信託契約の効力が及ぶこととなる「条件付信託契約」という取扱いになるため、注意が必要です（**図表3-9**)。

図表3-9　信託契約の効力発生時期

	農地（田・畑）	農地以外
市街化区域	農業委員会への届出により効力発生	契約時に効力発生
市街化調整区域	農業委員会の許可により効力発生	

当然、効力が発生していない段階では、信託を原因とする受託者への所有権移転登記もできません。なお、農地以外の信託財産は、特段の定めがなければ、信託契約締結と同時に信託契約の効力が及ぶことになります。

●条件付信託契約で将来の管理・処分に備える

農地について、将来において管理・処分がスムーズにできるように条件付信託契約をしておく場合、信託契約の効力及ぼすための方法は、次の２つが一般的です。

一つは、農地オーナー（老親）が自ら「農地転用」（農地を農地以外の用途の土地にすること）の許可等の手続き（農地法４条に基づく手続き）を行う方法です。現況が農地でなくなった時点で農地法の規制対象からはずれますので、その時点でその土地について信託契約の効力が及ぶことになります。信託契約の効力発生により、不動産登記簿に受託者の名前を記載する手続き（信託登記）ができるので、以後は、受託者がその土地の管理・処分を担うことができます。

なお、農業委員会への許可等の手続きに際して、農地オーナーの判断能力が低下しても支障がないように、信託契約とは別に受託者となる子に、農地転用手続きに関する一切の権限を委任しておくとより安心です。

もう一つは、市街化区域であれば農業委員会への届出だけで済むことを活かし、信託の委託者と受託者の双方から「転用目的権利移転」（農地を農地以外の用途の土地にするために売買や信託で第三者に権利を移すこと）の届出を行う方法（農地法５条に基づく手続き）です。農業委員会への届出が受理された旨の書類を用いて、信託登記を行うことができるので、以後は受託者による非農地化のための宅地造成等を行うことが可能です。

なお、親の生前に農業委員会への許可等をしなければ、農地に関する条件付信託契約は発効しません。信託契約が発効しないということは、当該土地の承継者を指定した信託契約の遺言代用機能が働かないため、農地については別途遺言がなければ法定相続人による遺産分割協議の対象になってしまいます。そこで農地が絡む事案では、信託契約と遺言書を併用するケースが圧倒的に多いです。

（注1）一般的には、登記簿上の地目が「田」「畑」となっているものを指すが、登記簿上の地目が農地でなくても、現況が農地であれば農地法の適用を受ける。また、現在は何も栽培していなくても（休耕地）、客観的に見ていつでも耕作を再開できるような状態なら農地として扱われる。反対に登記簿上の地目が農地であっても、現況が農地でなければ農地として扱われないこともある。これを「現況主義」という。

（注2）都市計画上、農地を開発して非農地化することを政策的に促進するエリアである「市街化区域」では、農業委員会への届出により所有権移転の効力が発生する。一方、農地を維持しようとするエリアである「市街化調整区域」では、農業委員会の許可を得て初めて所有権移転の効力が発生する。

Q15　ローン付不動産は信託できますか？

住宅ローンやアパートローン（不動産担保ローン）があることで、当該不動産に抵当権等がついている場合、その不動産を信託財産に入れられるか（ローン付不動産の信託財産化は可能か）という問題があります。

信託を原因とする所有権移転登記手続き（第１章９.参照）自体は、(根)抵当権者である金融機関の承諾がなくても可能です。しかし、借入れの際に金融機関と交わす金銭消費貸借契約書には、担保不動産の所有権を移転する場合は金融機関の事前の承諾を要する旨の条項が必ずあります。したがって、本来の手順としては、融資を受けている金融機関の事前の承諾を得てから、ローン付不動産を信託財産とする信託契約を締結すべきです。

この事前の承諾を含めた金融実務における課題と法務・税務の取扱いについて、次に私見を交えて説明します。

●金融機関の承諾だけではなく債務引受契約が必要

たとえば、父親を債務者とするアパートローンに基づき抵当権が設定された賃貸アパートを、その長男を受託者として信託財産に入れると、家賃収入の収受もローンの返済も原則として受託者たる長男が担うことになります。

しかし、金融機関は法的に有効な弁済権限を持つ者（債務者）からの弁済しか受け付けないため（実務上は債務者の預金口座からの引落しになる）、長男が当初からローンの連帯債務者（連帯保証人）になっていない限り、新たに長男に対する審査（いわゆる「与信審査」）を行って、長男を債務者にする手続きを経なければなりません。

つまり、長男はこの与信審査にパスしたうえで、金融機関との間で「受託者として既存のアパートローンを信託財産責任負担債務（注）とする債務引受」をすることで債務者となり、そこで初めて、長男の預金口座から引落しによるローンの返済ができることになります。

受託者に対する与信審査をパスしなければならないという第一の関門に加え、信託の仕組みの中で受託者が債務引受をするという理論を、金融機関が理解し承諾するという２つ目の関門を通過できなければ、ローン付不動産の信託財産化は、本当の意味でできたことになりません（法的リスクを承知のうえで、金融機関の事前承諾を得ないまま信託財産に入れ信託登記まで実行し、引き続き委託者である親の口座から返済し続けるという実務上の対応策もあるが、本来とるべきではない）。

金融機関において、家族信託の仕組みやそれに絡む融資についての理解や実績が乏しい現状では、この２つ目の関門を突破するのは高いハードルとなっています。筆者も数年以上前から、「まだ対応できる金融機関は全体のごく一部ですが、数年後にはどの金融機関でも対応できるような時代が来るのでは…」と言っていますが、全国の金融機関が対応を検討する兆しは見受けられるものの、まだまだ対応待ちの状況が続いています。

なお、当初から長男が父親を債務者とする不動産担保ローンの連帯債務者や連帯保証人になっている場合は、借入時にすでに長男に対して与信審査は行われているので、当該不動産の信託財産化に際し、改めて長男に対する与信審査は不要となると思われます。したがって、信託契約後にローンの引落し口座を父親から長男名義の信託専用口座に変更するだけで、実務上の対応がスムーズにできる可能性があります（ただし、本来は「連帯債務者（連帯保証人）長男」としてではなく、「受託者 長男」としてローンを返済すべきため、金融機関と父親と長男の３者で債務引受契約を交わすべき）。

（注）「信託財産責任負担債務」とは、受託者が信託財産に属する財産をもって履行（弁済）する責任を負う債務をいう（信託法２条９項）。

●そもそも金融機関にとってのリスクとは

先ほどの例でいうと、受託者となる長男が不動産担保ローンの連帯債務者等になっていない場合、長男の与信に問題がなければ、金融機関として信託財産化を承諾してよいのでしょうか。言い換えれば、金融機関からみて、担保物件の信託財産化のリスクはないのでしょうか。

従来のままだと、高齢の父親が単独の債務者として担保不動産を提供したうえでローンを返済するという法律関係ですが、信託財産に当該ローン付不動産を入れることは、長男が自主的に「今後は私が父親に代わって信託受託者として責任をもって返済をしていきます（当該債務について連帯債務者になる）」と申し出るのと同じ法的意味になるため、長男に与信上問題がなければ、金融機関としてはメリットこそあれ、実務上のリスクはほぼないといえます。

●「併存的債務引受」と「免責的債務引受」

「受託者として当該債務を信託財産責任負担債務とする債務引受」の具体的な方法としては、次の２通りが考えられます。

一つは、「併存的債務引受」という方法で、「受託者 長男」が父親と連帯債務者の関係になります。前述のように、従来の父親が単独債務者となっているところに、「受託者 長男」が連帯債務者に加わる法律関係になるだけですから、金融機関にとっては、人的担保が増えるというメリットがあります。

なお、併存的債務引受を行うと、父親個人と「受託者 長男」が連帯して債務を負うことになるため（民法470条１項）、結果として父親死亡時の相続税の計算の際、債務全額について債務控除が取れると考えます。ただし、念のため連帯債務者間（父親と長男との間）で、「受託者 長男」の内部的負担割合をゼロとする約定を交わしておくことで、より確実にローン全額の債務控除を取れるような工夫も良策でしょう。この部分は高度な話となるので、あらかじめ家族信託に精通した法律・税務の専門家に相談する必要があります。

もう一つの方法は、「免責的債務引受」で、これにより父親は金融機関に対する債務者としての関係から離脱することになります（当然、金融機関の同意が必要）。前述の併存的債務引受の場合、父親が連帯債務者の地位で残るので、もし将来父親の判断能力が低下・喪失した場合は、せっかく家族信託の仕組みを導入しても、結局金融機関との借入条件（返済期間や利率等）の変更契約等に対応できなくなる可能性が高くなります。その点、免責的債務引受にすれば、金融機関との関係では父親は債務者ではなくなるため、父親抜きで「受託者 長男」が単独で金融機関との各種契約手続きが可能になるというメリットがあります。

なお、この場合でも、当該ローンは「信託財産責任負担債務」となるので、父親の死亡時にローン全額が債務控除を取れると考えられます。つまり、結論として、ローン付不動産の信託財産化には、金融機関の承諾を得て、受託者が免責的債務引受をすることが理想的といえます。

ただし、併存的債務引受の場合は、「父親の個人資産すべて ＋長男の個人資産すべて」がローンの返済対象財産となるのに対し、免責的債務引受の場合は、「父親が受益者となる信託財産 ＋長男の個人資産すべて」が返済対象財産となるので、金融機関としては、併存的債務引受の方が返済原資を多く取れることにはなります。しかし前述の通り、父親の判断能力の低下・喪失時に柔軟な対応ができなくなることは、金融機関にとってもリスクとなりかねませんので、免責的債務引受の方がベターです。

●金融機関にとってのもう一つのメリット

もう一つ、ローン付不動産の信託財産化が、金融機関にとってもメリットがあると考えられることがあります。それは、多くの場合、信託契約の中で父親死亡後の当該不動産の承継者が指定されていることが挙げられます。信託契約書の中で後継者が指定されているということは、金融機関に対して、「このローン付不動産は将来この子が承継しますよ」と約束しているようなものですから、父親が遺言を書かずに死亡して相続人間で遺産争いが勃発し、当該不動産およびローンの承継者が長期間決まらないというリスクを回避できます。

つまり、家族信託を実行して、ローン付不動産を信託財産化することは、金融機関にとって、高齢の債務者に代わって若い後継者があらかじめ名乗り出てくれて、「今後は、親の健康状態に左右されずに、長男たる自分がローンを責任をもって返済し、父親亡き後も自分が担保不動産と債務を引き継いで返済を続けていくので引き続きよろしくお願いします」ということを意味するのです。いわば、より堅実な融資案件になる訳ですから、本来は金融機関側が家族信託の動きに対して消極的になる理由はないと考えます。

以上は、法律と金融実務を踏まえた理論上の一つの私見であり、この論点について税務通達など国税庁の正式な回答はありません。今後、家族信託を取り巻く法律実務に金融機関や国税庁の理解が深まり、柔軟な対応ができるようになることが望まれます。

Q16 信託財産となったアパートの家賃はどう管理しますか？

受託者が収益物件を信託財産として管理を引き受けた場合、「賃貸人」としての地位や権利義務をそのまま所有者（委託者）から引き継ぐことになります。その結果として、受託者は、信託財産となったアパートの家賃を自ら収受する必要があります。また、受託者には「分別管理義務」（信託法34条）があるため、収受する家賃は受託者固有の財産と分けて管理しなければなりません。

したがって、賃貸物件を自主管理している場合（管理会社を通さず、賃借人から家賃を直接受け取ったり、賃貸物件の修繕などについて直接業者に発注等をしている場合）は、信託契約の発効後は受託者から各賃借人に対し、受託者が管理する信託専用の口座に家賃を振り込むよう依頼する「振込先変更通知書」を送ることが原則となります。

信託契約後も従来通り委託者である親の銀行口座に家賃が入金される状態を放置しておくと、受託者による財産管理の効果が半減してしまいます。つまり、将来もし親が認知症や大病で判断能力が低下してしまうと、修繕費や敷金返還等で必要となるまとまったお金をその家賃収納口座から下ろすことができなくなってしまい、賃貸経営上のリスクが顕在化しかねないからです。

なお、賃借人への通知と同時進行で、賃貸物件の登記簿に受託者の名前を記載する登記手続き（信託登記）を行っておけば、賃借人からの問合せがあっても、当該アパートの登記事項証明書を提示しつつ家族信託導入の経緯や効果が説明できますので安心です。

一方、家賃管理を管理会社が行っている場合はよりシンプルです。各賃借人への振込先変更通知書の発送は不要となるので、家賃の収受業務を担っている管理会社に連絡を入れ、毎月の家賃合計額の送金先を受託者が管理する信託専用の口座に振り込む旨を依頼するだけで済みます。

なお、親子間で交わす信託契約について、契約締結の前と後では、親の生活スタイル自体は何も変わらないといえますが、家賃収入のお金の流れが受託者を経由して親の元に入るということになりますので、その点について親側にきちんと分かりやすく説明をし、理解と納得をもらうことが必要です。

Q17　信託不動産を売却するにはどうすればいいですか？

信託財産となった不動産を売却する場合、どういう手続きをするのでしょうか。

結論からいうと、通常の所有権財産としての不動産売却とほとんど変わりません。注意すべき点は、売主が誰になるかということです。不動産を信託財産に入れた場合、当該不動産登記簿の所有者欄（甲区）には、受託者の住所・氏名を記載することになります。つまり、受託者が登記簿上の形式的な所有者になります。したがって、信託不動産の売主は受託者になりますし、不動産の売買契約書に調印するのは、原則として受託者のみになります（受益者の承諾は原則不要）。

●不動産は受託者が信託財産のまま売却する

不動産売却時には信託契約を解除・解約すると勘違いしている人がいますが、それは違います。あくまで受託者が信託財産のまま売却することになります。つまり、売却の手続きにおいて不動産オーナーたる親が直接売主として手続きするのではなく、その不動産を管理している受託者たる子が売主として手続きを行うことになります。

売主側にとって、不動産を信託財産としたことで買い手がつきにくくなるとか、売却価格の下落要因になることはありません。

一方、買主にとっては、手続き上通常の不動産購入と何ら変わりません。信託不動産を購入することのリスクもデメリットもありません。登記手続きとしては、買主への所有権移転と同時に信託財産となっている旨の登記が抹消されるので（登記の目的は「所有権移転及び信託登記抹消」という形になる）、信託不動産の買主は、通常の所有権の不動産を入手することになります。

売却時に信託契約を解除してはいけないのは、一般的に、不動産の換価代金を引き続き受託者となった子が継続的に管理し、受益者たる親の生涯にわたる生活費を給付したり、介護費用等を代わりに支払えるようにするためです。つまり、不動産の売却手続きの前後で信託契約の解除や変更をすることは、家族信託の実務上ありません。

●信託財産は形が変わっても当然に信託財産のまま

信託不動産の売却代金は、当然に信託財産としての金銭（これを「信託金銭」という）になります（信託不動産の売却は、管理する財産を不動産から金銭に代えただけというイメージ）。そして、信託金銭を元手に別の不動産を購入すれば、自動的にそれが信託不動産になり、信託金銭で受託者が建物を建てれば、その建物も当然に信託財産、つまり受益者（老親）の財産となります。

要するに、信託財産は、受託者がその権限において管理・処分する限り、中身がどう変わろうが、信託財産であることには変わりがないということです（購入や建築した不動産を別途信託財産に加える追加信託の契約手続き等は不要）。

なお余談ですが、信託不動産の売却手続きの仲介を通常の不動産仲介業者に依頼できるのか心配する方がいます。しかし、信託不動産を売却するのは前述の通り売主が受託者になるだけで、現物の不動産の売却であることには変わりないため、通常の不動産仲介業者（宅建業者）で対応可能です（ファンド等の商事信託において多用される「受益権売買」の仲介において「金融商品取引法における第二種免許」が必要となることと混同される方もいるようだが、通常の宅建業の免許で仲介業務をすることが可能)。

３．信託の登場人物について

Q18 委託者の地位の相続とは何ですか？

信託法２条４項によると、『この法律において「委託者」とは、次条各号に掲げる方法（契約・遺言・自己信託）により信託をする者をいう』とあります。つまり「委託者」とは、“自らの保有財産を受託者に託す者の地位”であり、それに伴い“当該信託に関する一定の権利と義務を持つ者”ということができます。

委託者が保有していた財産を受益者のために受託者に託すのが信託ですから、そもそも信託契約締結後は「委託者」の立場が重要になる場面は、ほとんどありません（これは新信託法において、委託者の権利内容が旧法よりも狭くなったことでも明らか)。

信託法の条文上、「委託者」が登場する箇所は少なくありませんが、実務では信託法の随所に見られる「信託行為に別段の定め」を置き、「委託者」の部分を「受益者」の地位に置き換えることが多いです。したがって、家族信託の契約書の条文上も「委託者」が出てくる箇所はほとんどありません。

●「委託者の地位は相続により承継しない」という条項について

信託法147条で、遺言の場合は委託者の地位は自動的には相続により承継されないとしており、その裏返しとして、信託契約における委託者の地位は相続により承継することを前提としています（**図表3-10**)。そこで、委託者の死亡により権利関係が複雑にならないようにする意図、あるいは委託者の法定相続人による好ましくない関与・干渉を排除する意図からか、「委託者の地位は、相続により消滅し承継しない」という契約条項をよくみかけます。

図表3-10　信託法146条、147条

（委託者の地位の移転）
第百四十六条　委託者の地位は、受託者及び受益者の同意を得て、又は信託行為において定めた方法に従い、第三者に移転することができる。
2　委託者が二人以上ある信託における前項の規定の適用については、同項中「受託者及び受益者」とあるのは、「他の委託者、受託者及び受益者」とする。
（遺言信託における委託者の相続人）
第百四十七条　第三条第二号に掲げる方法によって信託がされた場合には、委託者の相続人は、委託者の地位を相続により承継しない。ただし、信託行為に別段の定めがあるときは、その定めるところによる。

●委託者の地位は相続により消滅させない方がよい

「委託者の地位は、相続により消滅し承継しない」という条項を否定するつもりはありませんが、次の２つの理由から、後述する条項の方がさらにベターであると考えています。

①後継受益者も自分の財産を追加信託したいニーズに対応できる

受益者連続型信託において、委託者兼当初受益者が死亡後、次順位以降の後継受益者が自ら所有している固有の財産も受託者に追加で管理を任せたい（追加信託したい）というニーズも少なくありません。特に金銭は、「追加信託」（Q12参照）という形で簡便に対応できるので、実務的には、父親亡き後、第二受益者となった母親が持つ預貯金を既存の信託財産に追加信託することも十分に考えられます。

後継受益者が受託者に対し追加信託するということは、後継受益者も当然に“自らの保有財産を受託者に託す者の地位”になるということを意味するので、この点においては委託者の地位を必ずしも消滅させる必要性はないといえます。

②登録免許税法７条２項の適用を確実にする

不動産を信託財産とする受益者連続型信託において、信託の終了に伴う所有権移転登記の登録免許税については、原則として税率が２％（20/1,000）とされていますが、一定の要件を満たす場合には適用税率が0.4％（4/1,000）となる軽減措置が受けられます（登録免許税法７条２項）。

具体的には、下記の家族関係において、受益者の順番（受益権の移転経路）が「父親（当初受益者）→母親（第二受益者）→長女（第三受益者）」とし、父親・母親・長女３人の死亡により信託が終了して、残余財産の帰属権利者を「長男」に指定する場合、または「父親（当初受益者）→母親（第二受益者）→長女（第三受益者）→長男（第四受益者）」として、長男が生きているときに合意終了して長男の所有権財産にする場合、いずれの場合でも、最終的に当該不動産を残余財産の帰属権利者である長男名義にするための信託終了の登記については、長男が信託設定時における当初委託者（父親）の法定相続人のため、0.4％の登録免許税が適用できます（**図表3-11**）。

図表3-11

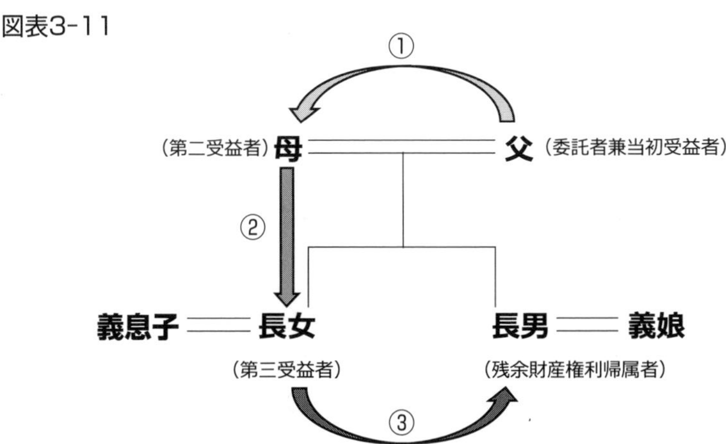

ただし、この場合、登録免許税法７条２項が要件とする、「当該信託の効力が生じた時から引き続き委託者のみが信託財産の元本の受益者で

ある場合」に該当しなければならないので、「委託者の地位は、相続により消滅し承継しない」という条項を置いてしまうと、この軽減措置が受けられない可能性があります。別の見方をすると、信託契約期間中に受益権がどのように移動するかは問わず（仮に第４受益者に義息子がなり、義息子まで亡くなった段階で長男に残余財産が行くような設計であっても）、委託者の地位も受益者と連動して移転させることで、登録免許税法７条２項に該当することになります（詳細は、国税庁のホームページにも掲載されている「信託契約の終了に伴い受益者が受ける所有権の移転登記に係る登録免許税法第７条第２項の適用関係について」平成29年6月22日東京国税局審理課長回答を参照）（**図表3-12**）。

図表3-12　登録免許税法７条２項

（信託財産の登記等の課税の特例）
第七条　信託による財産権の移転の登記又は登録で次の各号のいずれかに該当するものについては、登録免許税を課さない。
２　信託の信託財産を受託者から受益者に移す場合であつて、かつ、当該信託の効力が生じた時から引き続き委託者のみが信託財産の元本の受益者である場合において、当該受益者が当該信託の効力が生じた時における委託者の相続人（当該委託者が合併により消滅した場合にあつては、当該合併後存続する法人又は当該合併により設立された法人）であるときは、当該信託による財産権の移転の登記又は登録を相続（当該受益者が当該存続する法人又は当該設立された法人である場合にあつては、合併）による財産権の移転の登記又は登録とみなして、この法律の規定を適用する。

●委託者の地位は受益者の地位とともに移転させる

上記①②の理由から、委託者の地位は消滅させるのではなく、「委託者の地位は相続により承継せず、受益者の地位と共に移転する」という条項を設けることをお勧めします。これにより、後継受益者も承継した委託者の地位に基づき自らの固有財産を追加信託することの整合性を保つことができますし、委託者の法定相続人による好ましくない関与・干渉を排除することもできます。

Q19 受託者を複数にできますか？

信託法には信託契約における受託者は一人でなければならないという規定はないため、複数の受託者を置くことは可能です（これを「共同受託者」という）。むしろ、受託者が複数となる信託を想定した条文が用意されています。

複数の受託者を置く場合、原則として「保存行為については、各受託者が単独で決することができ」（信託法79条）、「信託事務の処理については、受託者の過半数をもって決する」とされています（信託法80条）。ただし、信託契約書のなかで、信託事務の処理の意思決定について、共同受託者の全員一致を要する旨を定めたり、また、各受託者の役割分担を定め（これを「職務分掌の定め」という）、各受託者が独立した信託事務を遂行できるようにすることもできます（信託法80条４項）。

家族信託の実務においては、受託者を２人の子や甥姪とするケースがあるものの、３人以上の受託者を置くことはあまり想定できないので、「過半数」という概念は生じにくいといえます。つまり、重要な信託事務の処理に関しては、実質的には共同受託者２人の合意が必要となるといえます。どのようなケースで共同受託者としているか、いくつかの実例を紹介します。

一つ目の事例は、受益者たる親の近所に住み日常的な金銭管理を担う受託者（長女）と、普段は使わない高額な余剰金銭の管理を担う受託者（長男）とで役割分担をするケースです。長女は、父親の日常的な生活サポートを従来通り担います。一方で、1,000万円を超える余剰金銭については、遠方に住む長男に定期預金等にして管理してもらいます。こうすることで、長女一人で高額な金銭管理の責務を背負い込むことを回避し、精神的なストレスが軽減できます。親側としても、複数の子がきちんと関与してくれることで、何かと安心できるようです。

また別の事例では、２人の受託者のうち、信託財産たる賃貸アパートの管理関係（家賃収入の管理や確定申告のための帳簿管理、管理会社とのやり取りなど）は甥が行い、委託者兼受益者たる叔父が入所している施設とのやり取り、買い物や小遣い等のやりくりは姪がやっているケースがあります。

このように、共同受託者の間で役割分担をしつつ、一人に負担を集中させることを避け、また必要に応じて連携協力しながら財産管理業務を遂行できる点においては、共同受託者とする設計も良策となり得るでしょう。

●信託財産は共同受託者の「合有」とされる

信託法においては、「受託者が２人以上ある信託においては、信託財産は、その合有とする」（信託法79条）と定めています。これにより、共同受託者は、信託財産に対して固有の利益や持ち分の概念を有しないこと、信託財産の分割を請求したり、持ち分があるとしてこれを譲渡したりできないとされます。

また、「合有」の性質上、共同受託者の一部が欠けた場合には、信託財産は、残りの受託者に当然に帰属することになり、信託契約書で別段の定めをすることはできないとされています。

●共同受託者の場合は信託口口座を作成できない

共同受託者とする家族信託の設計において、最大の注意点は、金融機関で「信託口口座」の作成ができないことでしょうか。銀行も証券会社も共同名義の口座を作ることには応じていませんし、共同受託者とする信託契約書に基づいて各々の受託者の「信託口口座」を作ることにも対応してくれません。

これらは、金融システム上の問題かもしれませんが、日本の金融機関ではなかなか難しいようです。つまり、共同受託者の形態をとる場合は、必然的に「信託専用口座」による金銭管理になりますので、受託者にもしものことがあった場合の預金の凍結リスクについて、きちんと対策を取ることが求められます（Q11、Q23参照）。

Q20 受託者が行うべき会計業務とは何ですか？

受託者は、信託契約期間中、「信託財産に係る帳簿その他の書類又は電磁的記録」（以下、「信託帳簿等」という）を作成するとともに、「毎年１回、一定の時期」に財産目録に相当する書類又は電磁的記録（以下、「財産状況開示資料」という）を作成し、原則として受益者に報告しなければならないとされています（信託法37条１項～３項）。「又は電磁的記録」というのは、必ずしも紙の帳簿等でなくてもエクセルやワード、会計ソフトなどのデータでの管理でもいいですよ、ということです。

ただし、家族信託における受託者は、商事信託の受託者とは異なり財産管理のプロではないため、「信託帳簿等」といっても、一般的な会計実務で要求される仕訳帳や総勘定元帳等まで作成する義務が課せられている訳ではありません。現金管理があれば「現金出納帳」、お金の出入りが信託口口座や信託専用口座を介して行われていれば、記帳済みの預金通帳に入金・出金の内容をメモ書きしておくことで、実質的には帳簿に類する書類ができたことになります（使途不明金が生じないように、入金・出金に対応する領収書もきちんと保管する必要もある）。

この点において、家族・親族内の信頼関係が基礎となる家族信託による財産管理と家庭裁判所が公的仕組みとして１円単位まで財産管理・収支状況をチェックする成年後見制度との大きな違いがあるといえます。

また、「財産状況開示資料」といっても、信託契約締結時に契約書の別紙として作成されることが多い「信託財産目録」がそのまま「財産状況開示資料」になるため、信託金融資産の残高など変動があった部分だけ修正すればよく、一般の人でも受託者が担う会計業務についての負担はほとんどありません。

なお、受託者から受益者への報告義務は、信託行為に別段の定めを置くことで（信託契約書にその旨の条項を設けることで）、軽減したり免除したりすることは可能です。

●実務上は受益者の確定申告手続きと連動させる

「毎年１回、一定の時期」に受益者に報告するということについても、受託者は何ら特別な負担を感じる必要はないでしょう。信託財産に収益を生む財産がある場合、たとえば信託財産に賃貸アパートが含まれる場合、信託契約後も受益者である親は引き続き確定申告をしなければなりません。財産管理を担う受託者は、信託財産における毎年１月１日から12月31日までの年間の収支状況を取りまとめる必要がありますが、これは親の税務申告のための書類作成とほぼ同じ作業になります。

親が元気なうちは、受託者が取りまとめた収支の資料を元に、従来通り親が税務申告と所得税の納付の手続きをし、親が申告手続きをするのが困難になれば、実質的に受託者たる子が税務申告と納税も行うことになります（税務申告は適正な納税さえすれば納税者自身の本人確認は求められないため、親の名前で子が申告・納税をすることは問題にならない）。

したがって、これまで通り親の確定申告のための準備をすると思えば、受託者となったことで特別に負担感が増す訳ではありません。

●現金での管理は避け、信託専用の口座を介して管理する

信託業法上の許可を受けた信託銀行・信託会社が管理する商事信託と異なり、信頼関係を前提とした家族・親族が財産管理を担うのが家族信託ですから、不明朗な出入金さえなければ、そして受益者が確定申告す

る場合は適正な税務申告がなされていれば、法律上・税務上の問題が生じることはありません。厳格な資料作成は求められないため、成年後見制度における後見人が家庭裁判所や後見監督人に提出する財産目録・収支状況報告書の作成よりかなり負担は軽減されます。

長期にわたり老親の財産管理と生活サポートを担う受託者の負担をいかに軽減するかは、家族信託の実務上非常に重要なポイントになるため、極力現金管理は避け、振込みや口座引落しなど信託口口座や信託専用口座を介した管理をし、預貯金通帳が簡易的な帳簿を兼ねるような対応が好ましいでしょう。

Q21　受託者は受益者と利益相反する行為ができますか？

信託法において受託者と受益者との利害が相反する行為（これを「利益相反行為」という）を行うことは、原則として禁止されています（信託法31条）。具体的な行為については、**図表3-13**の通りです。

●利益相反行為ができる場合とできない場合

信託法は、次頁の図表3-13の(1)〜(4)に該当する行為を原則禁止としつつも、後記＜利益相反行為の許容条件＞に該当する場合には、利益相反行為もすることができると定めています。

●受益者に利益相反行為についての重要な事実を通知する

受託者は、図表3-13の(1)〜(4)の行為をしたときは、受益者に対し、当該行為についての重要な事実を通知しなければなりません（信託法31条③)。ただし、信託行為（信託契約書）に別段の定めがあるときは、その定めるところによるため、信託行為に「信託法31条３項による受託者から受益者への通知は、要しないものとする」との条項を設ければ、受益者への通知を省略することが可能です。

図表3-13　利益相反行為（信託法31条）と具体的事例

利益相反行為	具体的な事例	法的効果
⑴信託財産に属する財産（当該財産に係る権利を含む。）を受託者の固有財産に帰属させ、または受託者の固有財産に属する財産（当該財産に係る権利を含む）を信託財産に帰属させること	・信託財産たる未上場株式について受託者個人を買主として売買するケース ・受託者の個人所有の不動産を信託財産たる現金で購入し、信託財産に組み入れるケース	後記利益相反許容条件①～④に該当しない場合は、無効！ ⇒受益者の追認があれば遡って有効となる
⑵信託財産に属する財産（当該財産に係る権利を含む）を他の信託の信託財産に帰属させること	委託者兼受益者を父親とする信託と委託者兼受益者を母親とする信託の2つ信託契約の受託者となっている息子が、お互いの信託財産を交換するなど恣意的に財産を移動・組換えさせるケース	後記利益相反許容条件①～④に該当しない場合は、無効！ ⇒受益者の追認があれば遡って有効となる
⑶第三者との間において信託財産のためにする行為であって、自己が当該第三者の代理人となって行うもの	信託財産たるマンションを受託者が代表を務める会社に売却するケース	有効！ ⇒取引当事者である第三者が知っていた場合、または知らなかったことにつき重大な過失があった場合、受益者は取消可能
⑷信託財産に属する財産につき固有財産に属する財産のみをもって履行する責任を負う債務に係る債権を被担保債権とする担保権を設定することその他第三者との間において信託財産のためにする行為であって受託者またはその利害関係人と受益者との利益が相反することとなるもの	受託者個人が借りている銀行のアパートローンの担保として、信託財産を担保提供するケース	有効！ ⇒取引当事者である第三者が知っていた場合、または知らなかったことにつき重大な過失があった場合、受益者は取消可能

＜利益相反行為の許容条件＞
①信託行為（信託契約書等）に具体的な利益相反行為をすることを許容する旨の定めがあるとき
②受託者が具体的な利益相反行為について重要な事実を開示して受益者の承認を得たとき（ただし、利益相反行為ができない旨の信託行為の定めがあるときは、受益者の承諾があっても不可）
③相続その他の包括承継により信託財産に属する財産に係る権利が固有財産に帰属したとき
④受託者が具体的な利益相反行為をすることが信託の目的の達成のために合理的に必要と認められる場合であって、受益者の利益を害しないことが明らかであるとき、または当該行為の信託財産に与える影響、当該行為の目的および態様、受託者の受益者との実質的な利害関係の状況その他の事情に照らして正当な理由があるとき

Q22 受託者が死亡しても困らない備えはどうしますか？

財産を持つ高齢の父親のためだけではなく、父親の死後も信託契約を継続させ、その財産を引き継ぐ高齢の母親の財産管理まで担う「受益者連続型信託」を設計する場合も多いです。この場合、20年以上も存続するような長期にわたる信託契約の存続を想定することも多く、老親を支える子世代たる受託者自身も健康を害する、認知症で判断能力が低下する、病気・事故で死亡するなどの可能性も十分に考慮しなければなりません。“老老介護”“老老後見”という言葉が使われて久しいですが、いずれ“老老信託”という事態も現実的なものとなります。90歳代の委託者兼受益者にして70歳代の受託者というのは十分あり得る話です。

●受託者の死亡に備え予備的受託者を定めておく

信託契約期間中に受託者が死亡すると、受託者の任務が終了し（信託法56条１項１号）、受託者が不在となります。この場合、信託契約に特段の定めがなければ、「信託は受益者のための仕組みである」という原点に帰り、「委託者及び受益者」が（家族信託の実務上は委託者と受益

者が同一人物のため、実質的には受益者が単独で）新たな受託者を選任する必要があります（信託法62条１項）。

しかし、受益者は老親であるケースが多く、新たな受託者を選任したくても判断能力の低下によりできないこともあり得ます。そして、もし受託者が不在のまま１年が経過すると、強制的に信託契約は終了してしまいます（信託法163条３号）。成年後見制度の代用として家族信託を導入したのにも関わらず、受託者不在による信託契約の終了という事態を避けるために成年後見人を就け（成年後見制度を利用し）、信託の受託者を選任するという、不本意な事態に陥る可能性もあります。

そこで、実務上は、信託契約書の中で予備的に「第二受託者」を定めておくことを推奨しています。さらに「第三受託者」「第四受託者」まで指定しておくこともあります。

この場合、誰を予備的な受託者に指定しておくかということにつき、委託者たる親の希望も踏まえ、家族会議の中で検討し、家族全員の納得のうえできちんと定めておくことが理想的です。たとえば、長男を受託者として信託契約をスタートするが、もしその長男の仕事が多忙を極める、あるいは長男が交通事故に遭ってしまい受託者の業務が担えない、という事態が起きた場合に、長男の配偶者を次の受託者にするのか、二男や長女などの他の兄弟にするのか、ということをあらかじめ決めておくのです。予備的受託者を決めておくことは、老親を生涯支える仕組み作りとして、実はとても重要なことです。

信託契約の設計の段階では、予備的な受託者を決めきれないこともあるでしょう。その場合、予備的受託者の検討が進んだ将来において、信託契約を一部変更して、予備的受託者の定めを置くことも選択肢の一つです。一方で、将来的に受益者たる老親の健康状態が悪化すれば信託契約の変更もできなくなるリスクがありますので、「後任の受託者を指定する方法」を規定しておくというのも一考に値します（たとえば、「信託監督人が後任の受託者を指定する」という定め）。

●予備的受託者は必要になった時点で就任の可否を判断

予備的受託者は、すぐに受託者として財産管理を担うわけではないため、信託契約の当事者にはなりません。あくまで、現在の受託者が財産の管理者として任務を遂行できなくなったときに、次の担い手候補として指名しておくイメージです。

したがって、将来必要な場面になったときに、実際に後任の受託者として就任を承諾するかどうかという判断をすることになります。もちろん、そのときに就任を拒絶されないよう、家族信託の設計・検討の段階で予備的受託者の候補者にも家族会議に同席してもらい、家族信託の仕組みや趣旨等を正確に理解してもらいます。

結論として、受託者が先にいなくなるリスクや受益者連続型においては受託者も衰え得るという前提で、信託契約書の中で「予備的受託者を指定しておく」あるいは「後継受託者を選任する方法を定めておく」という実務的な備えが必要といえます。

Q23　受託者が死亡や辞任・解任の場合はどうしますか？

信託契約期間中に受託者が死亡した場合、当該受託者の任務は終了し、信託契約書に新たに受託者となるべき者（これを「後継受託者」という）の指定がなされていれば、その者が信託を引受け、信託事務を引き継ぐことになります（なお、受託者の地位は相続の対象外となり、その相続人は受託者の地位を承継せず、信託財産は、当然受託者に関する相続税の課税対象財産も入らない）。

一方、仕事が忙しいことや健康上の理由などで受託者を辞任して（辞任手続きについても信託契約書の規定に従う必要があり、信託契約書に辞任に関する規定がなければ、信託法57条により委託者および受益者の同意を得る必要があるので注意）、信託契約で指定された後継受託者に引き継ぐこともあります。あるいは、受託者が不正や信託契約に違反する行為をした場合や交通事故等で信託事務を遂行できないような健康状態になった場合には、受託者を解任して後継受託者に交代させるということもあり得ます。

●前受託者等には後継受託者への引継ぎ等の義務がある

受託者の任務がどのような事由によって終了したかを問わず、後継受託者が信託事務を正常に開始するまでの間、信託事務の空白期間におけるリスクを最小化するために、信託法は一定の者に対し暫定的な措置を取る義務を課しています。

①通知義務（信託法60条１項）

受託者の死亡により任務が終了した場合、原則として「前受託者の相続人」は、知れたる（連絡先等を把握している）受益者に対し、受託者が死亡したことにより受託者の任務が終了した旨を通知しなければなりません。受託者が後見開始または保佐開始の審判を受けたことにより任務終了した場合は、「前受託者の成年後見人または保佐人」が、その通知義務を負うことになります。受託者が、契約書所定の方法または委託者および受益者の同意を得て辞任する場合は、前受託者がその通知義務を負います。

②信託財産の保管義務・信託事務の引継ぎ義務（信託法60条２項）

任務終了事由に応じて、「前受託者の相続人」、「前受託者の成年後見人または保佐人」または「前受託者」は、後継受託者が信託事務の処理をすることができるまで、信託財産の保管をし、かつ信託事務の引継ぎに必要な行為をしなければなりません。

●後継受託者には受託者交代に伴う手続きがある

後継受託者は、受託者交代（受託者変更）に伴う実務上の手続きをする必要があります。次に代表的な４つの事務手続きを紹介します。

①預貯金口座の変更と預金の移動

受託者が預貯金口座で管理する信託金銭については、後継受託者が引き継ぐ必要がありますが、この場合、「信託口口座」か「信託専用口座」かにより対応が異なります（Q11参照）。

通常の信託口口座の場合、口座作成予定の金融機関に事前のリーガルチェックを受け、その信託契約公正証書に基づいて口座作成をするので、信託契約書の記載に基づき新受託者に交代する場合は、死亡や辞任の原因を問わず、スムーズに後継受託者が信託口口座を引き継ぐことができます。

一方、信託専用口座は、単なる受託者個人名義の口座のため、受託者が辞任により交代する場合は、後継受託者が新たに用意した信託専用口座に旧信託専用口座内の預金を全て移動させる手続きが必要です。

問題は、受託者が死亡した場合です。信託専用口座がある金融機関としては、通常は家族信託のための口座とは知らないため（仮に知っていたとしても）、口座名義人が死亡すると、通常の「相続預金」として名義人の法定相続人全員の協力（金融機関所定の相続届書に実印押印、印鑑証明書等の提出）により解約払戻しの手続きを踏むことになります。「相続預金」の解約払戻手続きには、それなりの日数がかかるので、その間は受益者の預金が活用できなくなります。もし前受託者の法定相続人の理解・協力が得られなければ、信託専用口座が“凍結”するリスクもあります。

また、受託者が交通事故などで辞任の意思表示すらできないような状態になり受託者を解任した場合も、前受託者の協力が得られないので、やはり信託専用口座が“凍結”する事態になります。

そこで、Q11でも触れましたが、便宜上の対応として、信託専用口座のキャッシュカードの保管場所と暗証番号を後継受託者と情報共有したり、信託専用口座をインターネットバンク化してＩＤとパスワードを後継受託者と情報共有することで、相続預金の手続きを踏まなくても受益者の預金を移動・活用できるように備えることが必要になります。

②不動産の受託者変更の登記

受託者の辞任・解任により任務が終了した場合は、前受託者と後継受託者が協力して受託者変更についての登記手続きを行います（これを「共同申請」という）。具体的には、不動産登記簿の甲区（所有者欄）に後継受託者の住所・氏名を掲載するために、新たに「所有権移転」という形で行います（便宜上「所有権移転」という形態をとるだけで、新たな権利の移転ではないので登録免許税は非課税、その他贈与税や不動産取得税もかからない）（**図表3-14**）。

図表3-14　登記記載例

【前受託者乙野太郎が死亡した場合の新受託者乙野次郎への登記記載例】

<table>
<tr><td colspan="4">権利部（甲区）（所有権に関する事項）</td></tr>
<tr><td>順位番号</td><td>登記の目的</td><td>受付年月日・受付番号</td><td>権利者その他の事項</td></tr>
<tr><td>1</td><td>所有権移転</td><td>平成○年○月○日
第▲▲▲号</td><td>原因　平成○年○月○日　売買
所有者　横浜市○○区○○○
甲野太郎</td></tr>
<tr><td rowspan="2">2</td><td>所有権移転</td><td>平成30年○月○日
第△△△号</td><td>原因　平成30年○月○日　信託
受託者　横浜市○○区○○○
乙野太郎</td></tr>
<tr><td>信託</td><td>【余白】</td><td>信託目録第○号</td></tr>
<tr><td>3</td><td>所有権移転</td><td>令和元年○月○日
第△△△号</td><td>原因　令和元年○月○日　受託者死亡
受託者　横浜市○○区○○○
乙野次郎</td></tr>
</table>

【信託目録の記載例】

<table>
<tr><td colspan="2">信　託　目　録</td><td>調整</td><td>平成30年○月○日</td></tr>
<tr><td>番号</td><td>受付年月日・受付番号</td><td colspan="2">予備</td></tr>
<tr><td>第○○号</td><td>平成30年○月○日
第▲▲▲号</td><td colspan="2">【余白】</td></tr>
<tr><td>1．委託者に関する事項</td><td colspan="3">横浜市○○区×××丁目～番
甲野太郎</td></tr>
<tr><td rowspan="2">2．受託者に関する事項</td><td colspan="3">横浜市○○区×××丁目～番
乙野太郎</td></tr>
<tr><td colspan="3">受託者変更
原因　令和元年○月○日　受託者死亡
受託者　横浜市○○区×××丁目～番
　　　　乙野次郎
令和元年○月○日付記</td></tr>
</table>

一方、受託者が死亡、後見開始または保佐開始の審判を受けたことによる任務の終了時には、後継受託者が単独で登記手続きをします。

③賃貸経営における振込先変更通知

信託財産に賃貸不動産が含まれている場合、受託者の変更により後継受託者が管理する預貯金口座が変わるので、当然賃料を収受する預貯金口座を各賃借人または賃料を収納代行してくれる管理会社に連絡する必要があります。

④火災保険・地震保険の変更手続き

火災保険・地震保険の対象となる建物を信託財産に入れると、当該建物の登記簿が形式的に受託者名義になることにより、保険の契約者変更が必要となるケースがあります（Ｑ53参照）。その場合、受託者の交代時も同様に、登記名義人が後継受託者となることに伴い、契約者変更が必要となりますので、速やかに保険会社・保険代理店に問い合わせましょう。

Ｑ24　受託者が交代した場合の受託者の借入債務はどうなりますか？

受託者は、信託財産に属する財産をもって履行する責任を負う債務（これを「信託財産責任負担債務」という）について、当該信託財産をもって返済しきれない債務については、原則として受託者の固有財産をもって返済しなければなりません（信託法21条１項）。このことを、「受託者は“無限責任”を負っている」という言い方をします。

信託財産責任負担債務が後継受託者に承継された場合であっても、前受託者がその固有資産をもって当該債務を履行する責任を負い続けることになります（信託法76条１項）。一方の後継受託者は、信託財産に属する財産のみをもって当該債務を履行する責任を負うにとどまります（信託法76条２項）。つまり、信託法の規定においては、受託者交代後も前受託者は無限責任を負う一方、後継受託者は信託財産の限度で債務を負うこと（有限責任）になります。受託者の交代は、そう頻繁にある訳ではありませんが、債権者側からすると、後継受託者との間で改めてきちんとした契約を交わさないと担保が実質的に減少したことになるので注意が必要です。

家族信託の実務においては、たとえばローン付き賃貸不動産を信託財産に入れた後に受託者が交代した場合、次のような対応が必要となると考えられます。

①前受託者の死亡で受託者が交代した場合

当該アパートローンの融資銀行と後継受託者の２者間で債務承認契約を締結し、改めて後継受託者が自らの固有資産をもって信託財産責任負担債務を履行する責任を負う（無限責任を負う）旨を合意することになります。

②前受託者の死亡以外の事由で受託者が交代した場合

融資銀行と前受託者（前受託者に成年後見人または保佐人が就任していればその者）と後継受託者の３者間で免責的債務引受契約を交わし、前受託者の債務を免除し、後継受託者が信託財産責任負担債務を引き受け、後継受託者の固有資産をもって当該債務を履行する責任を負う（無限責任を負う）旨を合意することになります。

Q25 法人を受託者にすることはできますか？

受託者を個人にする場合、信託契約期間中に受託者の死亡や病気・事故等により受託者としての業務遂行ができなくなるリスクがあります。そこで、受託者の死亡等の事態に備え、これらの可能性のない「法人格」を持った受託者に財産管理を託すという選択肢があります（この法人のことを「受託者法人」という）。

家族・親族で設立した法人（株式会社や一般社団法人など）に託すこ

とで、個人の受託者より業務遂行の安定性が増し、永続性が見込まれることになります。一方で、個人の受託者なら権限が１人に集約されシンプルな財産管理ができるのに対し、法人の場合はいくつかの制約を受けることになります。

このように、法人の受託者にも一長一短があるので、個人にするか法人にするかを検討する場合には、両者のメリット・デメリットをきちんと比較検討して議論することが大切です（**図表3-15**）。

図表3-15　個人の受託者と法人の受託者の比較

項　目	個人の受託者	法人の受託者
メリット	・権限が集約されており、即決できる機動力がある ・仕組みがシンプルで分かりやすい	・永続性が確保できる ・代表者の死亡や病気・事故等があっても受託者管理の口座凍結リスクがない
デメリット	・死亡や病気・事故等で受託者がいなくなるリスクがある ・上記の場合、受託者管理の口座がスムーズに後継受託者に引き継げるかどうか金融機関の対応の問題が残る（口座凍結リスク）	・法人税の発生（利益がなくても毎年の法人住民税が発生） ・毎年の法人の税務申告の手間がかかる ・税務申告を依頼する税理士報酬がかかる ・法人運営の手間（毎年の定時総会・役員会の開催、役員の改選手続など）がかかる ・多数決による機動性の低下と法人の構成員（株主・社員）の死亡等による変動リスク
信託報酬の処理	個人の雑所得	法人の所得
信託業法の適用	受託者が家族の場合、不特定多数の方に対する反復継続性がないので適用外	事業目的を工夫すれば信託報酬をもらっても適用除外にできる

なお、家業（本業）を営む主体としてすでに会社を持っている方でも、家族・一族の財産管理の主体となる受託者法人は、別の法人にすることをお勧めしています。

その理由の一つは、本業の経営状態に影響を受けない長期に安定的な財産管理を遂行するためです。究極的には、本業を営む会社を売却したり、その事業を廃業しても、信託による財産管理が揺るぎなく存続することは、家族・一族にとって大きな安心となります。

もう一つの理由は、家族・親族以外の従業員がいる会社にとって、本業とプライベートな財産管理業務の線引きが曖昧では、従業員のモチベーションが下がりかねないということもあります。本業の会社は、「社会の公器」と捉え、本業として会社が存続し続ける意味・意義を追求し続けるべきでしょう。

Q26 受託者となる法人の種類は何がいいですか？

受託者を法人にする方向で検討している場合、次のステップとして、受託者となる法人を何にするかを検討します。それにはまず、受託者となり得る法人にはどんな種類があるかを知る必要があります。

これから家族で法人を設立する場合、「株式会社」「合同会社」「一般社団法人」が典型的な選択肢として挙げられます（有限会社は、もはや新規で設立することはできないが、休眠している有限会社を受託者法人として活用することは理論上可能）。各法人のメリット・組織形態等については、ここでは深く掘り下げませんが、株式会社・合同会社・有限会社は、商売で売上を立てることを目的とする「営利目的法人」という括りになります。一方の一般社団法人は、営利目的か非営利目的かは問いません。

家族・一族の財産管理を長期にわたって担い、老親の生涯サポートに加え子孫の繁栄までを意図した家族信託の設計においては、純粋な営利目的とはいえないため、新規で立ち上げる方は「一般社団法人」を受託者とするケースが多くなっています（株式会社等の営利目的法人を受託者法人として活用できない訳ではないので、後述する定款に記載する事業内容を工夫することで対応可能）。

一般社団法人を受託者とする場合、家族・親族が２人以上で一族の財産管理を目的として設立し、子供がその社団の代表者（代表理事）として実際の信託事務を行う形が典型的といえます。

●法人が信託報酬を受け取るには注意が必要

Ｑ25の「**図表3-15**」の法人受託者のデメリット欄で記載した通り、法人を維持するには、法人住民税の均等割り（年間最低金７万円)、毎年の税理士への税務申告報酬、定期的な役員変更登記に関する費用などの運営費が発生します。そのため、受託者法人は、その運営費を賄うため信託財産から定期的に「信託報酬」を取り受けることが一般的です。

ただし、法人が信託報酬を受け取る場合、信託業法において「不特定多数の人の財産を反復継続して預かる場合」に受託者が信託報酬を受け取るには金融庁の免許が必要と定めていますので、この法令に抵触しない工夫が必要になります。

そこで、信託業法が規制する「不特定多数」という要件部分を満たさないようにします。一般社団法人は、その定款に家族・親族のための長期的な財産管理と円満円滑な資産承継を目的とする旨を記載することで、家族・親族以外の財産を受託する不特定多数性は最初から排除できます。

一方、株式会社等の営利目的法人は、理論上、不特定多数の方から財産管理を受託し得る立場なので、定款の事業目的に家族・親族の財産管理のための民事信託の引受業務であることを記載することをお勧めします。具体的には、「信託業法の適用を受けない民事信託の引受け」や「○○家一族の財産管理・資産承継を目的とした民事信託の引受け」などの記載がよいでしょう。

結論として、どんな受託者法人であれ、定款の事業目的への記載をきちんとしておけば、信託報酬を受領しても信託業法への抵触を心配することはありません。

Q27 法人を受託者とする仕組みの課題は何ですか？

受託者個人の死亡等のリスクを排除するため、法人を受託者とする方策があることについて、Q25、Q26で説明しました。ここでは、法人受託者の課題や注意点について考えてみます。

●既存の資産管理法人を受託者にすることは良策

まず、受託者となる法人をどうするかという点につき、家族内で資産管理会社をすでに持っているなら、それを活かす方法が考えられます。つまり、既存の会社が親の財産を「管理委託契約」に基づき管理している場合に、管理委託契約を合意解約して、新たに「信託契約」に切り替える方法です。この方法だと、管理会社に対する「管理委託報酬」を受託者に対する「信託報酬」に実質的に名目を変えるだけで済むため、家族信託の仕組みにスムーズに移行できます。

なお、Q26で説明した通り、既存の会社を受託者として活用する際は、その会社の定款の事業目的を一部変更して、信託業法の適用を明確に排除することが望まれます。

●株式会社と一般社団では構成員の死亡時の扱いが異なる

一方、受託者となる法人を新たに設立する場合は、一般社団法人が適しています。ただし、一般社団法人の運営には気を付けなければならない点があります。

株式会社は、出資金額に応じて株式を保有するため（出資者を「株主」という）、出資額が多い株主が実質的に会社の経営権を握ることになります。また、その株主が死亡すれば、株式が財産的価値を持つので、誰が遺産たる株式（＝株主の地位）を引き継ぐかという遺産相続の問題と会社の経営権の承継の問題をセットで検討することになります。

一般社団法人の場合、家族内の複数人で設立しますが（設立・運営に関わる者を「社員」という。「社員」は、株式会社でいうところの「株主」に相当するもので、世間一般でイメージする会社従業員・被雇用者を意味する社員ではない）、運営は原則「社員」が皆平等に議決権を持つことになり、「社員」による多数決を原則とします。そして、「社員」たる地位は財産的価値がなく、遺産相続とは切り離して考えることになるので、一般社団法人を構成する社員が死亡した場合、新たに社員となる者の入社資格について定款で決めておくことになります。

●一般社団法人の運営はパワーバランスを考慮する

一般社団法人の運営は、多数決による意思決定を原則とする以上、社員の頭数が重要になります。たとえば、委託者である親に既婚の３人の息子がいるとします。長男には４人の子、二男には２人の子、三男には１人っ子、とした場合、社員の死亡に伴う新たな社員の入社資格を単に「死亡した社員の法定相続人たる直系卑属全員」とすると、将来的には子が多い長男家族がこの受託者法人の経営権（実質的には信託財産の管理処分方針）を掌握することになってしまいます。

つまり、法人受託者による長期的な財産管理を遂行していくなかで、社員も死亡等の事由で入れ替わることを想定し、法人運営における多数決のパワーバランスも考慮して、社員の入退社の規定を定款できちんと決めておく必要があります。

先ほどの例でいうと、３兄弟の死亡後は、その後任となる社員は各３家族につき１人ずつに限定するという案も考えられます。その他、社員全員の協議により入社する者を決めるとか、様々な規定が考えられるので、個々の家族構成や人間関係を考慮した将来の法人運営を巡るトラブルを未然に防ぐ知恵が求められます。

最も怖いのは、遺産相続とは別の法人運営というステージで兄弟間の確執・紛争（いわゆる“争族”）が勃発し、親の財産の管理運用業務がストップすることです。昨今、受託者法人として一般社団法人の活用が注目されていますが、個人を受託者とする場合と一般社団法人を受託者とする場合について、20年、30年先の財産管理を見越して、そのリスクやメリットなどをきちんと比較検討すべきです。そのうえで、法人受託者にする場合は、長期にわたる財産管理もさることながら、長期に及ぶ法人の組織設計（社員の入退社規定も含め）・運営指針を家族内でしっかりと話し合っておくことが必要です。

Q28 受託者と成年後見人を同一人物が兼務できますか？

老親の財産管理を最も身近で信頼できる家族に託すのが家族信託の典型ですが、信託の受託者には「身上監護」（身上保護）に関する権限がないので、身上監護権を行使する必要性が生じた際には、成年後見制度を利用することになるかもしれません（通常想定する身上監護に関することは、配偶者や子、孫等の立場で対応できる）。あるいは、予期せぬ事態が発生し、老親に成年後見人を就けて法律行為の代理をしなければならないこともあるでしょう。その場合、受託者の地位と成年後見人の地位を同一人物が兼ねることはできるのでしょうか。

たとえば長男が受託者として父親の財産管理を担っている際に、父親の兄（伯父さん：独身）が亡くなり、父親が法定相続人の一人として遺産分割協議に参加せざるを得ないケースを想定します。このとき、父親が認知症を発症し判断能力の低下が著しければ、父親に成年後見人を就けて遺産分割協議を成立させなければならなくなる可能性があります。この場合、父親の成年後見人に長男が就任できるのかという問題があります。家庭裁判所に「法定後見」の申立てをする際、後見人候補者として長男を記載したとしても、最終的には家庭裁判所が後見人を誰にするかの決定権がありますので、長男が後見人に就任できるとは限りません。

すでに家族信託による財産管理を長男が担っていることを踏まえ、家庭裁判所が受託者と法定後見人を長男が兼務することは、潜在的な利益相反になり好ましくないと判断すれば、長男は後見人になれないかもしれません。

●任意後見契約で受託者と同じ人物に頼んでおくことも

そこで、信託契約と同様、父親が元気なうちにあらかじめ後見人を長男に頼んでおくという「任意後見」の契約をしておくことが考えられます。そうすると、任意後見制度は、本人（父親）の希望を最大限尊重する立場にあるので、特別な事情がない限り長男が任意後見人に就任できると考えます（もちろん、任意後見契約があったとしても家庭裁判所が任意後見ではなく法定後見に移行すべきと判断をすれば、司法書士等の職業後見人が法定後見人として選任される可能性は否定できない）。

以上を踏まえると、前述のように老親の親族関係により成年後見を利用せざるを得ない可能性がある場合、あるいは、たとえば家族信託による長男の財産管理を快く思わない長女から家族信託による管理を監視・牽制する意図で後見申立てがなされるようなリスクがあるケースでは、家族信託の契約と同時に任意後見契約も締結しておくという備えも良策です。

●可能なら兼務は避けたいが必ずしも兼務禁止ではない

たとえば、父親の主要な財産を管理する受託者が長男、信託財産以外の財産の管理と身上監護を担う成年後見人も長男となると、受託者業務にチェック機能が働かないという指摘があります。したがって、担い手となる家族が複数いるのであれば、受託者と後見人を兼務にしない方が無難です。ただ、必ずしも兼務が好ましくない訳ではありません。家族信託の設計段階で信託監督人や受益者代理人を置くことで、受託者業務にチェック機能を持たせることができるからです。

また、後見制度においても、後見監督人または家庭裁判所が信託財産の変動も含めて後見人業務をチェックすることになるので、兼務すること自体を否定する必要はありません。

Q29 信託監督人を置く場合は誰にしますか？

家族信託の目的は、高齢の親の財産管理や生活支援のことが多いですが、それ以外にも、未成年者や障害者などを受益者として、本人を支える仕組みとして利用されることも少なくありません。このような場合、受益者自身が受託者の財産管理業務をしっかりとチェックできないことが想定されます。そこで、受益者に代わり、受託者が信託目的に従って適正に業務を遂行しているかを監視・監督する「信託監督人」を設置するという選択肢があります。

長期にわたる受託者の財産管理を誰からも制約・監視を受けない状態にしておくのは、あまりお勧めできません。家庭裁判所等から定期的にチェックを受ける成年後見人でさえ、横領等の不祥事が絶えないという現実を見据え、受託者の業務をチェックする体制について、家族内できちんと話し合うことが必要です。その結果、家族会議を定期的に開き、たとえば、受託者である長男が、受益者である父親だけではなく、母親にも、また受託者になっていない他の兄弟（二男や長女など）にも、自らの財産管理の状況（財産目録や毎月の収支状況等）を報告する場を設け、家族全体で老親の財産・生活状況を把握することはお勧めです。

そのような定期報告の仕組みが作れる家族であれば信託監督人の設置はあまり必要ありませんが、家族構成やその関係性において、家族による情報共有・定期的チェックができないようなケースでは、信託監督人の設置について検討するのも良策です。

●信託監督人は家族以外の第三者を選任する

信託監督人には資格制限はありません（ただし、信託法137条で124条を準用しているので、「未成年者」および当該信託の「受託者」は就任できない)。したがって、家族の中から信託監督人を選任する設計も可能です（たとえば、受託者を長男、信託監督人を長女として姉が弟を監督する仕組み)。しかし、兄弟姉妹間で感情に左右されず客観的かつ冷静に、受託者業務をチェックできるのかという問題があるうえ、信託監督人を置くことで兄弟姉妹間の確執や喧嘩を誘発しかねないリスクがあります。

また、信託監督人には、受託者を解任する権限を持たせることもできるので、兄弟間の感情のもつれから、信託監督人が受託者を解任してしまう事態も起きかねません。「家族の家族による家族のための円満円滑な財産管理・資産承継の仕組み」が根底から崩壊しないよう、家族を信託監督人に指定することは、慎重に検討する必要があります。

そこで、家族以外の第三者を信託監督人に選任する仕組みをお勧めします。信託監督人は、受託者と違い財産を預からないため、誰でも就任することができます(信託業法の適用対象外)。そこで、家族信託の設計・信託契約書の作成に関わった司法書士・弁護士等の法律専門職が信託監督人となるケースも多いです。法律専門職による信託監督人は、受託者を監督・指導したり、受託者に寄り添い相談に乗るなどして、委託者の“想い”が長期にわたり実現されているかを客観的立場から見届けるので、受益者と受託者、さらには家族全体に安心感をもたらします。

●顧問税理士の監督人への就任は慎重な検討が必要

なお、税理士を信託監督人にすべきかという議論があります。税理士は、委託者兼受益者である親の個人事業または親が経営する会社の税務顧問として、報酬をもらう立場であることが多いでしょう。そのため、親が現役でいる限りはあくまで親のために問題なく信託監督人業務を遂行できます。しかし、親が現役を退き（役員を退職し)、親から子への世代交代・事業承継をした（受託者である子が家業の後継者・後継社長となった）後は、親のために財産管理をする子（受託者）が税務顧問契約の当事者たる依頼主になります。

したがって、顧問税理士が信託監督人の立場で、自分の依頼主である受託者の財産管理業務を監視・監督し、ときに苦言を呈し、改善を求め、最悪の場合は受託者を解任することができるのか、というと難しいかもしれません。中立性・客観性をもって信託監督人の義務（**図表3-16**）を果たすことが困難となり、信託監督人業務が形骸化しないために、顧問税理士が監督人に就任することについても、慎重に検討する必要があります。

図表3-16　信託監督人の義務

①善管注意義務（法133①）：信託監督人は、受託者を監督するにあたっては、善良な管理者の注意義務をもってしなければならない。
②誠実公平義務（法133②）：信託監督人は、受託者を監督するにあたっては、誠実かつ公平にしなければならない。

Q30 信託監督人は具体的に何をするのですか？

信託監督人の権限や監督方法は自由に決めることができますが（信託法132条１項ただし書）、日常業務としては、後見監督人の業務にならい３ヵ月から半年に１度くらいのペースで、受託者が管理する信託口口座等の通帳を開示してもらい、大口の支出や使途不明金がないか、毎月の賃料収入がきちんと入金・管理されているか、そして受託者が支払った請求書や領収書が適正か、などを確認することが考えられます。

また、受益者（一般的には老親）に対して、定期または不定期の財産給付（毎月の生活費等の手渡し等）がなされているか、受益者に困りごとや不満、不都合なことが起きていないかをチェックします。

それ以外には、信託不動産の売却・購入や建物解体・建替え等の重要な財産の処分行為については、信託監督人の事前の承諾を要する旨の定めを置くことも多いです。信託監督人の同意を得ずに行った法律行為・取引自体を法的に無効にすることはできませんが、受益者や家族が望まない勝手な財産の処分を抑止する一定の効果は見込めます。

たとえば、信託不動産を受託者が売却する場合に、信託契約書に信託監督人の事前の承諾がなければ売却できない旨の規定を置いておくと、不動産登記簿の信託目録に信託監督人の住所・氏名と合わせ、売却時には信託監督人の承諾が必要な旨が記載されるので、仲介する不動産業者や売買による所有権移転登記を担う司法書士も事前に認識できることになります（仮に信託監督人の承諾が必要なことに気づかずに売却手続きを進めたとしても、所有権移転登記手続きの必要書類《法務局に提出する添付書類》として信託監督人の印鑑証明書と実印を押印した承諾書が必要なため登記手続きはできない）。

●信託監督人は受益者のために受託者に伴走する

信託監督人は、受託者が信託の目的や信託契約書の規定に違反したり、受益者の不利益になることをしている場合には、注意勧告し是正を促します。それでも改善されなければ、受益者と相談のうえ（受益者が相談できる健康状態でなければ監督人が単独で）受託者を解任できる権限を与えておくことも可能です。

このように、高齢の受益者が将来的に直接受託者に対し監視・監督の目を光らせることができなくなる事態に備え、客観的かつ冷静に受益者の利益を守るために、信託監督人にどんな権限を持たせるかを検討することは家族信託の設計上とても重要です。ただし、実際には受託者と信託監督人は対立構造のイメージではなく、財産管理や不動産、法律、税務に関する身近な相談役として、常に受益者や受益者を含めた家族のために最適な方策を選択・実行できるように受益者や受託者に寄り添い伴走するのが、信託監督人としての理想的な関わり方です。

Q31 信託監督人の業務はいつからいつまでですか？

信託監督人を置く設計を考えるときには、いつからその監督業務を開始するかについても検討する必要があります。

一般的には、信託契約締結時（信託契約の効力発生時）からスタートするケースが多いですが、受益者たる親やそれを支える家族の要望により、様々なバリエーションも考えられます。たとえば一例として、受益者たる親が受託者の業務をチェックすることが難しい健康状態になったら、法律専門職が信託監督人として関与してほしいというケースが挙げられます。

つまり、受益者たる親が元気なうちは、受益者自ら受託者に対して要望を伝えたり、金銭を管理している信託口口座等の通帳を自らチェックすることができるので、すぐには信託監督人に関与してもらう必要性は感じていないが、認知症等で判断能力や記憶力が低下してきたら、受益者に代わって受託者の財産管理状況を見守ってほしいという場合です。

ただし、信託監督人業務のスタート時として、「受益者が認知症と診断されたとき」というような開始時期が法的に不明確な定めをすべきではありません。そこは、受益者家族と信託監督人との信頼関係に基づき、信託監督人が必要だと判断して「就任を承諾したとき」というような定め方がよいと思われます。

別の例としては、第二受託者が就任したときから信託監督人の業務をスタートさせるケースが挙げられます。たとえば、当初受託者となる長男は信託の設計に深く関わり、委託者たる親の“想い”を十分に理解しており、不透明な財産管理や不正の心配はないので、長男の受託者業務に対して信託監督人を置く必要性は感じていません。一方で、第二受託者となる二男（あるいは長男の妻や子）は、不動産や金銭の管理に不慣れなところがあるので、もし長男以外の者が第二受託者として管理を引き継ぐことになったら、信託監督人として受託者の業務を監督・指導してほしい、という要望のケースです。

●信託監督人業務の終了時期は主に２通り

信託監督人の業務開始時期を検討したら、次は監督業務の終了時期についても検討すべきです。一般的には、「信託契約終了時まで」というケースと、「信託の清算結了（信託契約終了後の残余財産についての分配手続きをすべて完了する）まで」というケースに分かれます。

信託契約終了時の受託者が残余財産の帰属権利者となっている場合（たとえば、長男が両親の財産管理を受託者として担い、両親死亡後は長男が信託の残余財産を引き継ぐケース）は、それまで管理していた受託者がそのまま所有者として財産を引き継ぐだけなので、信託監督人は「信託契約終了時」に任務が終了する設計でよいでしょう。

また、信託契約終了後に信託財産を取りまとめて清算する「清算受託者」に家族以外の専門家が就任するケース（専門家が遺言執行者になるのと同様のイメージ。なお、信託監督人が清算受託者に就任することも可能）も、不正やずさんな清算のリスクが少ないので、信託監督人の任務終了時期を信託契約終了時としてよいでしょう。

一方、残余財産の権利帰属先が信託終了時の受託者ではない場合は、残余財産の帰属権利者に無事財産の引渡しがされ、清算事務が完了したことを見届けるところまでを信託監督人の任務とした方がよいでしょう。たとえば、残余財産を複数の家族・親族に分配する場合や、清算受託者が残余の信託財産たる不動産を売却して、その換価代金を遺贈寄付するようなケースです。

Q32　受益者代理人は何をするのですか？

信託法には、「受益者代理人」という制度が用意されています。元々は、受益者が多数いる「商事信託」(信託銀行等が受託者となり、多数の個人から金銭を預かり資産運用する信託の仕組み)で迅速かつ適切な意思決定が困難な場合に、信託行為(信託契約書)において受益者代理人を定め、意思決定権を集約することを想定したものですが、家族信託においても活用の余地があります。

●判断能力低下のおそれのある受益者には役立つ制度

「受益者代理人」は、文字通り受益者に代わって権利を代理する立場の者のため、判断能力の低下・喪失のおそれのある高齢の親世代が受益者になる家族信託においても、大いに活用可能な制度です。ただし、受益者代理人は、受益者に関する一切の裁判上または裁判外の権限を有するうえに、受益者代理人を置く場合は、原則として(信託契約等で特別に定めない限り)受益者自身がその権利を行使することができない(信託法139条4項:**図表3-17**)という、強力かつ排他的な権限を有することになります。

言うなれば、信託の世界における「成年後見人」のような立場であり、受益者の判断能力の有無に関わらず、受益者そのもの(受益者の分身)という立場で権利・権限を行使することができます。その結果、信託契約書において「受益者」に関する条項は、原則としてそのまま「受益者代理人」に読み替えられることになります。

受益者代理人の具体的な業務としては、受益者に代わって、預けてある信託金銭や毎月の賃料収入から定期・不定期に小遣い等金銭の給付・分配を求めたり、財産の管理処分に関し受託者に要望を伝えることが考えられます。老親を委託者兼受益者としてその保有資産のほとんどを信託財産とした場合は、前述の通り、老親の成年後見人と同じようにその財産について包括的な権限を持ち、事実上財産給付や管理処分方針の指図が可能となりますし、状況に応じて受託者の財産管理業務を監督することにもなります。

図表3-17　信託法139条

（受益者代理人の権限等）
第百三十九条　受益者代理人は、その代理する受益者のために当該受益者の権利（第四十二条の規定による責任の免除に係るものを除く。）に関する一切の裁判上又は裁判外の行為をする権限を有する。ただし、信託行為に別段の定めがあるときは、その定めるところによる。
2　受益者代理人がその代理する受益者のために裁判上又は裁判外の行為をするときは、その代理する受益者の範囲を示せば足りる。
3　一人の受益者につき二人以上の受益者代理人があるときは、これらの者が共同してその権限に属する行為をしなければならない。ただし、信託行為に別段の定めがあるときは、その定めるところによる。
4　受益者代理人があるときは、当該受益者代理人に代理される受益者は、第九十二条各号に掲げる権利及び信託行為において定めた権利を除き、その権利を行使することができない。

●信託の設計には細心の心配りが求められる

そもそも、家族の中で最も信頼できる相手を「受託者」として、大切な財産の管理を託すのが家族信託ですが、「受益者代理人」を置くことは、受託者と同等の強い権限を持つ者が併存することになります。そのため、受託者と受益者代理人という“船頭”が２人いて、財産管理の方針の違いから対峙することもあり得るという点で、「船頭多くして船山に上る」という事態に陥らないよう、信託設計には慎重かつ細心の配慮が求められます。

以上を踏まえると、家族から受託者と受益者代理人を選ぶこと（たとえば受託者を長男、受益者代理人を長女とするなど）は、将来的に兄弟喧嘩を誘発させるリスクがあることを十分に考慮すべきです。一方で、受益者代理人に司法書士や弁護士等の第三者が就任することも可能ですが、受益者本人と同じ立場として大きな権限を持つことから、第三者を受益者代理人に就任させることも慎重に考えなければなりません。

どのような目的・役割として受益代理人を定めるかを家族信託の設計を担う法律専門職と家族会議で話し合い、受益者代理人を置くのか、置く場合は誰にするのか、いつから受益者代理人の業務を開始するのか、などをしっかりと検討しましょう。

●非常時に備え受益者代理人予定者を定めておく

信託契約が開始した当初は、受益者たる親も元気であることが多いですから、信託開始時から受益者代理人が関与する必要性は低いでしょう。その場合、信託契約書に受益者代理人として家族または法律専門職等を指定しておきますが、すぐに任務は開始せず、必要なタイミングで被指定者が「就任承諾」の意思表示をすることによって、任務を開始するような設計も可能です。

この必要なタイミングとは、たとえば次の①②のようなケースです。

①受託者が急病や事故等で意思表示できなくなった場合

受託者が死亡したり、受託者に成年後見人が就くような事態になれば、法律上当然に受託者の任務が終了し、契約書に定めておいた後継受託者が就任できます。また、信託法または信託契約書に定めた手順で受託者が辞任をすれば、やはり後継受託者が信託事務を引き継ぐことができます。しかし、もし受託者が急病や事故等で辞任の意思表示すらできない状態になったら、受託者に後見人を就ける手続きをしない限り受託者を交代できなくなります。負担のかかる成年後見制度の利用を避けたいと考える家族も多いため、受託者に後見人を就けないことにより信託事務が停滞してしまう可能性があります。

その打開策としては、受託者を「解任」するという方策が考えられます。通常は、受益者が受託者の解任権限を持つことになるので、受益者が元気なら解任できます。しかし、もし受益者の判断能力が著しく低下していると、解任をすることもままなりません。受託者の辞任もできなければ解任もできない、という困窮した状態になりかねません。そこで活用し得るのが「受益者代理人」です。その時点で就任承諾を留保していた（正式に就任していなかった）被指定者が正式に就任承諾の意思表示をすることで、受益者代理人の任務を開始し、受益者に代わって受託者を解任できますので、困窮した事態を打開することができます。

②信託契約の内容変更をしたい場合

長きにわたる信託期間中においては、当初想定していなかった事態が発生し、信託契約の内容を変更したいというケースがあります。例えば、長男を当初受託者に、長男の妻を第二受託者に指定していたが、長男夫婦が離婚をしてしまったので、第二受託者を指定し直さなければならないということがあります。ただ、もしこの時点ですでに受益者たる親の判断能力が著しく低下していれば、信託契約は変更できなくなります。

このような事態に、受益者代理人を登場させ、通常は「受益者および受託者の合意」で内容変更するところを「受益者代理人および受託者の合意」でよりよい方向に信託内容を変更・改良することも可能になります。

Q33　信託監督人と受益者代理人はどう使い分けますか？

信託契約書の書式例が記載されている書籍に、信託監督人と受益者代理人の両方が置かれているのをみて、そうしなければならないと勘違いしているケースを見かけます。しかし、信託監督人も受益者代理人も必置のものではないため、お客様のニーズや家族構成により置く場合と置かない場合とがあります。

では、信託監督人や受益者代理人は、どのようなケースで、どのように置くべきでしょうか。家族信託が受益者やその家族が実現したいこと（＝信託目的）のためにきちんと稼働することを支える意味では、どちらも同じような機能を持ちます。ここでは、一般的なイメージ・使い分けについて説明します。

●信託監督人は受託者、受益者代理人は受益者と向き合う

信託監督人は、財産管理を担う受託者に対し、その相談相手になりながらも、信託目的に則っているか、受益者のためになっているか、という観点から、定期・不定期に受託者業務を監視・監督するというイメージです。

一方の受益者代理人は、受益者のために受託者に要望を伝えることが主たる役割になりますので、受益者の都度の生活状況・経済状況を踏まえながら任務を行う必要があるでしょう。つまり、信託監督人よりも、より受益者の方を向いています。あるいは、受益者代理人の別の使い方として、当初からは受益者代理人の任務をスタートさせないが、不測の事態に直面したときにその任務を開始し、判断能力が著しく低下した受益者に代わって、信託契約の内容変更や受託者の解任などをする形態も考えられます。これは、いわば非常時に備えた"待機要員"といったイメージです。

Q34 株式信託の「指図権者」とは何ですか？

中小企業の経営者が高齢の場合、その保有する未上場株式を信託財産とする家族信託を実行し、会社経営における認知症対策をすることが少なくありません（第２章〈事例18〉参照）。この場合、財産の管理処分権限を託された受託者が株主名簿に記載をされることになり、受託者が当該会社に対して株主としての権利を行使することになります（会社法154条の２：**図表3-18**）。

株主の権利として最も典型的なものは、株主総会における議決権の行使です。議決権の行使とは、株主総会において決算の承認や予算案の承認、役員改選、役員賞与額の決定、増資の決議、定款変更などの議案に対し、その賛否を表明することです。

図表3-18　会社法154条の２

第百五十四条の二　株式については、当該株式が信託財産に属する旨を株主名簿に記載し、又は記録しなければ、当該株式が信託財産に属することを株式会社その他の第三者に対抗することができない。
２　第百二十一条第一号の株主は、その有する株式が信託財産に属するときは、株式会社に対し、その旨を株主名簿に記載し、又は記録することを請求することができる。
３　株主名簿に前項の規定による記載又は記録がされた場合における第百二十二条第一項及び第百三十二条の規定の適用については、第百二十二条第一項中「記録された株主名簿記載事項」とあるのは「記録された株主名簿記載事項（当該株主の有する株式が信託財産に属する旨を含む。）」と、第百三十二条中「株主名簿記載事項」とあるのは「株主名簿記載事項（当該株主の有する株式が信託財産に属する旨を含む。）」とする。
４　前三項の規定は、株券発行会社については、適用しない。

たとえば、中小企業の経営者Ａさんが持つ株式（発行済株式の100％のこともあれば過半数程度のこともある）を受託者たるＡさんの長男に託すと、以後は受託者が議決権を行使することになります。このことは、すなわち受託者が実質的な経営権を持つことを意味します。代表取締役社長を務めるＡさんは、いわば長男の“雇われ社長”のようないつでも解任され得る不安定な立場になるので、まだ会社経営を続けようと思っているＡさんにとっては望まない状態になってしまいます。

そこで、実務においては、受託者が議決権を行使する際に、各議案における賛否について受託者に指図する仕組みを導入することが多いです。この指図をする者を「指図権者」と呼びます。なお、信託法の条文においては、指図権者に関する規定は存在しません。信託業法65条・66条に規定されているものを参考として、信託法26条ただし書を根拠に受託者の権限に制限を課す形で、指図権者の意向を反映した議決権行使を実現しています（**図表3-19**）。

そして、この指図権者は、信託契約開始からしばらくの間は従来の株主たるＡさんがなり、信託契約前と変わらず経営の実権をＡさんが掌握したうえで、認知症などによる会社運営・経営判断が滞らないようにリスク対策を取ることが可能となります。Aさんは将来的に第一線から退き、経営権を移譲するタイミングで指図権の行使をやめ、受託者たる子に経営を任せることになります。

図表3-19　信託法26条

（受託者の権限の範囲）
第二十六条　受託者は、信託財産に属する財産の管理又は処分及びその他の信託の目的の達成のために必要な行為をする権限を有する。ただし、信託行為によりその権限に制限を加えることを妨げない。

4．信託の税務について

Q35 信託契約開始時に税務署への届出は必要ですか？

信託契約を締結した際には、速やかに税務署へ届け出なければならない場合があります。そこで、どのような場合に、どのような書類を税務署に提出すべきかについて説明します。

●一般的な家族信託の場合は届出不要

家族信託においては、「委託者＝受益者」という形態、いわゆる「自益信託」であることがほとんどですが、この場合、信託契約を締結した時点で税務署に提出すべき届出書類はありません（**図表3-21**）。

その法的根拠は、相続税法59条3項になります（**図表3-20**）。その条項には、受託者は契約の日の属する月の翌月末日までに「信託に関する受益者別調書」「信託に関する受益者別調書合計表」を提出しなければならないとされていますが、ただし書により「受益者別に当該信託の信託財産の相続税評価額が50万円以下」の場合や「委託者と受益者が同一」の場合については、提出義務が免除されています。

図表3-20　相続税法59条3項

（調書の提出）
第五十九条
３　信託の受託者でこの法律の施行地に当該信託の事務を行う営業所、事務所、住所、居所その他これらに準ずるもの（以下この項において「営業所等」という）を有するものは、次に掲げる事由が生じた場合には、当該事由が生じた日の属する月の翌月末日までに、財務省令で定める様式に従って作成した受益者別（受益者としての権利を現に有する者の存しない信託にあっては、委託者別）の調書を当該営業所等の所在地の所轄税務署長に提出しなければならない。**ただし、信託に関する権利又は信託財産の価額が一定金額以下であることその他の財務省令で定める事由に該当する場合は、この限りでない。**
一　信託の効力が生じたこと（当該信託が遺言によりされた場合にあっては、当該信託の引受けがあったこと）。
二　第九条の二第一項に規定する受益者等が変更されたこと（同項に規定する受益者等が存するに至った場合又は存しなくなった場合を含む。）。
三　信託が終了したこと（信託に関する権利の放棄があった場合その他政令で定める場合を含む。）。
四　信託に関する権利の内容に変更があったこと。

●信託契約後も親が確定申告をする

賃貸アパートを保有しているなど毎年確定申告をしている委託者(親)は、「自益信託」であれば、信託契約後も以前と同じように、信託財産からの収入について自分の所得として確定申告をする必要があります。賃料収入を含めた財産の管理は受託者たる子が担いますが、認知症等で親の判断能力が不十分になっても、確定申告の手続きは親の名前で行います。確定申告と納税の場面においては、適切な納税をすることだけが求められており、納税者本人の判断能力の有無、納税の意思確認等は一切要求されません。したがって、受託者として実質的に申告書の作成や税金の納付をすることになるでしょうが、あくまで従来通り親の名前で行えばよいことになります。

なお、不動産所得がある人のうち、保有不動産の全てを1つの信託契約で託した場合はシンプルですが、自分で管理する所有権財産たる不動産と受託者が管理する信託不動産が併存する場合は、不動産所得用の決算書に所有権財産と信託財産とを分けて明細書を作る必要があります。また、もし信託契約が複数あれば、その信託契約ごとに損益を計算した明細書を提出する必要もあります。

以上のように、信託契約を交わしたことで、毎年税務署への届出関係書類が増えることになりますので、税理士に確定申告を依頼している人にとっては、毎月あるいは年1回の税務顧問（税務代理）報酬が増額となる可能性があります。

図表3-21　税務署への届出書類

（1）家族信託開始時	自益信託なら提出不要！	
（2）信託契約期間中	①毎年1/31までに受託者が税務署に提出する書類	1年間の信託財産に係る収益の合計額が3万円以上の場合、「信託の計算書」「信託の計算書合計表」を提出
	②毎年の受益者の確定申告時に提出する書類	信託不動産からの収益がある場合、賃料や減価償却費・修繕費等の経費の明細書を申告書に添付

Q36 信託期間中、税務署への届出は必要ですか？

信託財産が収益を生まない自宅や配当のない未上場株式、現金等である場合、または信託財産にかかる収益の額の合計額が年間金3万円未満の場合、信託に関して毎年税務署に提出すべき書類等はありません（所得税法施行規則96条2項）。

一方、年間の収益が金3万円以上となる財産を信託財産とする場合、たとえば、賃貸アパートや駐車場などの不動産、上場株式や投資信託等の有価証券を信託財産とする場合は、次のような義務が発生します（**図表3-20**）。

受託者は、原則毎年１月31日までに受託者の所在地を管轄する税務署長に対し、前年（1/1～12/31まで）の信託財産の状況等を記載した「信託の計算書」およびその「合計表」（**図表3-23、3-24**）を提出しなければなりません（所得税法227条。**図表3-22**）。なお、受益者ごとに作成する信託の計算書に記載すべき主な内容は、次の通りです。

ア．委託者、受益者の氏名や住所など

イ．前年12月31日時点の当該信託にかかる資産や負債の内訳

ウ．前年中における信託の収益や費用の内訳

エ．受託者が受け取った報酬の額

家族信託の場合、「委託者＝受益者」で受益者が１人であることが多いですが、受益者連続型の場合、第二受益者以降が複数人になるケースも少なくありません。そうなりますと、毎年の「信託の計算書」は、受益者ごとに分けてそれぞれ作成・提出しなければならないということになります。

図表3-22　所得税法227条1項

（信託の計算書）

第二百二十七条　信託（第十三条第一項ただし書（信託財産に属する資産及び負債並びに信託財産に帰せられる収益及び費用の帰属）に規定する集団投資信託、退職年金等信託又は法人課税信託を除く。）の受託者は、財務省令で定めるところにより、その信託の計算書を、信託会社（金融機関の信託業務の兼営等に関する法律により同法第一条第一項　（兼営の認可）に規定する信託業務を営む同項に規定する金融機関を含む。以下この条において同じ。）については毎事業年度終了後一月以内に、信託会社以外の受託者については毎年一月三十一日までに、税務署長に提出しなければならない。

図表3-23　信託の計算書のサンプル

（表）

信　託　の　計　算　書

（自　　年　月　日至　　年　月　日）

信託財産に帰せられる収益及び費用の受益者等	住所（居所）又は所在地			
	氏名又は名称		番号	
元本たる信託財産の受益者等	住所（居所）又は所在地			
	氏名又は名称		番号	
委託者	住所（居所）又は所在地			
	氏名又は名称		番号	
受託者	住所（居所）又は所在地			
	氏名又は名称	（電話）		
	計算書の作成年月日	年　月　日	番号	

信託の期間	自　年　月　日 至　年　月　日	受益者等の異動	原因	
信託の目的			時期	

受益者等に交付した利益の内容	種類		受託者の受けるべき報酬の額等	報酬の額又はその計算方法	
	数量			支払義務者	
	時期			支払時期	
	損益分配割合			補てん又は補足の割合	

収益及び費用の明細

	収益の内訳	収益の額		費用の内訳	費用の額
収益		千　円	費用		千　円
	合計			合計	

資産及び負債の明細

	資産及び負債の内訳	資産の額及び負債の額	所在地	数量	備考
資産		千　円			
	合計		（摘要）		
負債					
	合計				
資産の合計－負債の合計					

整理欄	①	②

○「番号」欄に個人番号（12桁）を記載する場合には、右詰で記載します。

357

（裏）

備　考

1　この計算書は、法第 227 条に規定する信託について使用すること。

2　この計算書の記載の要領は、次による。

(1)　「住所（居所）又は所在地」及び「番号」の欄には、計算書を作成する日の現況による住所若しくは居所（国内に居所を有しない者にあつては、国外におけるその住所。(9)　イにおいて同じ。）又は本店若しくは主たる事務所の所在地を及び行政手続における特定の個人を識別するための番号の利用等に関する法律第 2 条第 5 項に規定する個人番号又は同条第 15 項に規定する法人番号を記載すること。

(2)　「収益及び費用の明細」の「収益の内訳」及び「費用の内訳」並びに「収益の額」及び「費用の額」の項は、各種所得の基因たる信託財産の異なるごとに収益及び費用の内訳並びに当該収益及び費用の額を記載すること。

(3)　信託財産の処分により生じた損益は、他の収益及び費用と区分して記載すること。

(4)　「資産及び負債の明細」の「資産及び負債の内訳」及び「資産及び負債の額」の項には、各種所得の基因たる信託財産の異なるごとに区分してその信託財産に属する資産及び負債の内訳並びに当該資産及び負債の額を記載し、「資産及び負債の明細」の「所在地」の項には、各種所得の基因たる信託財産に属する資産の異なるごとに区分してその所在地を記載すること。

(5)　信託会社（法第 227　条に規定する信託会社をいう。以下この表において同じ。）の事業年度中（受託者が信託会社以外の者である場合又は当該信託が特定寄附信託（租税特別措置法第 4 条の 5 第 1 項に規定する特定寄附信託をいう。以下この表において同じ。）である場合には、その年中）に信託財産の全部又は一部を処分した場合には、その処分年月日を、新たに信託行為により受け入れた信託財産がある場合には、その受入年月日を、それぞれ「備考」の項に記載すること。

(6)　「受益者等に交付した利益の内容」の「損益分配割合」の欄には、信託財産に帰せられる収益及び費用の受益者等が 2 人以上あり、かつ、それぞれの受益者等が受ける損益の割合が異なる場合に限り、記載すること。

(7)　「受益者等の異動」の「原因」の欄には、信託契約の締結、受益者の指定、受益者の変更、受益権の放棄、信託の終了のように記載すること。

(8)　「受託者の受けるべき報酬の額等」の「補てん又は補足の割合」の欄には、金融機関の信託業務の兼営等に関する法律（昭和　18 年法律第 43　号）第 6 条の規定による補てん又は補足の割合その他これに関する事項を記載すること。

(9)　次に掲げる場合には、「摘要」の欄にそれぞれ次に定める事項を記載すること。

イ　当該信託が信託法（平成 18　年法律第 108　号）第 89 条第 1 項に規定する受益者指定権等を有する者、同法第 182　条第 1　項第 2 号に規定する帰属権利者として指定された者その他これらに類する者の定めのある信託である場合　その者の氏名又は名称及び住所若しくは居所又は本店若しくは主たる事務所の所在地

ロ　信託会社の事業年度（受託者が信託会社以外の者である場合又は当該信託が特定寄附信託である場合には、その年）の中途において当該受益者の損益分配割合に変更が生じた場合　その旨、その変更のあつた日及びその変更事由

ハ　受益者等又は委託者の納税管理人が明らかな場合　当該納税管理人の氏名及び住所又は居所

ニ　受益者等が非居住者又は外国法人である場合　（非）

ホ　当該信託が相続税法第 21　条の 4 第 1 項の規定の適用に係るものである場合　その旨

ヘ　当該信託が特定寄附信託である場合　その旨及び次に定める事項

(i)　当該特定寄附信託契約（租税特別措置法第 4 条の 5 第 2 項に規定する特定寄附信託契約をいう。以下この表において同じ。）締結時の信託の元本の額

(ii)　前年中に当該信託の信託財産から支出した寄附金の額及び当該信託財産に帰せられる租税特別措置法第 4 条の 5 第 1 項の規定の適用を受けた同項に規定する利子等の金額のうち前年中に寄附金として支出した金額並びにこれらの寄附金を支出した年月日

(iii)　(ii) の寄附金を受領した法人又は法第　78　条第 3 項に規定する特定公益信託の受託者の名称及び所在地並びに当該特定公益信託の名称

(iv)　当該特定寄附信託契約又はその履行につき、租税特別措置法施行令第 2 条の 36 第 8 項各号に掲げる事実が生じた場合には、当該事実及びその事実が生じた日

3　合計表をこの様式に準じて作成し、添付すること。

4　所轄税務署長の承認を受けた場合には、この様式と異なる様式により調製することができる。

図表3-24　信託の計算書合計表のサンプル

（表）

自　令和　年　月　日
至　令和　年　月　日

信託の計算書合計表

税務署受付印

処理事項	通信日付印	検　収	整理簿登載	身元確認
	※　・・	※	※	※

○平成28年1月1日以後提出用

令和　年　月　日提出

税務署長 殿

提出者		整理番号	
住所（居所）又は所在地	電話（　－　－　）	調書の提出区分（新規=1、追加=2 訂正=3、無効=4）	提出媒体　本店一括　有・無
個人番号又は法人番号(注)	↓個人番号の記載に当たっては、左端を空白にし、ここから記載してください。	作成担当者	
フリガナ 氏名又は名称		作成税理士署名押印	税理士番号（　）　㊞　電話（　－　－　）
フリガナ 代表者氏名印	㊞		

信託財産の種類	件数	収益の額	費用の額	資産の額	負債の額
金銭	件	円	円	円	円
有価証券					
不動産					
その他					
計					

（摘　要）

○　提出媒体欄には、コードを記載してください。（電子＝14、FD＝15、MO＝16、CD＝17、DVD＝18、書面＝30、その他＝99）
（注）　平成27年12月31日以前に開始する事業年度に係る合計表を作成する場合（信託会社以外の受託者にあっては、平成28年12月31日以前にこの合計表を提出する場合）には、「個人番号又は法人番号」欄に何も記載しないでください。

（裏）

【信託の計算書合計表】

記載要領

1　この合計表は、信託の計算書を信託財産の種類別に合計したものにより記載する。
2　「件数」欄の「計」欄には、この合計表とともに提出する計算書の枚数（実件数）を記載する。
3　「※」印欄は、提出義務者において記載を要しない。

（注）この合計表を信託会社が信託法（平成18年法律第108号）の施行の日（以下「信託法施行日」という。」）前に開始する事業年度に係る計算書（信託会社以外の受託者にあっては、平成21年1月1日前に提出するもの）に添付する場合には、「収益の額」とあるのは「収入金額」と、「費用の額」とあるのは「支出の額」と、「資産の額」とあるのは「信託財産の価額」と読み替えて使用する。

なお、この場合において「負債の額」については記載を要しない。

Q37 ２つの「損益通算禁止」とは何ですか？

家族信託における税務のポイントに「損益通算禁止」があります。これは、「信託財産である不動産から生じた損失はなかったものとみなす」という税務上の取扱いです。信託財産から生じた損失は、原則として損金になりますが、その損失が不動産所得に関するものの場合、平成18年以後は、不動産所得の計算上なかったものとされます（租税特別措置法41の4の2①）。

●信託不動産の損失は信託財産以外の所得と通算できない

この税務上の取扱いにより、１年間（1/1～12/31）において信託財産から生じた不動産所得に係る損失は、当該信託財産以外からの所得と相殺できませんし、また当該損失は「なかったもの」とみなされる以上、翌年以降に繰り越すこともできないことになります（**図表3-25**）。

つまり、受託者たる子が管理する信託不動産と、信託財産に入れていない（親自身が管理する）所有権の不動産とを併用して持っている場合、信託不動産において年間を通じて生じた損失（赤字）を所有権不動産において年間を通じて生じた所得（黒字）と通算して、利益（課税対象財産）を圧縮することができません。一方、信託不動産から生じた所得（黒字）は、所有権財産から生じた不動産所得に係る損失（赤字）と損益通算することができます。

なぜ、信託財産から生じた損失だけがなかったことにされるのかというと、過去において所得の大きな個人の方が、信託の仕組みを使って多額の損失をあえて作ることで、課税所得を圧縮するという節税策が流行ったことを受けて、税務的に対抗手段が講じられたと聞いています。

たとえば、賃貸アパートを２棟所有している高齢のオーナーが、一つのアパートを信託財産に入れて管理を託し、もう一つのアパートはそのまま自分が管理するとします。そうすると、どちらのアパートの賃料収入もオーナーの所得になるので、２つの収入をまとめて確定申告することになります（確定申告では、所有権不動産と信託不動産の所得は分けて集計して合算する）。そして、信託財産に入れたアパートの大規模修繕を行い、年間を通じて経費が収入を上回り損失が生じた年があれば、その年の確定申告においては、信託財産における損失がなかったものとみなされ、所有権財産からの所得全体が所得税の課税対象になります。

結論としては、収益不動産を複数保有している親にとっては、すべてまとめて信託財産に入れるのか、それとも保有不動産の一部だけを信託財産に入れて良いのかについて十分な検討が必要になります。また、信託契約をスタートする前に年間収支がマイナスになるような大規模修繕を済ませるなど､場合によっては信託財産に入れるタイミングも図る必要があります。

以上を踏まえますと、親と子がみんなで話し合う“家族会議”が必要なことはもちろん、将来を見据えて法務・税務・不動産等に関する専門家の意見を交えて家族信託を設計することが非常に重要といえます。

図表3-25　損益通算のイメージ

	損益通算のイメージ
不動産の収益が**プラス**の場合	信託不動産からの収入／信託以外の不動産からの収入 ⟷ 所得税の課税対象 信託に関する費用／信託以外に関する費用
不動産の収益が**マイナス**の場合	信託不動産からの収入／信託以外の不動産からの収入 ⟷ 所得税の課税対象 信託に関する費用／赤字／信託以外に関する費用
	信託不動産からの収入／信託以外の不動産からの収入 ⟷ 所得税の課税対象 信託に関する費用／赤字（なかったものとみなす）／信託以外に関する費用

●複数の信託契約の損益は通算できない

「損益通算禁止」となる税務上の取扱いがもう一つあります。それは、不動産を信託財産とする信託契約が複数ある場合（受益者が同じことが前提）、年間収支の計算は信託契約ごとに完結しなければならず、契約をまたいだ損益通算はできないというものです。

たとえば、賃貸アパート２棟をそれぞれ長男と長女を受託者として別々に管理を任せることを意図し、２つの信託契約を締結した場合、信託Ａでは年間収支が赤字、信託Ｂは黒字の場合、信託Ａの損失を信託Ｂの利益から差し引くことはできません（**図表3-26の4**）。もちろん、信託Ａ・信託Ｂともに黒字になれば両者を合算して申告することになります。

実務においては、親が保有する複数の不動産を、目的別・承継者別等で複数の契約に分けることは少なくないため、信託契約を分けることを検討する場合には、税務的な見地からの検討も必要となります。

図表3-26　所有権財産と信託財産の損益通算、複数の信託契約と損益通算

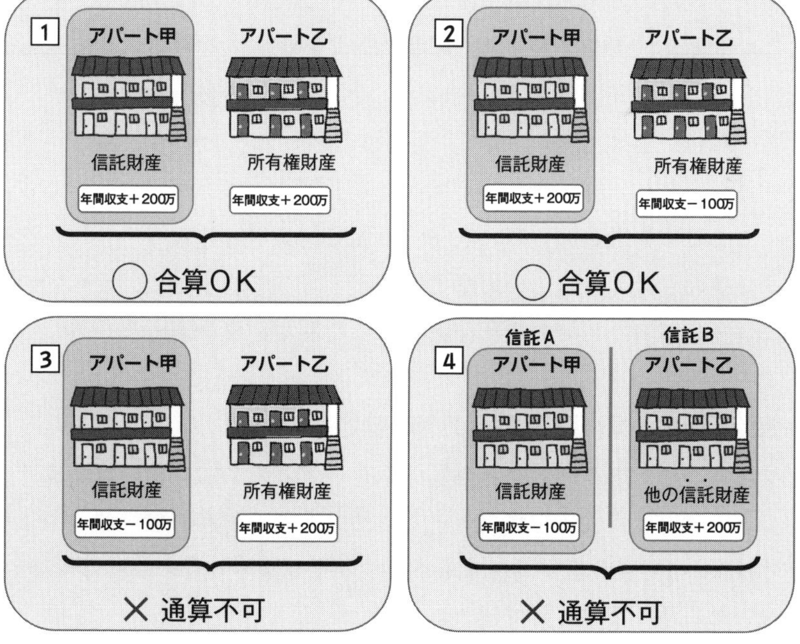

Q38 受託者の借入れは相続時に債務控除できますか？

信託契約において信託目的の実現のために必要な権限を付与された受託者は、その権限に基づき信託財産の維持・管理・保全・活用等に必要な行為、たとえば、信託不動産たるアパートの耐震補強・外壁補修などの大規模修繕、信託不動産たる建物の建替え、さらには信託不動産となる建物の建設や不動産を購入することもできます。

この際に、受託者が委託者より預かり、管理している信託財産たる金銭だけで費用を賄えない場合、信託契約に基づく権限があれば金融機関から融資を受けることが可能です（これを「受託者借入れ」や「信託内融資」という）。

この場合、金融機関に対する融資申込みや金銭消費貸借契約書・抵当権設定契約書等への調印手続きも、すべて受託者が「受託者」の名において（委託者の代理・代筆ではない）行うことになります。言い換えれば、原則として受益者がそれらの契約書に押印する必要はありません。契約書の署名押印欄における住所は、受託者個人の住所を記入します。氏名欄には、必ず「委託者○○ 信託受託者△△」という、肩書付きで受託者が署名し、押印する印鑑は、受託者個人の実印が好ましいです。

金銭を貸す側（金融機関）も借りる側も信託財産の維持・管理・取得等に必要な資金の融資との理解と認識が不可欠であるため、すべての書面に信託受託者としての調印であることを明記します。

●信託期間中の信託財産責任負担債務は受益者のもの

受託者が信託財産を維持・管理・取得等するために、その権限に基づいて「信託財産責任負担債務」として借り入れた債務（信託法21条１項５号）は、当然受託者が責任をもって返済しますが、その債務は税務上、受益者たる親の債務として扱われます。

その根拠となる法令が、「相続税法９条の２」になります（**図表3-27**）。

図表3-27　相続税法９条の２

（贈与又は遺贈により取得したものとみなす信託に関する権利）

第九条の二　信託（退職年金の支給を目的とする信託その他の信託で政令で定めるものを除く。以下同じ。）の効力が生じた場合において、適正な対価を負担せずに当該信託の受益者等（受益者としての権利を現に有する者及び特定委託者をいう。以下この節において同じ。）となる者があるときは、当該信託の効力が生じた時において、当該信託の受益者等となる者は、当該信託に関する権利を当該信託の委託者から贈与（当該委託者の死亡に基因して当該信託の効力が生じた場合には、遺贈）により取得したものとみなす。

2　受益者等の存する信託について、適正な対価を負担せずに新たに当該信託の受益者等が存するに至つた場合（第四項の規定の適用がある場合を除く。）には、当該受益者等が存するに至つた時において、当該信託の受益者等となる者は、当該信託に関する権利を当該信託の受益者等であつた者から贈与（当該受益者等であつた者の死亡に基因して受益者等が存するに至つた場合には、遺贈）により取得したものとみなす。

3　受益者等の存する信託について、当該信託の一部の受益者等が存しなくなつた場合において、適正な対価を負担せずに既に当該信託の受益者等である者が当該信託に関する権利について新たに利益を受けることとなるときは、当該信託の一部の受益者等が存しなくなつた時において、当該利益を受ける者は、当該利益を当該信託の一部の受益者等であつた者から贈与（当該受益者等であつた者の死亡に基因して当該利益を受けた場合には、遺贈）により取得したものとみなす。

4　受益者等の存する信託が終了した場合において、適正な対価を負担せずに当該信託の残余財産の給付を受けるべき、又は帰属すべき者となる者があるときは、当該給付を受けるべき、又は帰属すべき者となつた時において、当該信託の残余財産の給付を受けるべき、又は帰属すべき者となつた者は、当該信託の残余財産（当該信託の終了の直前においてその者が当該信託の受益者等であつた場合には、当該受益者等として有していた当該信託に関する権利に相当するものを除く。）を当該信託の受益者等から贈与（当該受益者等の死亡に基因して当該信託が終了した場合には、遺贈）により取得したものとみなす。

5　第一項の「特定委託者」とは、信託の変更をする権限（軽微な変更をする権限として政令で定めるものを除く。）を現に有し、かつ、当該信託の信託財産の給付を受けることとされている者（受益者を除く。）をいう。

6　第一項から第三項までの規定により贈与又は遺贈により取得したものとみなされる信託に関する権利又は利益を取得した者は、当該信託の信託財産に属する資産及び負債を取得し、又は承継したものとみなして、この法律（第四十一条第二項を除く。）の規定を適用する。ただし、法人税法（昭和四十年法律第三十四号）第二条第二十九号（定義）に規定する集団投資信託、同条第二十九号の二に規定する法人課税信託又は同法第十二条第四項第一号（信託財産に属する資産及び負債並びに信託財産に帰せられる収益及び費用の帰属）に規定する退職年金等信託の信託財産に属する資産及び負債については、この限りでない。

相続税法９条の２第６項では、受益者に相続が発生した場合、「第１項から第３項までの規定により贈与又は遺贈により取得したものとみなされる信託に関する権利又は利益を取得した者は、当該信託の信託財産に属する資産及び負債を取得し、又は承継したものとみなして」、相続税法を適用するとしています。これが、受託者借入れの債務が受益者の死亡時における債務控除が認められる根拠となります。ただ、この第６項は、「第１項から第３項までの規定により」として、あくまで信託期間中の取扱いを規定しています。

つまり、同条４項（受益者の死亡により信託が終了した場合）を除外しているのです。この点が、税務・法務に関する専門職の間で議論を巻き起こしています。

●信託終了時の受託者の債務も債務控除が取れるか

受益者の死亡により信託が終了した場合（同条４項）には、同条６項の適用がなく、帰属権利者が負債を承継したものとみなせないのではないか、言い換えると、信託が終了してしまうと残余財産の帰属権利者は、相続税における債務控除を受けられないのではないかという問題が取りざたされています。

たとえば、委託者兼受益者たる父親が死亡して終了する、いわゆる“一代限りの信託”では、父親の相続人たる長男は、賃貸アパートとその建築資金に関するアパートローンを引き継いでおきながら、アパートローンの残債務について債務控除が受けられないのではないかという議論です。そこで確実に受けられるように、父親の死亡では信託を終わらせずに（受益者連続型信託にし)、第二受益者を長男にしたうえで、父親死亡日の翌日から数ヵ月後に信託が終了するように設計する法律専門職がいます。

この対策自体は、なかなかの妙案だとは思いますが、そもそも信託終了時に残った信託財産の債務が債務控除を受けられないという不自然さがあります。受託者たる長男が建て替えた賃貸アパートである信託不動産は、受益者である父親の死亡により“みなし相続財産”として課税対象となる一方で、信託が終了したからといって、その建築資金として受託者が信託財産責任負担債務として借り入れた債務だけが切り離されて、債務控除が受けられない債務（長男の個人債務？）として扱われるのでは、理屈としてあまりに不合理といわざるを得ません。

ここからは私見となりますが、そもそも相続税法９条の２の解釈については、この条項の制定趣旨を踏まえ、別の解釈をすべきなのではないかと考えています。つまり、同条６項は、あくまで信託期間中の取扱いを規定し、受益者の死亡により信託が終了した場合を除外しているということの意味は、信託が終了したときの規定である同条４項にいう「当該信託の残余財産」が、信託法181条により債務を弁済した後でなければ残余財産は確定しない（寺本昌弘・逐条解説新しい信託法P379）からこそ単に除外しているに過ぎないのではないでしょうか。

言い換えると、「信託を終了させたらその時点の債務につき債務控除をさせない」という立法者の課税の意図がある訳ではなく、相続税の課税対象となる「残余財産」自体がすでに受託者借入れの債務が差し引かれている正味のプラスの財産と考えるべきでしょう。当然に債務を控除しているからこそ、同条６項では、あえて同条４項を除外していると考えるのが合理的です。

結論として、受益者連続型信託の設計にしなくても、“一代限りの信託”であっても、信託終了時に残った受託者借入れの債務は、原則として相続税の税務上債務控除が受けられるものと考えます。

Q39 家族信託に関する費用は損金に計上できますか？

家族信託の導入に関する費用（専門家へのコンサルティング報酬、信託契約公正証書を作成するための公証役場の手数料、信託登記に関する登記費用など）や信託契約期間中に発生する受託者や信託監督人等への報酬は、不動産賃貸業の経費に計上できるかという問題があります。

信託財産が賃貸不動産とそれに伴う敷金・修繕積立金相当の金銭のみであり、家族信託導入の目的が「賃貸経営の長期的安定化」のための認知症対策である場合には、家族信託の導入費用や受託者への信託報酬などは、家業たる不動産賃貸業を円滑に継続するために必要な経費として全額損金処理できる可能性は高いと思います。

一方で、自宅や老後資金たる金銭など賃貸不動産以外の財産も含めて信託財産に入れ、成年後見に代わる老親の財産管理・資産凍結対策などを意図して家族信託を実行する場合は、賃貸経営の長期安定化だけが家族信託を実行する趣旨ではなくなります。つまり、老親の全般的な財産管理・生活サポート（老後資金の確保や給付、資産凍結対策、成年後見制度の代用）という要素が入ってくるので、費用の全額を賃貸経営上の経費として損金処理することは難しいでしょう。

ただ、すべてが経費計上できないかというとそうでもありません。最終的には、確定申告において、全額を経費計上できるか、全額が難しければいくら（何割）を経費計上するか、税務署からの指摘リスクはどの程度かなどについて、税理士や税務署に事前に相談することをお勧めします。

●将来の遺言執行費用の前払いの効果

遺言に基づく遺言執行者（弁護士・司法書士・行政書士等の法律専門職や信託銀行等）への報酬は通常遺産から支払われますが、この遺言執行報酬は、相続税の申告においては相続財産から控除されない費用（実質的に相続人が負担する費用）となります。

一方で、家族信託を設計・実行する際には、ある程度まとまった費用が発生しますが、将来老親に相続が発生したときには、家族信託に遺言の機能を盛り込んでおくことにより、受託者となった子がスムーズに財産の承継手続きを行うことができるので、実質的に遺言執行の手間と外部に支払う遺言執行費用の発生を極力抑えることになります。

つまり、家族信託の設計・実行にかかる初期費用は、親の相続発生時の遺言執行費用を親の財産から前払いする形になるともいえ、ある意味節税効果も出てきます。

また､家族信託を実行することで成年後見制度の代用となり得るので、成年後見制度を利用する際に発生する後見開始の申立費用や毎年の後見人（後見監督人）報酬の発生を回避することにもなります。さらに、家族信託を数次相続に対応した設計（いわゆる“受益者連続型”）にした場合、二次相続以降の遺言執行の手間と費用も軽減できることも踏まえれば、家族信託の導入時に支払う費用は、大局的・長期的にみて決して高額ではなく、むしろ家族信託の導入により未来における安心を得られるだけではなく総支出額も抑えられると考えることができます。

5．信託終了時の実務

Q40 清算受託者は何をするのですか？

信託契約書で定めた契約の終了事由が発生した場合、または信託法163条の規定（**図表3-28**）に該当し信託契約が終了した場合、これまで財産管理を担っていた「受託者」の業務は、信託終了後の清算事務を行う「清算受託者」に引き継がれることになります。このことは、一般的に株式会社を閉じる際に、株主総会の解散決議により従前の取締役が自動的に退任し、改めて会社の清算事務を行う「清算人」が選任される仕組みに似ています。

清算受託者の主な職務は、①信託業務の清算（プラスの資産の取りまとめ、信託財産に関する債務および諸費用の支払いなど）と②その後に残ったプラスの信託財産（これを「残余財産」という）を信託契約書の中で指定された「帰属権利者」に引渡すという２つになります（信託法177条：**図表3-29**）。業務内容としては、通常の相続発生時において遺言内容を実現する「遺言執行者」の業務と非常に近いイメージです。

●清算受託者は従前の受託者か法律専門職が就任する

では、「清算受託者」に誰がなるのかというと、実務上は、信託終了時点の受託者がそのまま清算受託者になり、残余財産の帰属権利者への引渡し業務まで担うケースが多いです（清算受託者となった長男が帰属権利者に指定されていて、長男がそのまま自分で資産を引き継ぐケースも少なくない）。

信託終了時の受託者と残余財産の帰属権利者が異なる場合、たとえば、複数の家族・親族に残余財産を分配する場合や行政・公的団体に遺贈寄

図表3-28　信託法163条

（信託の終了事由）
第百六十三条 信託は、次条の規定によるほか、次に掲げる場合に終了する。
一　信託の目的を達成したとき、又は信託の目的を達成することができなくなったとき。
二　受託者が受益権の全部を固有財産で有する状態が一年間継続したとき。
三　受託者が欠けた場合であって、新受託者が就任しない状態が一年間継続したとき。
四　受託者が第五十二条（第五十三条第二項及び第五十四条第四項において準用する場合を含む。）の規定により信託を終了させたとき。
五　信託の併合がされたとき。
六　第百六十五条又は第百六十六条の規定により信託の終了を命ずる裁判があったとき。
七　信託財産についての破産手続開始の決定があったとき。
八　委託者が破産手続開始の決定、再生手続開始の決定又は更生手続開始の決定を受けた場合において、破産法第五十三条第一項、民事再生法第四十九条第一項又は会社更生法第六十一条第一項（金融機関等の更生手続の特例等に関する法律第四十一条第一項及び第二百六条第一項において準用する場合を含む。）の規定による信託契約の解除がされたとき。
九　信託行為において定めた事由が生じたとき。

図表3-29　信託法177条

（清算受託者の職務）
第百七十七条　信託が終了した時以後の受託者（以下「清算受託者」という。）は、次に掲げる職務を行う。
一　現務の結了
二　信託財産に属する債権の取立て及び信託債権に係る債務の弁済
三　受益債権（残余財産の給付を内容とするものを除く。）に係る債務の弁済
四　残余財産の給付

付するような場合、その実行性を高めるとともに家族・親族への負担を軽減するために、あえて弁護士・司法書士・行政書士などの法律専門職が客観的な第三者として清算受託者に就任して、信託業務の清算を行うこともあります。清算受託者は、財産を預かって管理処分するのが職務ではなく清算活動が主な職務のため、信託業法の適用もなく専門家が清算受託者となり報酬を受領することも可能だと考えます。

なお、清算受託者は、信託財産に関する債務および諸費用の支払いのすべてを先に行い、その後の残余財産を「帰属権利者」に引き渡す義務を負います（信託法181条：**図表3-30**）。したがって、債務・諸費用の弁済・清算が終わっていない段階で、清算受託者が信託金銭を先に分配してしまうことはできません。また、信託財産責任負担債務として受託者が債務者となっている抵当権付債務に関して、その債権者（銀行等）と帰属権利者と清算受託者との３者間で債務引受等の合意がなされていないのにもかかわらず、信託不動産について帰属権利者名義にする信託登記の抹消手続きをすることはできないので、ご注意ください。

図表3-30　信託法181条

（債務の弁済前における残余財産の給付の制限）

第百八十一条 清算受託者は、第百七十七条第二号及び第三号の債務を弁済した後でなければ、信託財産に属する財産を次条第二項に規定する残余財産受益者等に給付することができない。ただし、当該債務についてその弁済をするために必要と認められる財産を留保した場合は、この限りでない。

●清算受託者に不動産の売却権限を与えることも

前述の通り、清算受託者は清算活動が主な職務になりますが、信託契約書において清算受託者にあえて不動産の換価処分権限を付与しておくと、実務上、非常に有効な手段となり得ます。

たとえば、地方の持家に住む高齢の両親がいて、子供たちは全員結婚して実家を離れて都会に暮らすケースは多いです。このようなケースで、両親が亡くなった時点で実家がまだ残っていたら、子供たちが実家に戻って暮らすという選択肢がない場合、最終的に実家を売却して、その代金を子供たちで分けるということはよくあります。この場合、不動産所有者の親が亡くなったことで複数の兄弟で共有する旨の相続登記をした後、共有者全員が協力して売却するのが一般的です。

しかし、両親のためにこの実家を信託財産として管理していれば、大変便利な方策が使えます。というのは、両親が亡くなるまでの信託期間中、実家の不動産登記簿には受託者の名前が記載されているので、両親死亡後に登記簿上の形式的所有者たる受託者が、そのまま清算受託者として売却処分をすることもできるのです。わざわざ兄弟で共有名義とする信託終了の登記手続きを経ることなく売却できるので、登記の手間とコストを抑えることもできるうえ、共有者全員が協力しなくても受託者が単独で売却活動できます。

このように、信託終了後においても、清算受託者が売却処分できるような権限を信託契約書に明記しておくことはお勧めです。

Q41　残余財産の帰属権利者とは何ですか？

信託契約の終了時に残っていた信託財産を「信託の残余財産」といい、この財産は信託契約の終了により通常の所有権財産に戻ります。そして、最終的にその所有権財産の所有者となる受取人のことを「残余財産の帰属権利者」といいます。

通常の場合、信託契約の中で残余財産の帰属権利者を定めることになりますが、Q9で説明した「死亡終了型」と「合意終了型」の２つの設計パターン（P.137の**図表3-5参照**）により定め方が大きく異なります。受益者の死亡により信託契約が終了する死亡終了型の場合、個々の残余財産（たとえば、自宅やアパート、駐車場、別荘、山林、現金など）について、これは長男に、あれは長女に…というような個別の財産ごとに任意に帰属先（受取人）を指定することができます。つまり、信託財産に関して遺言書を作るのと同じ意味・効果を持たせることになります（これを信託の「遺言代用機能」という）。なお、遺言と同様、不測の事態により信託契約の終了前に帰属権利者が先に死亡してしまう場合に備え、予備的な帰属権利者も指定しておくことは重要です。

一方の合意終了型の場合、通常は生きている現在の受益者の財産に戻しますので、「信託終了時の受益者に帰属させる」というシンプルな条項を置くことになります。その代わり、信託契約書の中で第二受益者・第三受益者等の信託財産の承継者を何段階にも指定しておく条項をきちんと置いておく必要があります（**図表3-31**）。

図表3-31　信託の設計パターンによる帰属権利者の指定の違い

死亡終了型の記載例：
残余財産のうち、本件信託不動産については長男に、本件信託金融資産については長女に帰属させる。もし、当該権利者が本件信託終了時に既に死亡していた場合は、当該死亡者の直系卑属たる法定相続人に帰属させる。
合意終了型の記載例：
残余財産については、本件信託終了時の受益者に帰属させる。

●緊急で信託を実行した場合は帰属先を指定しないケースも

老親の判断能力の低下・喪失が目前に迫った段階で、認知症による資産凍結回避策として急遽家族信託の実行を目指す場合、公正証書の作成まで最短日数でのスケジュールを組みますので、残余財産の帰属先の検討をする時間的猶予がないこともあります。この場合、老親の意向が定まらないまま、または家族の納得感のないまま、残余財産の帰属権利者の定めを置いてしまうと、かえって将来的に家族間で紛争をもたらしかねません。

そこで、信託契約書の中では残余財産の帰属権利者をあえて記載せず

(信託の遺言代用機能を使わずに)、「残余財産の帰属権利者は信託終了時の受益者の法定相続人とし、その具体的な財産の帰属先や帰属割合については、当該相続人全員の協議に委ねるものとする」とするケースも少なくありません。

なお、何らかの事情が発生したことにより、受益者たる老親と受託者たる子が信託契約を合意解約して信託契約を意図的に途中で終了させる可能性もあります。その場合に備え、「受益者の死亡以外の事由で信託契約が終了した場合は、信託終了時の受益者に帰属させる」旨の条項も置いておきましょう。受益者の存命中に信託が終了して、残余財産が受益者以外の者に帰属してしまいますと、生前における無償の財産の移動として、つまり“みなし贈与”として贈与税の課税対象になるので注意が必要です。

●帰属権利者の指定がないと信託法の規定に従う

残余財産の帰属権利者として指定された者が信託終了時点ですでに死亡している場合、残余財産の受取人の条項自体が無効となってしまいます。この場合、信託法182条（**図表3-33**）の規定に従い残余財産の受取人が決まることになりますが（**図表3-32**)、意図しない人物に残余財産が渡らないように、様々なケースを想定しながら遺言代用機能を効果的に活用したいものです。

図表3-32　残余財産の帰属先順位のまとめ（信託法182条）

第一順位	信託行為で定められた者（「残余財産の帰属権利者」など）
↓　第一順位の者が不存在または権利放棄した場合	
第二順位	委託者またはその相続人その他の一般承継人
↓　承継人の不存在や権利放棄により決まらない場合	
第三順位	清算受託者

図表3-33　信託法182,183条

（残余財産の帰属）

第百八十二条　残余財産は、次に掲げる者に帰属する。

一　信託行為において残余財産の給付を内容とする受益債権に係る受益者（次項において「残余財産受益者」という。）となるべき者として指定された者

二　信託行為において残余財産の帰属すべき者（以下この節において「帰属権利者」という。）となるべき者として指定された者

2　信託行為に残余財産受益者若しくは帰属権利者（以下この項において「残余財産受益者等」と総称する。）の指定に関する定めがない場合又は信託行為の定めにより残余財産受益者等として指定を受けた者のすべてがその権利を放棄した場合には、信託行為に委託者又はその相続人その他の一般承継人を帰属権利者として指定する旨の定めがあったものとみなす。

3　前二項の規定により残余財産の帰属が定まらないときは、残余財産は、清算受託者に帰属する。

（帰属権利者）

第百八十三条　信託行為の定めにより帰属権利者となるべき者として指定された者は、当然に残余財産の給付をすべき債務に係る債権を取得する。ただし、信託行為に別段の定めがあるときは、その定めるところによる。

2　第八十八条第二項の規定は、前項に規定する帰属権利者となるべき者として指定された者について準用する。

3　信託行為の定めにより帰属権利者となった者は、受託者に対し、その権利を放棄する旨の意思表示をすることができる。ただし、信託行為の定めにより帰属権利者となった者が信託行為の当事者である場合は、この限りでない。

4　前項本文に規定する帰属権利者となった者は、同項の規定による意思表示をしたときは、当初から帰属権利者としての権利を取得していなかったものとみなす。ただし、第三者の権利を害することはできない。

5　第百条及び第百二条の規定は、帰属権利者が有する債権で残余財産の給付をすべき債務に係るものについて準用する。

6　帰属権利者は、信託の清算中は、受益者とみなす。

Q42 信託終了時に残った受託者借入の債務に関する不動産の抵当権はどうなりますか？

生前の財産管理と相続税対策（認知症発症後も成年後見制度を使わずに相続税対策を遂行すること）を目的とした信託では、委託者兼受益者である親が死亡すると信託契約が終了し、その法定相続人たる子が信託終了時の残余財産を引き継ぐケースが最も一般的です。

このようなケースでは、相続税対策の一環として受託者が信託財産となる土地・建物の購入・建設・建替えにあたり、受託者借入（信託契約書に定められた権限に基づき、受託者が信託財産の維持・形成のために信託財産責任負担債務として金融機関から借り入れること。「信託内融資」ともいう）を行うことがあります。

この場合、親が死亡して信託契約が終了した時点では、受託者借入としての不動産担保ローンが残ることが多いですが、この場合の取扱いについて説明します。

●抵当権の債務者を受託者から帰属権利者へ変更する

受託者が借入れをして、信託財産として購入・建設した不動産の登記簿には、甲区（所有者欄）には受託者の住所氏名が記載されるという信託登記が入ります。それと同時に、乙区にも（根）抵当権が設定されます（通常の住宅ローンで自宅を購入するときと同じイメージ）。この（根）抵当権の債務者欄には、受託者個人の名前が記載されます（登記システム上「受託者」という肩書を入れられないため）。しかし、実態は受託者としての借入れのため、親の死亡による信託終了時に清算受託者が当該債務を一括弁済したうえで、プラスの財産たる不動産を残余財産の帰属権利者に引き渡すのが信託法における原則的な取扱いです（Q40参照）。

ただ実際は、ローンを一括返済できるとは限らないので、信託終了後は、残余財産の帰属権利者が不動産を承継すると同時に、債権者の同意を得て当該不動産担保ローンも引き継ぐことになります。この場合、(根)抵当権の債務者を「受託者」から「帰属権利者」に変更する旨の免責的債務引受契約とそれに基づく登記（担保権の債務者変更）をする必要があります。

たとえば長男Aがした受託者借入は、実質的には受益者（親）の相続債務として取り扱われますが、帰属権利者（たとえば二男B）がその債務および担保不動産を引き継ぐことに債権者が承諾をすれば、親の法定相続人全員の協力は不要となります（**図表3-34**)。ただ、債権者が金融機関として、法定相続人全員にも帰属権利者たる二男Bが当該債務を免責的に引き受けることへの同意を求めてくることも考えられます。

図表3-34　委託者兼受益者の死亡による信託終了時の担保権の変更手続き

（前提）受託者：長男A　不動産および債務の承継者：二男B の場合
抵当権の場合：抵当権の債務者変更（二男Bによる免責的債務引受）※
根抵当権の場合： ①根抵当権の債務者変更（長男A⇒二男B）※ ②根抵当権の債権の範囲の変更 「年月日信託契約に基づく信託財産責任負担債務の免責的債務引受（旧債務者 長男A）にかかる債権」を追加（法務局との事前協議が必要）
(※)受託者たる長男Aがそのまま帰属権利者として不動産および債務を引き継ぐ場合、債権者との間で免責的債務引受契約はするが、担保権の債務者は既に「債務者 長男A」と記載されているので、債務者変更登記は不要か（法務局との事前協議が必要）。

6．家族信託と他の施策・制度との比較

Q43 「家族信託」は「遺言」と何が違うのですか？

「家族信託」と「遺言」の違いについて説明するには、家族信託を2つの形態に分けて比較する必要があります。

●典型的な「契約信託」とあまり利用されない「遺言信託」

家族信託の２つの形態のうちの１つは、財産を持つ親（委託者）と管理を担う子（受託者）との間で信託契約を交わす、いわゆる「契約信託」です。これは、老親の認知症対策として生前の財産管理を主たる目的として実行するもので、家族信託の最も典型的な活用形態です。

もう一つは、「遺言」の中で家族信託を設定するという「遺言信託」という形態です（これは信託法３条２号を根拠とする法律用語としてのもので、信託銀行が提供するいわゆる“遺言信託サービス”とは全く異なるもの）。相続発生により遺言が発効するので、それと同時に信託も発効し、遺産の受取人（たとえば、認知症発症リスクのある高齢の配偶者や障害を持つ子、浪費家の子）のために財産管理を担うことを主たる目的とします。

以上のように、家族信託には理論上、「契約信託」と「遺言信託」の２つの形態があるので、民法が規定する通常の「遺言」との比較においては、これら三者で比較するのが最も適切と思われます（**図表3-35**）。そして、その比較は、親本人の存命中と親の相続後の場面に分けて考えていきましょう。

図表3-35

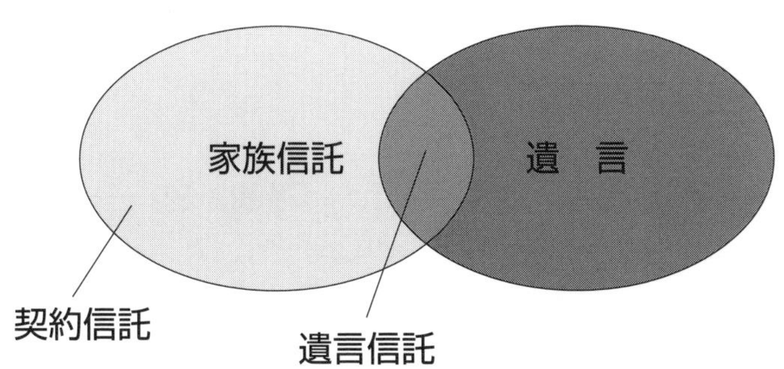

●親の老後に備えるなら「家族信託」

まず、親が存命中における、「契約信託」と「遺言信託」と「遺言」

との比較ですが、この三者の違いは単純明快です。

老親の生前から財産管理を担うのが「契約信託」であるのに対し、「遺言信託」も「遺言」も生前中はまだ効力が生じません。つまり、親の老後において、老親が将来自分で財産の管理や処分ができなくなるリスクに備える必要性があるのかどうかが、「契約信託」を活用すべきかどうかの重要なポイントです。

たとえば、老親が認知症になり判断能力に著しい低下がみられると、老親自らの判断で不動産を売ったり、多額の預金を下ろしたりすることができなくなります。もし特段の備えをしておかなければ、必要な時期に成年後見制度を使うしかありません。「遺言信託」も「遺言」も生前の財産管理や認知症対策には何ら役に立ちません。

成年後見制度を利用することによるランニングコスト（経済的負担）、後見人となった家族が負う帳簿作成義務や後見監督人等への定期報告義務（事務的負担）という長期にわたる大きな負担を回避するために、成年後見制度に代わる老親を支える仕組みを作りたいのであれば、家族信託の中の「契約信託」を実行すべきです。

まずは、親の老後をどう支えるか、親の老後における希望やリスクは何か、それを受けて家族がどう備えるか、などについて親が元気なうちに専門家を交えた「家族会議」でよく話し合うことにより、「契約信託」の必要性について家族全員が納得できる結論を出すのが理想的です。

●資産承継者の支援には「契約信託」か「遺言信託」

「契約信託」「遺言信託」「遺言」のいずれも、親の相続発生時においては、遺産の受取人（資産承継者）の指定ができるという意味で共通していますが（**図表3-36**の（ｂ）欄参照）、資産承継者にどのように遺すかにより採用すべき方策が異なります。

まず、「遺言」「遺言信託」は、ともに遺言者たる親の死亡により効力が生じますが、「遺言」は、自分の死後に財産を渡す相手の指定までしかできないため、財産をもらった相続人・受遺者は、良くも悪くも自らが所有者として財産を管理する必要があります。一方の「遺言信託」は、単に財産を渡すのではなく、財産管理の仕組みごと相続人・受遺者に遺してあげるイメージです。

「契約信託」のうち、委託者たる親の死亡により信託契約が終了する設計、いわゆる“一代限りの信託”の場合は、親の死後の財産の承継者指定という役割を果たしますが、信託契約は終了するのでまさに「遺言」と同様の効果・役割をして終わりになります。「契約信託」のうち、委託者たる親が死亡しても信託が継続する設計、いわゆる“受益者連続型信託”の場合は、「遺言信託」と同様、遺産の受取人のために財産管理を担うという役割を果たすことができます。

以上のことを下表にまとめてみました。

図表3-36　父親の老後と相続を遺言や家族信託で備える場合

	遺言	家族信託		
		遺言信託	契約信託	
			一代限り	受益者連続型
（a）父親の老後の財産管理	×	×	○	○
（b）父親の死後の財産承継者（母親）の指定	○	○	○	○
（c）財産承継者（母親）のための財産管理＋２次相続以降（母親の死亡後）の財産承継者の指定	×	○	×	○

「○」：効果的に活用し得る　「×」：活用することができない

これまでの比較を具体的な事例で考えてみましょう。

財産を持つ高齢の父親の老後と相続をどのように乗り切るかについては、父親自身が一人で考えるのではなく、「家族会議」（配偶者や子を交えた家族全員で話し合う場）でこの分野に精通した法律専門職を交えて話し合うことがとても大切です。

話し合いの結果、老後の財産管理・処分に特段の備えが必要ない方であり、なおかつ財産を遺す相手に財産管理の仕組みが必要のない方（たとえば父親の法定相続人が元気な子世代だけである場合）や２次相続以降の資産承継者まで指定しておく必要のない方には、通常の「遺言」を作るかどうか検討するだけで十分かもしれません。

一方、老後の財産管理・処分に対策を講じる必要がある方は、まず「契約信託」の導入を検討すべきです。そして、財産を遺す相手（資産承継者）に財産管理の仕組みが必要のない方は、「“一代限り”の契約信託」を検討すれば十分でしょう。反対に、財産を遺す相手に財産管理の仕組みが必要な方（認知症発症リスクのある高齢の配偶者がいるケース、障害のある子や浪費癖のある子がいるケース）や２次相続以降の資産承継者まで指定したい方（後妻に財産は遺すが、後妻が亡くなったらその財産は前妻の子に渡してあげたいケースなど）は、「受益者連続型の契約信託」で備えることが良策となります。

Q44 「成年後見制度」と「家族信託」はどう違いますか？

成年後見制度（注）は、高齢者や障害者等判断能力が万全でない人に代わり法律行為を行い、また財産を管理するという制度のため、「本人の財産を管理する」という点では、家族信託と同じ機能を持っています。ただし、その活用については両者の違いを見極め、明確に使い分ける必要があります（**図表3-37**）。

（注）成年後見制度には、「法定後見」と「任意後見」とがあります。法定後見は、すでに判断能力が万全ではなくなった人が利用する仕組みで、候補者を立てることはできますが、最終的に誰を後見人にするかは家庭裁判所が決定します。原則として推定相続人から反対意見が出ると、親族の候補者は就任できなくなります。一方、将来に備えて元気なうちから託したい相手と契約をしておくのが任意後見です。公正証書での作成が必要という厳格さが求められる反面、託したい相手がほぼ確実に就任できるというメリットがあります。

●後見制度は行為の制約と定期報告義務がある

成年後見人は、家庭裁判所（後見監督人が就けば後見監督人）に定期的に報告しなければなりません。特に監督人が就いた場合は、３～６ヵ月に１度のペースで報告するという負担が親族後見人にかかります。

また成年後見人は、被後見人にとって最善の財産の管理・処分をすべき立場にあるため、被後見人にとって必要性やメリットのない行為をすることはできません。たとえば、被後見人の資産である自宅や賃貸アパートを建替えや売却するには合理的な理由が必要です。

在宅介護をしやすいように、バリアフリー住宅にリフォームしたり、建て替えたりすることは、合理的に説明がつくので可能ですが、高齢の被後見人の預金を元手に賃貸アパートを建て替えることは、後々問題となる可能性もあり、実務上困難です。成年後見制度の下では堅実・明朗な財産管理が期待できる半面、本人が元気なときに望んでいたことや家族が望んでいることが、必ずしも実行できるとは限りません。

●家族信託は本人の判断能力の低下に影響を受けない

一方、家族信託は、当事者の自由な契約で完結できるため、裁判所等の公的な機関への報告義務はありません（税務申告は除く）。元気なときに明確な意思をもって契約で託しておくため、正常な判断や意思表示が難しくなっても、元気なときの意思・希望に基づいて受託者は信託事務を遂行することができます。これは、信託の持つ「意思凍結機能」と呼ばれるもので、委託者の“想い”は、契約の時点で受託者に託され、その後長期にわたる受益者（兼委託者）が望む財産管理・処分を実行できるのです。

前述の例では、元気なときに賃貸アパートの建替えを含む財産管理を託されていれば、受託者は、その責任と判断において、本人が元気でなくなった後のタイミングでも、本人から託された資産を使って建て替えることが可能となります。

図表3-37　成年後見制度と家族信託の比較

	成年後見制度		信託受託者
	法定後見人	任意後見人	
①権限	・財産管理 ・法律行為の代理 （同意・取消） ・身上監護	・財産管理 ・法律行為の代理 （※同意・取消の権限はない） ・身上監護	信託財産の管理・処分
②財産の積極的処分・運用の可否	財産を維持しながら本人のためにのみ支出することが求められる（扶養義務に基づく親族への支出は可）。積極的な運用や合理的理由のない換価処分、本人財産の減少となる行為（生前贈与）等は不可。	同左	受託者の責任と判断において、受益者のために信託目的の範囲内で自由な処分・運用が可能。
③不動産の処分（売却、建替え等）の可否	居住用財産は、家庭裁判所の許可が必要なので、処分のための合理的理由が求められる。	原則として、家庭裁判所も任意後見監督人の同意も不要。ただし、上記②の処分・運用の考え方は適用されるので、合理的理由のない処分は事後的に問題になり得る。	受託者が与えられた権限に基づき自由に処分できる。
④訪問販売やテレビ通販など判断能力低下に伴う不要な買い物	被後見人本人が交わした契約を法定後見人が取消し（取消権の行使）、買い物をなかったことにできる。	任意後見人に「取消権」はないので、契約を取り消せない。	受託者に「取消権」はないが、信託財産は、委託者本人の財産とは分離され受託者が管理するので、被害の発生を最小限にできる。
⑤本人死亡後の遺産相続手続き	被後見人本人の死亡により後見業務が終了するので、相続人または受遺者に相続財産を引継ぐのみで、死後事務や遺言執行・遺産整理は後見人の業務権限の範囲外となる。	同左	預貯金口座の凍結を回避でき、委託者兼受益者本人が死亡しても信託が終了しない設計にすれば、名義変更等の遺産相続手続きの手間が省け、引き続き受託者の管理下でスムーズな資産承継が可能。
⑥監督機関	家庭裁判所または後見監督人による監督を受ける（報告義務あり）。	必ず就任する任意後見監督人により監督を受ける（報告義務あり）。	必須の監督機関はないが、信託監督人等の監督機関を任意に設定することが可能。

Q45 「成年後見制度」と「家族信託」の費用はどう違いますか？

老親を支える仕組みとしてよく比較される成年後見制度と家族信託について、「導入時に必要なコスト」と「ランニングコスト」という２つの観点からその費用について比較します。

●成年後見は法定後見と任意後見に分かれる

成年後見制度の導入にかかる費用については、「法定後見」と「任意後見」に分けて考える必要があります。

法定後見の場合、すでに本人の判断能力が低下・喪失している場合に利用する仕組みですので、導入費用は家庭裁判所への後見人選任申立ての費用となります。この手続きを本人や家族で行う場合は、裁判所に納付する印紙代金１万円弱で済みます（裁判所の判断により医師の鑑定が実施される場合は、担当医に支払う鑑定料が金５～10万円程度発生する）。しかし、集める必要書類や記入する書類が多いので、司法書士・弁護士等の専門職に申立て手続きを依頼する方も多いです。この場合は、前述の実費以外に専門職への報酬が金10～15万円前後かかります。

任意後見の場合は、将来に備え本人が元気なうちに、老後を託したい相手との間で任意後見契約を公正証書で取り交わす必要があります。この作成費用に関し、公証役場に支払う手数料等の実費が金３～４万円となります。この契約書作成事務を司法書士等の法律専門職に依頼する場合は、金10～15万円程度の報酬がかかります。

そして、将来において、本人の判断能力が低下・喪失して、任意後見契約を発効させる必要性が出てきた際には、任意後見を発動するための申立て（任意後見監督人選任申立て）を法定後見と同様に家庭裁判所にすることになります。この場合の費用は、前述の法定後見の実費と報酬と同じイメージになります。

●家族信託は導入時に大きなコストがかかる

家族信託を導入する場合、まず、公証役場で信託契約公正証書を作成する手数料が発生します。これは、受託者に管理を託す信託財産の評価額により変動します。自宅と預金合わせて数千万円の信託財産なら金3～4万円前後、1億円を超える信託財産となれば金10万円超というイメージとなります。

また、信託財産に不動産がある場合は、不動産登記簿に受託者の名前を掲載する「信託登記」を行う必要があるので、この登記手続きの際に収める登録免許税が不動産の固定資産税評価額の0.4％（土地は現時点で軽減措置により0.3％）かかります。

なお、家族信託に精通した法律専門職に依頼しないで信託契約公正証書を作成することは、後々、様々な法律的・税務的トラブルを起こしかねないため絶対に避けるべきです。家族会議の中で老親を支える仕組みの検討から始まり、家族信託の設計をし、それをもとに信託契約書作成のコンサルティングを法律専門職に依頼する場合、かなりの業務ボリュームが発生するので、信託財産の大きさに応じて数十万円以上のコンサルティング報酬がかかります。また、信託登記も司法書士に依頼すれば10万円単位の報酬がかかると思われます。

以上をまとめると、信託財産として何を託すかにもよるので、かなり大雑把なイメージですが、信託契約で管理を託す財産の評価額（不動産は固定資産税評価額）の1.2～2％が家族信託導入にかかる総コストとご案内することが多いです。

●法定後見は家庭裁判所が毎年の報酬額を決定する

次にランニングコストの比較ですが、法定後見の場合は、親族後見人でも職業後見人でも（注1）、自分たちで報酬額を決めることはできず、後見人が家庭裁判所に「報酬付与審判の申立て」をし、家庭裁判所が後見人報酬を決定します（報酬は本人の財産から後見人が受け取る）。

法定後見人の報酬は、原則として１年間の後見人の職務内容、被後見人の年間収支・保有財産等をもとに金額が算定され、月額で２～６万円程度というのが通常の相場になります。１年の間に後見人として不動産売却や遺産分割協議に参加するなど、被後見人の金融資産の増額に関与した場合には付加報酬を求めることも可能となるので、その年の後見人報酬が100万円近くになることもあります。

本人を支える家族・親族がいれば、その方が後見人に就任するのが理想的です。親族後見人でも報酬付与審判の申立てをすれば報酬をもらうことが可能ですが、報酬付与審判を申し立てない方も多いです。なお、ここで留意が必要なのは、親族後見人が報酬付与の申立てをしなければ、法定後見に関するランニングコストは発生しないと思っている方が多いことです。しかし、本人が一定規模以上の金融資産を保有している場合は、弁護士・司法書士等が「後見監督人」に選任されるケースが多く（注2）、被後見人の財産から毎月金１～２万円の後見監督人報酬は本人が亡くなるまで発生し続ける可能性があります。つまり、ランニングコストを抑えるべく家族・親族が老親の後見人になったとしても、年間12～24万円程度、後見制度を利用後10年間長生きしてもらえると総額で120～240万円くらいの費用の発生を見込むことが必要です。

（注１）本人を支える家族・親族が後見人になる場合を「親族後見人」といい、司法書士や弁護士等の専門家がご家族に代わって後見人に就任するケースを「職業後見人」という。

（注２）被後見人本人に不動産が少なく、資産の大半を預貯金が占める場合は、後見監督人を選任する代わりに「後見制度支援信託」「後見制度支援預金」を導入するケースが増えている。これは、被後見人の財産のうち、日常生活に必要不可欠と思われる金銭を後見人の手元に残し、通常使用しない残りの余剰金銭を信託銀行や地銀、信金等に金銭信託する仕組み。この金銭信託は、後見人が勝手に下ろすことはできず、信託財産を払い戻したいときは何のためにいくら必要かをあらかじめ家庭裁判所に申請し、家庭裁判所が出す「指示書」によってはじめて信託銀行等から下ろせるような仕組みとなっている（その代わり後見監督人が就かずに済む）。なお、この仕組みは成年後見および未成

年後見にのみ利用でき、保佐、補助および任意後見で利用することはできない。

●任意後見は自由報酬だが任意後見監督人が必置

任意後見の場合、任意後見人への報酬は任意後見契約の中で定めますので、家庭裁判所が報酬金額について介入することは原則ありません。一方で、任意後見は必ず「任意後見監督人」(通常は弁護士・司法書士等)が就任するので、任意後見契約において任意後見人は無報酬と定めても、任意後見監督人報酬というランニングコストは必ず発生します。

もし任意後見人も法律専門職に依頼した場合は、任意後見人報酬が月額金３～５万円程度、裁判所が決める任意後見監督人報酬は月額金１～２万円程度、合計で月額金４～７万円の費用を見込む必要があります。

●家族信託なら想定外の費用は発生しない

一方の家族信託の場合、信託業法の規制があり、法律専門職等が家族信託の受託者になることはできず、原則として家族・親族が受託者になります。したがって、信託契約を締結して受託者による財産管理がスタートした後は、原則ランニングコストを想定する必要がありません。

信託契約書の条項に基づいて、受託者に「信託報酬」を支払う場合もありますが、これは身内である受託者にあえて金銭を渡しているのであり、一般的には必要不可欠な費用とはいえません。受託者に対する監督指導役として、また相談相手として、家族・親族以外の法律専門職などを「信託監督人」として置かない限り、外部に支払うランニングコストは原則発生しません。

以上を踏まえると、「家族信託は費用が高い」という誤解をされがちですが、実はそうでもありません。後見制度は“一代限り”(たとえば父親の亡くなるまで)の本人サポートの仕組みですが、家族信託では、たとえば父親と母親の２人の生涯を支える仕組み、あるいは両親を看取った後の遺族(たとえば、障害のある子や浪費癖のある子)のための財産管理・生活サポートの仕組みとしても使えます。

したがって、数十年単位あるいはそれ以上の期間、あるいは世代を超えた長期的な視点・大局的な視点からみれば、家族信託に関する費用の方が「見える化」ができ、かつ経済的な負担（総支出）も抑えられる可能性はかなり高いといえるでしょう。

Q46 「家族信託」と「信託銀行業務」との違いは何ですか？

「家族信託」「民事信託」という言葉は、最近でこそ世間で徐々に認知されつつありますが、それでも、「信託は信託銀行の業務では…」と誤解している人が少なからずいるようです。結論から先にいうと、家族信託は信託銀行の業務とは全く関係ありません。むしろ、信託銀行ができないことでも家族信託なら実現できるといえます。

●信託銀行は「金銭信託業務」と「遺言信託業務」が主力

一般の方が誤解や間違った先入観を持つ原因の一つに、信託銀行の主力商品である「投資信託」や「金銭信託」、「遺言信託」のイメージが強く影響していると思われます。つまり、「信託」という言葉がつくからには、その本家本元が「信託銀行」であるという誤解が生じているのです。したがって、まずは、信託銀行の業務、言い換えると信託銀行の主力商品（金融サービス）についての理解が必要です。

信託銀行の代表的な金融サービスとして、「金銭信託（業務）」と「遺言信託（業務）」の２つが挙げられます。まず、「金銭信託業務」と「家族信託」の仕組みについて比較します。

「金銭信託業務」は、信託銀行の本来的業務の一つで、信託業法に基づき金融庁の許可を得て信託業務（顧客の金銭について報酬を得て管理・運用する業務）を行うものです。そのなかには、教育資金贈与信託や特定贈与信託など、信託銀行等が関与する場合に限って税務上の特例・軽減措置が認められている商品もあり、資産運用・資産活用の場面では広く活用されています。

ただし、バブル期における土地信託（信託銀行が複数の所有者から土地を信託で預かり、資金力を生かして大規模開発し、その土地の資産価値を増大させる手法）をイメージする方もいますが、今日の信託銀行は、原則として個人が所有する不動産を預かることはしません。

●「金銭信託」は金融商品であり認知症対策にならない

「金銭信託業務」は、あくまで金融資産についての運用手段の一つであって、原則として、自分が預けた資金（元本）や配当（運用益）を定期的あるいは不定期に自分や相続人が受け取る金融商品になります。したがって、家族信託や成年後見制度と違って、この金銭信託を実行しただけでは、認知症発症後でも老親が安心して生活できるような仕組みを構築できる訳ではありません。むしろ、老親の判断能力が喪失してしまえば、金銭信託の解約・払戻しを受けることができなくなります。

また、前述の通り、信託銀行は個人が保有する不動産を預からないので、老親の保有資産における不動産の占める割合が高い日本においては、金銭管理だけの対策では老後が安心とはいえません。

結論として、信託銀行の「金銭信託業務」は、老親の財産管理・認知症による資産凍結対策には不十分なため、家族信託等の他の仕組みを代替・併用することも視野に入れて「家族会議」で検討する必要があります。

●「遺言信託」は単に遺言執行を託すサービス

次に、もう一つの信託銀行の主力サービスである「遺言信託業務」と家族信託の仕組みについて比較してみましょう。

「遺言信託業務」は、銀行員が相続税対策などを踏まえた遺言公正証書の作成サポートをし、将来の相続発生時には、信託銀行がその遺言の遺言執行者として遺言内容に基づいた遺産の分配・相続手続きを行うというサービスです。このサービスは、いわば「遺言書信託」というべきものであり、「遺言公正証書作成サポート業務＋遺言公正証書の保管業務＋遺言執行業務」という３つのサービスがセットになった商品の俗称です。

「信託」という言葉が入っていますが、法律的な意味での「信託」は一切関係ありません。なお、当然のことですが、「遺言執行業務」は遺言が効力を生じた後に信託銀行が行う業務であり、老親が生きている間の生活サポートとして活用できる仕組みではありません。

●遺言執行者には誰でもなれる

信託銀行が「遺言信託業務」としてやるべき内容は、通常、弁護士・司法書士等の法律専門職が行っている遺言執行業務の内容とほぼ同じですが、法律専門職の遺言執行と根本的・決定的に異なる点があります。

それは、信託銀行は金融機関であるがゆえ、法的トラブルに巻き込まれることを最大のリスクと捉え、相続人間ですでに遺産争いが始まっているケースや遺留分侵害で紛争が起きそうなケースでは、信託銀行が遺言執行者になることを辞退する可能性があるという点です（そもそも、遺言者本人が切望しても、信託銀行は遺留分に抵触する遺言を作成することを許さないという制約を設けている）。

一方、法律専門職が遺言執行者になる場合は、遺言内容に納得をしない法定相続人がいようが、遺留分を侵害した遺言内容であろうが、遺言執行者として遺言内容を粛々と実現するべく業務を遂行することになります。

一般的にあまり知られていませんが、遺言執行者自体は法律専門職や信託銀行に限らず、原則誰でもなることができます。遺言書の中で相続人の一人を遺言執行者に指定しておけば、高額な遺言執行報酬を支払うことなく遺産の分配を実現することができるのです。

つまり、円満とはいえない家族・親族関係だからこそ、外部の専門家に遺言執行を依頼したいというニーズも多い中で、円満な家族・親族関係を前提としなければ遺言執行者に就任できないという金融機関としての性質上、遺言者およびその家族のニーズに応え得るものかどうか疑問の残るところです。

●遺言の作成よりも先にすべきことがある

老親自身が"老い支度"・"終活"について検討を始めると、自分の老後のことから考えるのではなく、自分亡き後の財産承継を念頭に遺言を書くことから始めようとする傾向があります。

遺言は単独でできますから、配偶者や子などの家族に相談せず、信託銀行や法律専門職との打合せの中で遺言書を作成するケースがほとんどでした。そして、家族は資産承継における当事者（遺産を引き継ぐ張本人）でありながら、遺言の内容も、保有資産すら明かされず、相続発生した後に初めて家族に知らされることが普通に行われていました。

そもそも、遺言の作成だけで本人の"想い"や家族の希望が叶えられるのか、という点を十分に検討しなければなりません。そのうえで、自分の亡き後のことを遺言で決めておくだけではなく、老後の財産管理や生活サポートについて万全に備えたいという希望があれば、生前の財産管理の機能として家族信託や任意後見を検討する必要が出てきます。

また、家族信託を活用して生前の財産管理をする場合、合わせて家族信託の仕組みに遺言の機能も持たせられるので、信託契約で決めておくことと遺言で決めておくことの使い分けも検討しなければなりません。

以上を踏まえると、親の老後や相続に備えるためには、信託銀行に相談して遺言信託サービスの利用を検討するのではなく、まずは、親世代だけではなく、親を支える子世代も交えた「家族会議」を開くべきという結論になります。家族会議のなかで、家族信託等の老後の財産管理・資産承継に精通した専門家に同席してもらい、これからの老親の生活を誰が主体となって支えるか、そしてその先にある親が亡くなった後の資産承継はどうするのか、さらにはその資産承継の具体的な手続きは誰が主体となって実行するのか等について、しっかりと話し合うべきでしょう。

Q47 「民事信託（家族信託）」と「商事信託」とはどう使い分けますか？

長期にわたり安心できる財産管理・資産承継の仕組みを構築するにあたり、家族に資産を託す「家族信託（民事信託）」と信託銀行や信託会社に資産を託す「商事信託」をどう使い分けるのか、というのは非常に重要なポイントです。そのためには、まず両者の定義やメリット・デメリット等をきちんと把握する必要があります（**図表3-38**）。

図表3-38　民事信託と商事信託の違い

	民事信託（家族信託）	商事信託
定義	金融庁の許可を持たない受託者（個人または法人）に託す信託の形（主に家族・親族が受託者となる）	金融庁の許可を受けた受託者（信託銀行・信託会社）に託す信託の形
規制	特になし（信託法・民法・公序良俗等に違反しなければＯＫ）	信託業法の規制対象
信託報酬の有無	どちらでも可（ただし報酬をもらう場合は、信託行為に定める必要あり）	必ず発生
メリット	・原則として制約がないので、ニーズに即した自由な財産管理・資産承継の設計が可能 ・託せる財産が多様で不動産や未上場株式も可能 ・ランニングコストを抑えられる	・受託者のなり手を探す心配がない ・受託者の不正・暴走等の心配が少ない ・客観的な立場から長期的に安定した財産の管理や給付が見込める ・財産管理を担う家族等の手間と負担が軽減できる
デメリット	・受託者のなり手の確保が難しい ・受託者となった家族に長期にわたる財産管理の負担がかかる ・受託者の不正・暴走のリスクとそれを防ぐ工夫が求められる ・受託者交代時の手続き等の手間がかかる	・託せる財産が限られる（地方の不動産や未上場株式等は託せない場合が多い） ・信託財産の柔軟な処分や組換えが難しい ・費用（設定時の費用およびランニングコスト）がかさむ ・窓口となる担当者が転勤・退社して一貫した相談がしにくい可能性がある

この表を元に、もう少し詳しく比較してみましょう。

1．家族信託と商事信託の違い

①信託できる財産の範囲の違い

<家族信託>

不動産（自宅や収益性の低い遊休不動産を含む）・現金・未上場株式を中心にある程度柔軟に対応できます。また証券会社では、上場株式・国債・投資信託等の有価証券類を信託財産に入れた場合の対応も始まっています。

<商事信託>

信託銀行は原則として不動産を信託財産として預からないため、信託銀行に託す財産は現金が中心です（金銭信託）。信託会社は、現金以外の財産にも対応できますが、自宅や地方の不動産を預かる会社は多くありません。特に次のア．イ．は注意が必要です。

ア．自宅不動産…原則不可。ある程度賃料収入の上がる収益物件に限定されます。

イ．未上場株…原則不可。

※りそな銀行は「自社株承継信託」という信託商品を用意しているので、何らかの理由により家族信託で対応しにくい場合は、未上場株式でも商事信託を活用することは可能。

②受託者の権限の違い

<家族信託>

信託行為（契約・遺言など）により自由に受託者の権限を指定できます。あえて権限を制限することも可能ですし、あらゆる事態を想定して考えられる権限をすべて付与しておくケースも多いです。

<商事信託>

受託者の権限は金融庁の免許の種類により決まっています。

・管理型信託：お客様（指図権者）の指図が必要…権限が狭い

・運用型信託：受託者の裁量で資産の運用・処分が可能…権限が広い

③信託を活用した仕組み自体への制約

<家族信託>

特段の制限はないので、受益者連続型や遺留分を抵触するような設計も可能です（遺留分対策や家族間への説明など、後々のトラブルを防ぐ手立ては当然必要）。

<商事信託>

遺留分を侵害するおそれのある設計、倫理観に反するような設計（たとえば、愛人への遺贈目的の信託など）は原則としてできません。

④資金調達（受託者借入）のしやすさ

<家族信託>

家族信託に対する金融実務の対応が遅れているので、信託内融資について金融機関の審査手続きが難航することが多々あります。少なくとも、金融機関から融資を受けやすくなるような家族信託の設計や契約条項への配慮・工夫が大切です。

<商事信託>

信託内融資については、受託者たる信託銀行・信託会社が債務者となるため比較的スムーズにできます（連帯保証人も不要な場合が多い）。

※債務控除の可否…商事信託も家族信託も受託者借入の債務は、委託者兼受益者の死亡時に遺産から債務控除できます。ただし、家族信託の場合は、融資する金融機関との金銭消費貸借契約の内容について一定の配慮が必要です（融資する金融機関においては、債務が受益者に帰属するが、融資は便宜上受託者にしているという理解・認識が必須）。

⑤争族のリスク

<家族信託>

信託契約に遺言代用の機能を持たせることで、相続発生後の遺産争いを防ぐ効果が見込めます。その一方で、信託契約における遺言代用の内容を委託者以外の者が悪意をもって改変することも可能となります。たとえば、委託者兼受益者である父親の死亡後、第二受益者の母親と受託者（長男）が結託すれば、信託契約の内容を変更したり、信託契約自体を終了したりすることで、長男に利益誘導することも理論上可能になり、委託者が希望した受益者連続による資産承継の流れが実行できなくなるおそれがあります。

これについては、契約内容の変更や契約解除（解約）の禁止、信託監督人を設置しその同意を得なければ契約を変更・解約できないように設定するなど、委託者の希望が長期にわたりきちんと実行されているか見届ける仕組みづくりが必要です。

また、受託者として管理処分権限を持つ子（たとえば長男）と信託の当事者でない他の子（たとえば二男や長女）との間で財産の管理処分方針について確執が生じるおそれもあります。これを防ぐ手立てとしては、信託の設計段階において家族全体で話し合いの場を設け、家族信託の仕組みの理解やその必要性、親の“想い”を共有するという作業が重要となります。

＜商事信託＞

客観的な立場から委託者の“想い”をくんだ財産管理を実行できるので、親族間でのトラブルを排除・遮断できる可能性があります。ただ、むしろ設計段階から遺留分を侵害することが分かっている場合や複雑な受益者連続型などの設計については、受託しない可能性もあるので注意が必要です。

2．商事信託のメリット

次にこれらの比較を踏まえて、商事信託（主に信託会社を想定）におけるメリットを紹介します。

①家族信託における受託者のなり手の問題を解消できる

財産管理を信じて託すべき家族・親族が近くにいない場合には、商事信託に依頼するのも安全確実な選択肢になります。

②財産管理の負担を軽減できる

不動産の賃貸経営の手間（賃料管理、収支の計算、建物の維持・修繕、固定資産税の納税、入居率の維持・向上）を簡素化できます。

③長期にわたる確実性

客観的な立場から委託者の“想い”に基づく財産管理と資産承継を長期にわたり実現できます。

④相続税対策としての借入れがスムーズかつ連帯保証人が不要

日本国籍を持たず融資を受け難い人でも、商事信託なら対応可能です。また、嫁いだ一人娘を連帯保証人にすることは嫁ぎ先との関係で難しいケースもありますが、商事信託における借入れには連帯保証人が不要なため、相続税対策がスムーズに実行できることもあります。

⑤相続発生時の債務付資産承継への心理的ハードル

通常の相続や家族信託の場合では、たとえば、アパートローンの債務が残ったままの賃貸物件を、親の死亡により嫁いだ一人娘に相続させることは、嫁ぎ先との関係で敬遠されることがあります。また、銀行と債務引受契約等の手続きを一人娘がしなければなりません。商事信託なら、実質的には資産も負債も承継することになりますが、煩わしい手続きは商事信託の仕組みの中で処理が可能です。

⑥スケールメリットを生かした賃貸物件の管理

信託会社が預かるのは原則賃貸物件のため、多くの戸数をまとめて管理し、メンテナンスコスト（消耗品の仕入費や修繕費など）の削減や入居率アップを図れる可能性もあります。

⑦特定贈与信託の活用

特定障害者（重度の心身障害者、中軽度の知的障害者および障害等級２級または３級の精神障害者等）の生活の安定を図ることを目的に、その親族等が金銭等の財産を信託銀行等に信託し、特定障害者の生活費や医療費として定期的に金銭を交付する仕組みとして「特定贈与信託」があります。

この制度を利用すると、特別障害者（重度の心身障害者）については6,000万円、特別障害者以外の特定障害者（中軽度の知的障害者および障害等級２級または３級の精神障害者等）については3,000万円を限度として贈与税が非課税となります。この特定贈与信託を利用するには、商事信託しかできません（金銭は信託銀行、不動産は一部の信託会社だけが対応しているため確認が必要）。

３．商事信託のデメリット

①信託の業務執行の限界

管理型信託会社は、建築済みの賃貸物件の管理しかできないため、更地を信託して建物を建設することや不動産を買い換えることはできません。一方の運用型信託会社は、建物の建設等はできますが、柔軟な資産の組み換え等には限界があります。

したがって、信託の仕組みを活用してどのような財産管理を遂行し、どんな目的を叶えるかを明確にしたうえで、商事信託で対応可能かを見極める必要があります。

②受託できる財産が限られる

商事信託は、金融庁の厳格な監督下に置かれるため、信託財産として預かる財産にも制約が多くあります。たとえば、収益（賃料収入）を生まない自宅は商事信託では受託できないケースが多いです。自宅でなくても、物件所在地や現況、収益モデル次第では、審査が通らず受託してもらえないこともあり得ます（特に東京・大阪などの主要都市圏以外の物件は要注意）。

なお、耐震基準を満たしていない建物や接道していない底地の上に建っている再建築不可物件等についても同様です。また、未上場株を預かる商事信託も多くはありません。

③イニシャルコスト・ランニングコスト

必ず発生する信託報酬のコストをどうみるかという問題があります。

管理型信託は、管理会社に管理委託するのとほぼ同様の効果となりますので、「《親から子への家族信託》＋《受託者となる子から管理会社への管理委託》」という方法と商事信託とのコストの比較検討が必要です。

家族で賃貸経営ができる人にとっては、「家族信託」のみ実行し受託者が自主管理することで、コストを抑えることも可能です。

7．その他

Q48 信託なら贈与者が認知症でも贈与できますか？

高齢の親の認知症対策として家族信託の活用を検討している人から、「親の判断能力低下後も、子供や孫へ生前贈与することは可能ですか？」という質問をよく受けます。

一般の方はもちろん、法律専門職の方であっても、信託の仕組みを活用すれば、判断能力喪失後も受託者が親本人に代わり生前贈与を実行できるのではないか、と考える方がいますが、これは「信託」という仕組みを誤解・曲解しているといわざるを得ません。

●受託者が受益者に代わって贈与することはできない

もし仮に、受託者が信託財産を子や孫に贈与をすれば、後で利害関係人や税務当局から法的効力の無効（贈与の否認）や受託者の責任を追及されるリスクは高いといえます。その理由は次の①～③の通りです。

①本人に判断能力がなければ有効な贈与はできない

親の判断能力が著しく低下し、贈与をすることについての理解や意思表示ができないのであれば、そもそも法的に有効な法律行為ができませんから、当然「贈与」という行為もできません。信託実行後に親が贈与をするには、受託者に預けている信託金銭を受益者である親が一旦受託者から受け取り、それを親自らの意思で子や孫に贈与するという流れが必要です。

また、信託財産を使用収益したり信託財産から給付を受ける権利そのものたる「信託受益権」という財産を贈与することも、受益権の持ち主である親が判断能力を喪失すればできなくなります。

②受託者は原則として受益者にしか財産給付できない

受託者は、信託の目的に従い「受益者のため」に財産管理を行う義務を負っています。そのため、受託者が受益者以外の者（子や孫など）に直接金銭等を無償給付すること（＝信託財産を減らす行為）は、受託者の忠実義務・善管注意義務違反となるおそれがあります（注）。

ただし、その例外として、受益者の被扶養者に対し生活費・教育費等の実費を受託者が直接被扶養者に給付することが挙げられます。使途を限定せずに財産を給付する「贈与」はできませんが、受託者が受益者の扶養家族のために生活費等を給付することは、受託者が受益者の扶養義務の履行を代理しているに過ぎないので、法律上も税務上も問題はありません。

③受託者に贈与の包括的な権限を付与できない

受託者に贈与を受ける者（受贈者）の選定や贈与の額・時期等を包括的な裁量で託すことは、受託者が恣意的なタイミングで複数人に複数回、贈与を繰り返すことを可能にするため、一括贈与による贈与税課税を回避するために暦年贈与制度を悪用する租税回避行為と取られかねないリスクがあります。

（注）信託銀行に「暦年贈与信託」という商品がありますが、これは最初にまとまった金銭を信託財産として信託銀行に預けたうえで、毎年贈与者自身が信託銀行に書面で贈与の意思表示をします。贈与者が指定した金額に相当する受益権持分を受贈者に対して取得させたうえで、受益者となった子などに金銭を渡す仕組みになります。つまり、受託者たる銀行は受益者でない者に金銭給付をしているのではなく、あくまで受益者に対して金銭を給付する形をとっています。

●受益者代理人も受益者に代わって贈与することはできない

また、受託者ではなく「受益者代理人」であれば暦年贈与を実行できると考える人もいますが、これも間違いです。受益者代理人は、「その代理する受益者のため」に受益者の権利を行使する権限を有するのであり（信託法139条)、受益者の直接の利益にならないことは受託者と同様、やるべきではありません。

たとえ、受益者が元気なときに「自分が死ぬまで毎年暦年贈与を継続してほしい」と意思表示されても、意思表示できなくなった後にそれを大義として、受益者代理人が贈与を実行することは法律上も税務上も問題があります。信託（信託法）の世界における受益者そのものの立場である受益者代理人ですが（Q32参照)、だからといって受益者代理人は民法上の「法定代理人」ではないため、民法の世界で受益者に代わって「贈与」という法律行為をする権限はそもそもありません。

●奥の手としての「受益者変更権」

では、本人の判断能力喪失後は何もできないかというと、実は奥の手があります。本章のQ51で説明する「受益者変更権」を行使することで、贈与に準じた生前の財産権の移動が可能になります。厳密には、贈与ではなく贈与に準じた課税、いわゆる“みなし贈与”として贈与税の課税対象になります。この手段は合法な行為ですが、税務当局がどう判断するか不明確なため、実行の際は税理士等によく相談すべきです。

Q49　受託者は信託報酬をもらえますか？

受託者は、財産の管理・処分・給付といった信託事務の処理の対価として信託財産から「信託報酬」をもらうことができます（信託法54条１項)。ただし、信託行為（信託契約書等）に信託報酬の条項を盛り込むことが前提で、条項を設けなければ、受託者は無報酬で信託事務を行うことになります。

家族信託は、家族による家族のための財産管理のため、高い報酬額は想定していません。しかし、一般的には、財産を持つ老親を受託者となる子が生涯支えるという長期的な責任と事務の負担を考え、いくらかの対価は渡したいという親世代も少なくありません。

そこには、複数の子がいる場合に、財産管理の労に報いる対価を設定し負担や貢献度に応じて親からの財産の受取額に差を出すことで、逆に他の子との公平感を持たせたいという想いがあります。また、受託者となる子側からみても、毎月のお小遣い的な報酬をもらうことで、信託事務という仕事の責任感・使命感を持つことにもつながります。

たとえ複数の子がいなくても、親の判断能力が低下しても、生涯にわたり合法的に親の財産を少しずつ子に渡す方法として、信託報酬を検討する人もいます。なぜなら、信託報酬は受託者が預かった信託財産から信託契約書等に基づき定期的にもらうことが原則であり、受益者たる親がその都度支払う訳ではないため、親の判断能力の低下に影響を受けずに報酬をもらい続けることができるからです（親が元気にうちは「贈与」をすればいいが、親の判断能力が低下すると「贈与」自体ができなくなるため、贈与とは別枠で財産を渡したいという親の想いを形にする方法となる）。

●報酬額は信託財産や業務量とのバランスを考えて決定

家族信託における信託報酬の額に、法的な規制や相場があるわけではありません。したがって、委託者と受託者が合意し、信託契約書にその旨を盛り込んでおけば、理論上はいくらでも構いません。ただし、信託報酬という名目でありながら、実体は「贈与」ではないかと税務当局から指摘されないように、信託財産の規模や信託事務の業務量と報酬額との適正なバランスを考えることが重要です。

信託報酬のもらい方は、毎月でも結構ですし、半年や１年ごとにまとめてもらう方もいます。

報酬額の決め方としては、毎月決められた金額を設定する「定額報酬」の場合と信託財産から得られる利益の一定割合とする「定率報酬」の場合があります。

定額報酬の場合、受託者は成年後見人と同じような役割を果たすことから、職業後見人に対する家庭裁判所の報酬付与審判の相場を参考に、月額２～６万円程度にすることを勧めることが多いです。

一方、収益物件を信託財産に入れて賃貸管理まで任せる場合は、定率報酬を採用される方が多く、その場合は不動産管理会社に払う管理委託手数料が参考になります。受託者は、管理会社と同じように、賃料の受領・督促をしたり、賃貸借契約の締結をするため、毎月の賃料収入の５～10％を信託報酬として設定されるケースが多いです。

Q50 信託内容を変更するにはどうしたらいいですか？

いったんスタートした信託を、事後的に変更したい場合、「委託者、受託者及び受益者の合意によってすること」が原則となります（信託法149条１項：**図表3-39**）。実務上「委託者＝受益者」であることが多いため、実質的には「受益者と受託者の合意」ということになります。

また、「信託の目的に反しないこと及び受託者の利益を害しないことが明らかであるとき」は、受益者の単独の意思表示でも変更可能です（信託法149条３項２号）。

家族信託の実務においては、受益者が高齢であることが多分に想定されますので、将来的に判断能力が低下していくなかで事実を誤認し、勘違いから信託内容を書き替えたいと要望されることがあり得ますし、悪意ある利害関係人の関与で他の家族が知らない間に信託内容を改悪するように誘導されるリスクも考えられます。

そのようなリスクを踏まえた結果、書籍等で見かける信託契約書例では、「受託者及び受益者の合意」や「受託者及び受益者並びに信託監督人の合意」がなければ変更することができないという条項をよく見かけます。これは、信託法149条４項の「別段の定め」を置いたこと意味し、受益者のための財産管理であっても受益者単独ではあえて自由な変更を許さないという、信託法よりも変更しにくくする工夫といえます。

一方で、「信託の目的に反しないこと及び受益者の利益に適合することが明らかであるとき」は、受託者の単独の意思表示で信託内容の変更することも信託法で認めています（信託法149条２項２号)。この点からすると、書籍等で見かける信託契約書例の条項においては、「受託者および受益者の合意」などにより信託法の規定よりも変更しにくくしていることになります。

●信託内容の変更に関する条項もワンパターンではない

つまり、信託法では、受益者単独で変更することも受託者単独で変更することも認めているにもかかわらず、多くの信託契約書において、あえて変更しにくくしている条項を置いていることになります。この点については、家族信託に関わる法律専門職でも正確に理解していないまま、安易に契約書例をそのまま引用・流用して条項を置いているケースが多いです。

「家族会議」を通じて、当初想定していなかった事態が発生して、信託内容の変更をすべき状況になった場合に、どのような規定を置いておくのがベター・ベストなのか、信託法に精通した法律専門職を交えて検討することが好ましいです。その結果、信託契約書にあえて信託の内容変更に関する条項を置かないことで、信託法の規定どおりに変更しやすくしておくという選択肢もあるのです。

なお、「受託者および受益者の合意」などを変更の要件にすると、高齢の受益者の判断能力が著しく低下した場合には、変更ができなくなることも認識すべきです。これをリスクと考える場合は、変更の要件に「受益者」をあえて入れないでおくことや、「受益者代理人」を置いて、もしものときは、受益者に代わって受益者代理人が受託者と合意して内容変更に対処することも備えの一つになります。

図表3-39　信託法149条

（関係当事者の合意等）

第百四十九条　信託の変更は、委託者、受託者及び受益者の合意によってすることができる。この場合においては、変更後の信託行為の内容を明らかにしてしなければならない。

2　前項の規定にかかわらず、信託の変更は、次の各号に掲げる場合には、当該各号に定めるものによりすることができる。この場合において、受託者は、第一号に掲げるときは委託者に対し、第二号に掲げるときは委託者及び受益者に対し、遅滞なく、変更後の信託行為の内容を通知しなければならない。

一　信託の目的に反しないことが明らかであるとき　受託者及び受益者の合意

二　信託の目的に反しないこと及び受益者の利益に適合することが明らかであるとき　受託者の書面又は電磁的記録によってする意思表示

3　前二項の規定にかかわらず、信託の変更は、次の各号に掲げる場合には、当該各号に定める者による受託者に対する意思表示によってすることができる。この場合において、第二号に掲げるときは、受託者は、委託者に対し、遅滞なく、変更後の信託行為の内容を通知しなければならない。

一　受託者の利益を害しないことが明らかであるとき　委託者及び受益者

二　信託の目的に反しないこと及び受託者の利益を害しないことが明らかであるとき　受益者

4　前三項の規定にかかわらず、信託行為に別段の定めがあるときは、その定めるところによる。

5　委託者が現に存しない場合においては、第一項及び第三項第一号の規定は適用せず、第二項中「第一号に掲げるときは委託者に対し、第二号に掲げるときは委託者及び受益者に対し」とあるのは、「第二号に掲げるときは、受益者に対し」とする。

Q51 受益者変更権とは何ですか？

信託契約に基づき、信託財産から経済的な利益を受け取る権利のことを「信託受益権」といい、その権利を持つ者を「受益者」といいます。そして、信託契約期間中にこの受益者を変更・追加する権限を信託契約書の中で受益者以外の者にも与えておくことができ、この権限を持つ者を「受益者変更権者」・「受益者指定権者」（以下、「受益者変更権者等」と表記）といいます（信託法89条）。

この受益者変更権者等は、受益者でも受託者でも第三者でもなることができます。顧問弁護士や顧問税理士等、外部の客観的な立場の者を受益者変更権者等に指定して、その権限を託しておくことも良策となり得ます。

●受益者変更権者等は受益者の承諾なく受益権を移動できる

信託受益権は、受益者固有の財産として、受益者の意思で贈与したり売却したりできるのを原則としますが（ただし、家族信託の実務では受益者は受託者との合意がない限り、受益権を勝手に贈与や売買できない旨の条項を盛り込むことが一般的）、受益者の判断能力が低下した場合は、信託受益権の贈与も売買もできなくなります。

このような場合に、受益者変更権者等がその権限を行使すれば、受益者の承諾なく信託受益権の全部または一部を他者に移動させることが可能となります。税務上は、財産を持つ者が生きている間にその財産（信託受益権）を他者へ無償で渡すことになるので、「贈与」に準じて「みなし贈与」として贈与税の課税対象になります。

●事業承継における緊急事態への最終手段として活用できる

信託法89条に規定されるこの権限は一般的によく使われるべきもので

はありませんが、最も活用し得るのは、会社経営や家業の不動産賃貸業における事業承継の場面です。

たとえば、長男が事業の後継者になることを前提に、事業承継対策・相続税対策として、先代（親）が持つ未上場株式や賃貸不動産等の事業用資産を段階的に譲渡（贈与や売買等）していくケースを考えます。この対策の実行途中で、急遽長男が後継者となることを辞退した場合、あるいは長男に後継者としての資質がなかった場合、後継者を二男に代え、対策をし直す事態も起こり得ます。しかし、すでに長男に渡してしまっている事業用資産を二男に引き継ぎなおすには、長男の協力が必要不可欠です。もし、長男が非協力的な態度に出れば、長男に渡した事業用資産が二男側に移動・集約できず、事業の承継・継続に支障が生じかねません。

このリスクを最小限に抑える方策として、事業用資産を信託財産にすることが考えられます。この場合、所有権の財産ではなく信託受益権という財産を後継者である長男に渡します。すると、前述のような後継者の変更といった不測の事態に、受益者変更権者等となっている親が「受益者変更権」を行使して、受益者を長男から新たな後継者である二男に変更することにより、実質的に事業用資産を長男の協力・了解なしに二男に渡すことが可能となります。

この場合、長男から二男への生前の財産の移動となりますので、贈与税の課税は免れませんが、税金を負担してでも後継者問題を解決し、経営リスクを回避しなければならないケースもあります。週刊誌等で世間を騒がす有名企業の後継者争いのニュースを反面教師にして、不測の緊急事態における“最終手段”として、「受益者変更権」を設けておくことは、事業承継におけるリスク対策としては非常に有効でしょう。

この受益者変更権を応用すれば、事業承継の場面に限らず、受益者たる老親の判断能力喪失後も実質的に暦年贈与と同様の効果が出せます。しかし、これは家族信託の典型的・本来的な使い方ではありませんので、家族会議の中で税務の専門家と相談しながら、慎重に検討すべきです。

Q52 家族信託の導入にはいくらくらい費用がかかりますか？

家族信託の設計から信託契約の締結、信託財産となった不動産の信託登記まで行うと、総額でどのくらい費用がかかるのかを説明します。説明にあたっては、第１段階と第２段階に分けて考えると分かりやすいです（図表3-40）。

●信託契約公正証書を作成するまでが第１段階

第１段階は、「家族会議」を重ねたうえで、委託者と受託者とで信託契約公正証書を作成するところまでの工程です。この段階で発生する主な費用は、家族信託の設計・信託契約書の文案作成に関するコンサルティング報酬と公証役場の手数料です。

コンサルティング報酬は、弁護士・司法書士・行政書士等の法律専門職に支払うケースが多いです（法律文書の作成に関して法律専門職以外が報酬をもらうことはできない）。公証役場の手数料は、信託契約書の中に記載された信託財産の評価額を元に算定されるので、その規模に応じて数万円から数十万円になります。

せっかく公証役場で作成するので、信託契約公正証書と同時に遺言公正証書や任意後見契約公正証書を作成するケースも多く、その場合は、費用はさらにかかりますが、将来にわたる財産管理と資産承継の不安が解消できることを踏まえると、決して高いコストではありません。

法律専門職に対するコンサルティング報酬は、今日では士業の報酬が自由化されているため、報酬体系は事務所によって異なります。ただし、不当に高い報酬や不自然に安い報酬を提示するところには注意が必要です。一般社団法人家族信託普及協会では、会員たる専門家向けにコンサルティング報酬の基準を公開しているので、これが一つの目安となるでしょう。（家族信託普及協会のホームページ https://kazokushintaku.org/）

●信託の登記手続きが第２段階

信託財産に不動産を入れる場合、第２段階として信託契約後に信託の登記手続（受託者の名前を登記簿に掲載する手続き）を行う必要があります。その際の登録免許税と司法書士に対する登記手続報酬等が第２段階の費用となります（登記手続きについては、第１章９.参照）。

ちなみに、前述の（一社）家族信託普及協会においては、第１段階と第２段階を合わせた家族信託の導入にかかる費用の概算総額（イニシャルコスト）は、およそ信託財産の評価額の1.2～２％程度と案内しています。

なお、不動産の評価額については、「固定資産税評価額」（毎年課税される固定資産税の課税根拠となる評価額で、固定資産税課税明細書に記載された金額）が公証役場の手数料や信託登記における登録免許税の算定基準となりますので、報酬の根拠となる評価も固定資産税評価額を基準にする法律専門職が多いと思われます。

図表3-40　専門家への報酬

	専門家への報酬	実　費
第１段階 （信託契約の締結まで）	信託設計・契約書案作成に関するコンサルティング報酬	公証役場の手数料
第２段階 （信託登記）	司法書士への登記手続報酬	登録免許税・登記事項証明書等

Q53　信託契約後に受託者がすべきことは何ですか？

家族信託契約を締結し、受託者による財産管理がスタートすると、長年の心配が解消されることでホッとされる親世代も多いです。しかし、信託契約の締結はゴールではなく、長い財産管理のスタート地点と考えるべきで、受託者は、信託契約締結後速やかに、次の①~⑤などの作業を行う必要があります（不動産の信託登記手続きは司法書士が行うため除外）。

●信託契約後に受託者がすべき作業あれこれ

①受託者による信託口口座の作成

「信託口口座」の作成ができる金融機関は、ほとんどの場合、契約締結前の文案を事前に審査します。金融機関の事前審査（リーガルチェック）をクリアしたうえで、信託契約公正証書を作成し、その公正証書と身分証明書などを持って受託者が金融機関に行き、信託口口座を作成するという流れになります。

なお、そもそも信託口口座の作成ができる金融機関が身近にない場合は、信託契約締結前にあらかじめ作成しておいた受託者個人名義の「信託専用口座」を信託金銭の管理用に流用するので、この作業は不要になります（Q11参照）。

②委託者による信託金銭の移動

信託契約書の信託財産目録に記載された「現金」は、委託者が銀行窓口に行き、受託者が管理する「信託口口座」または「信託専用口座」に移動する必要があります。ここで気を付けることは、高齢者の振込め詐欺被害が多発するなかでの金融機関の窓口対応です。金融機関は、高齢者が窓口からお金を送金するときには、その送金が詐欺に基づく指示ではないかを細かくチェックします。

特に信託専用口座に送金する場合は、送金先が本当の子どもの口座かどうかを確認しようとします。したがって、できる限り受託者となる子が委託者である老親と金融機関に行き（その際は親子であることが証明できる戸籍謄本や親子それぞれの身分証を持っていくべき）、親の固有口座から信託口口座等への送金がスムーズにできるようにします。

③火災保険・地震保険の契約者変更

建物の火災保険・地震保険は、原則として建物の所有者（名義人）が契約者となります。建物を信託財産に入れた場合、建物の登記簿に管理者である受託者の住所・氏名を掲載する登記手続き（信託登記）を行うため、建物の形式的な名義が「受託者 ●●」に代わります。したがって、保険会社によっては、建物の火災保険・地震保険の契約者を登記名義人となった受託者名義に変更する必要が出てきます。

ただし、実体としては信託契約後も受益者である親の財産のため、実体で判断する保険会社は、契約者変更等の手続きが不要なところもあります。結論として、こちらで判断がつかない以上、信託登記完了後の登記事項証明書を保険会社または保険代理店に提示して、保険会社側の対応を待つことになります。これを忘れると、事故が起きたときに告知義務違反として保険金が不払いになる可能性があるので注意が必要です。

④各賃借人または不動産管理会社へ振込先変更通知の送付

賃貸物件を信託財産に入れた場合、家賃は受託者が受領する必要があります。したがって、各賃借人から直接家賃を振り込んでもらう"自主管理"形態の場合は、振込先を受託者の口座に変えてもらうため「振込先変更通知」を賃借人全員に発送する必要があります。管理会社が家賃を一括管理している場合は、管理会社にその旨の連絡を入れるだけで済みます。

⑤自社株（未上場株式）の株主名簿の名義変更

信託財産に自社株等の「未上場株式」を入れた場合、会社の株主名簿（注1）に受託者の名前を記載する必要がありますので、速やかに名簿書換え手続きをします。一般的な中小企業は、「当会社の株式を譲渡により取得するには、取締役会の承認を受けなければならない」などの、いわゆる"株式の譲渡制限"の規定（注2）が定款に盛り込まれているので、未上場株式を信託財産に入れる際には、定款所定の株式の譲渡承認決議(株主総会または取締役会による承認)を経る必要があります。もちろん、役員による口頭での承認ではなく、きちんとした議事録の作成・保管が必要です。

信託契約の締結までにこの取締役会の承認決議を済ませていない場合は、信託契約後速やかに承認決議を得なければなりません。さらに、もし株券を発行している会社であれば、委託者が保有していた株券を実際に受託者に引き渡さないと“信託譲渡”の効力が生じないので注意してください。

(注１)「株主名簿」は会社の登記簿と違い、会社が自ら作成・管理すべきものになります。会社側からみれば、株主としての権利を行使する者を把握しておく必要があるからです。未上場株式の管理を信託契約で受託者に託した場合、以後株主としての権利は「受託者」が行使することになるので、信託契約後は速やかに株主名簿に受託者の名前を記載する必要があります。なお、信託財産たる株式の事実上の持ち主たる「受益者」は、株主名簿上表記すべき義務はありません。

(注２) 信託により財産管理を託す行為も「信託譲渡」といわれるので、この定款規定にある「譲渡」に該当することになります。

Q54 信託の併合とは何ですか？

信託の併合とは、受託者を同じくする２つ以上の信託を１つにまとめ、新たな信託財産として受託者に預ける仕組みのことをいいます（信託法２条10項)。たとえば、委託者兼当初受益者を父・母とする２本の信託契約について、父の死亡により２本とも受益者が母になった場合、損益通算の観点（Q37参照）から複数の信託を１つにしたいというニーズに、この信託の併合で応えることが考えられます。

●併合には債権者保護手続きが求められる

併合の手続きは、会社法810条の会社の新設合併の規定を参考に、債権者への個別催告や官報公告の掲載などの債権者保護手続きを要するとしています（信託法152条）。たとえば、従来の２本の信託契約に基づく信託Ａと信託Ｂがある場合に、これらが併合され１つの信託Ｚになると、信託Ａの信託財産責任負担債務（受託者が信託財産から支払うべき債務）が併合後の信託Ｚに承継されることになります（信託法153条）。

信託Ｂの方が信託財産責任負担債務の担保余力があったとして、信託Ｂに対する債権者は、信託の併合により自己の債権が回収不能となるリスクが増すので、債権者の利益を守る観点から債権者保護手続きを定めています。

このように、信託の併合には、債権者保護手続き等の手間がかかるので、家族信託の現場での実行事例はほとんどありません。しかし、併合しても債権者を害するおそれのないことが明らかな場合は、債権者保護手続きは不要（信託法152条１項ただし書）のため、信託に関係する債権者がいないようなケースでは、損益通算の観点から、信託の併合や分割も選択肢となる可能性はあるでしょう（**図表3-41**）。

図表3-41　信託の併合の要件

原　則	委託者・受託者・受益者の合意（法151条1項）。
例　外	①信託の目的に反しないことが明らかな場合は受託者と受益者の合意（法151条2項①）
	②信託の目的に反しないことおよび受益者の利益に適合することが明らかな場合は受託者の意思表示のみ（法151条2項②）
	③信託行為に別段の定めがある場合はそれに従う（法151条3項）

Q55 信託の分割とは何ですか？

1つの信託財産の一部を受託者を同じくする他の信託の信託財産として移転すること（吸収信託分割；**図表3-42**）や、1つの信託財産の一部を受託者を同じくする新たな信託の信託財産として移転すること（新規信託分割；**図表3-43**）をいいます（信託法2条11項）。

図表3-42　吸収信託分割のイメージ

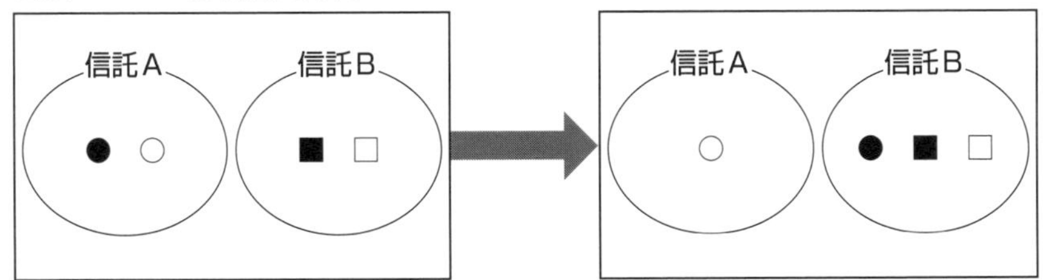

図表3-43　新規信託分割のイメージ

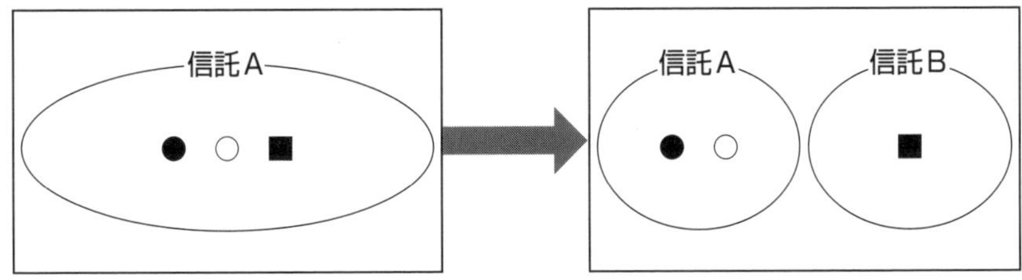

●分割についても債権者保護手続きが求められる

Q54は複数の信託を1つにまとめる手続きでしたが、逆に1つだった信託を複数に分けるニーズも存在します。1つの信託で損益計算をしていたところ、大規模修繕等の大幅な損金処理が完了したので、用途や承継者の異なる信託財産ごとに信託契約を分けるため「信託の分割」という手段を講じることが可能です。

信託の分割も信託の併合と同様、債権者への個別催告や官報公告掲載など債権者保護手続きを行う必要があります（信託法156条）。なお、信託を分割しても債権者を害するおそれのないことが明らかな場合は、債権者保護手続きは不要となることも信託の併合と同じです（信託法156条１項ただし書）（**図表3-44**）。

図表3-44　信託の分割の要件

原　則	委託者・受託者・受益者の合意（法155条１項、法159条１項）。
例　外	①信託の目的に反しないことが明らかな場合は受託者と受益者の合意（法155条2項①、法159条2項①）
	②信託の目的に反しないことおよび受益者の利益に適合することが明らかな場合は受託者の意思表示のみ（法155条2項②、法159条2項②）
	③信託行為に別段の定めがある場合はそれに従う（法155条3項、法159条3項）

Q56 信託の「倒産隔離機能」で資産は守れますか？

信託法に関する書籍などでよく見かけるのが、信託の機能としての「倒産隔離機能」の解説です。信託法を学ぶ者にとっては大変重要ですが、家族信託の実務ではあまり重要ではないうえ、そもそも多くの人がこの説明を誤解しています。

●受益者の破産に対しては取立を免れない

それは「倒産隔離機能とは、信託財産は委託者固有の財産からも、受託者固有の財産からも独立しており、委託者や受託者が差押えを受けたり破産しても、信託財産には取立が及ばずに守られる」と説明されているからでしょう。

これは間違っていませんが、信託に関係する登場人物として「委託者」「受託者」より大切な「受益者」について、破産との関係がきちんと記述されていないことが、誤解の元となっています。つまり、「委託者」や「受託者」が破産しても信託財産は影響を受けませんが、「受益者」の破産に対しては取立を免れません。

事例を挙げて考えてみましょう。司法書士は、職務上「無限責任」を負っていますが（故意または過失により顧客等に損害を与えた場合、当該司法書士は賠償額に上限なく損害賠償責任を負う）、将来的に損害賠償請求を受けてマイホームが取られてしまうのを防ぐために信託契約を活用し、奥さんを受託者、司法書士が委託者兼受益者となったとしましょう。このマイホームは、受託者である妻が形式的な所有権の登記名義人になるため、司法書士に対して数千万円の損害賠償請求権を持つ債権者がマイホームを差し押さえようとしてもできません。

●受益者に対する債権者は信託受益権に差押えができる

では、この司法書士の計画は大成功でしょうか。世の中そんなに甘くはありません。そんなことが簡単にできたら、世の中の社長や士業はみな信託契約で財産保全に走るでしょう。この司法書士の財産は、所有権財産としてのマイホームではなく、「信託受益権」という債権を財産として保有しているので、債権者は、この信託受益権に対して差押えが可能です。結局のところ、この司法書士に精算すべき他の資産がなければ、この信託財産であるマイホームを売却して返済しなければならないことに変わりはないのです。

また「詐害信託」（信託法11条）という規定もありますので、多重債務者が支払困難な状況に陥ってから信託契約を交わし、自分以外の者（たとえば配偶者や子・孫）を受益者として信託設定しても、債権者を害する（詐害の）意図があったとして、信託契約が無効になることもあり得るのです。

つまり、計画倒産を試みる悪質な債務者が自己の財産を守ろうとする手段として家族信託を活用することはできません。

Q57 家族信託の相談は誰にしたらいいですか？

家族信託の相談は誰にしたらよいかという声を聞きます。

家族信託を検討するに至るきっかけは、必ずしも家族信託に精通した法律専門職からとは限りません。顧問税理士・不動産業者・金融機関・保険代理店・ＦＰなどの各方面の専門家からの助言かもしれませんし、親自身あるいは子側がテレビ・新聞・雑誌・ネット等で知って、親世代・子世代自ら相談先を探すケースも少なくありません。

きっかけは様々でも、最終的には、家族信託の実務に精通し、個々の事案に即したコンサルティング業務ができる（すでにこの業務を行っている）司法書士・弁護士・行政書士等の法律専門職が家族信託の設計・実行に関与することが不可欠だと考えます。

言い換えると、家族信託の専門家が関与することなく家族信託の設計・実行をすることは非常に危険です。一般の方が書籍等の表面的な情報を元に家族信託の設計をすることは、医者に行かずに自分で病気を治療（手術）するようなもので、非常に危険なことはいうまでもありません。一方で、家族信託の実務を学び続けていない法律専門職に相談して、安易に家族信託を実行してしまうケースも多いようで、それは“ヤブ医者”や“ヤミ医者”に治療・手術を依頼するようなもので、危険なことに変わりありません。

実際、ある法律専門職にすでに家族信託の依頼中の方や、すでに信託契約を締結して信託登記まで完了している方から、セカンドオピニオンを求めて筆者に相談にくるケースは少なくありません。それらの案件の全てが間違っている訳ではなく、一部は、単なる法律専門職の説明不足で依頼人側が不安に感じているケースや、理解できていないケースもあります。その一方で、実務上実効性のないあるいは将来的に法的・税務的リスクをはらんだ信託契約を締結してしまっているので、信託契約の内容を大幅に変更・修正したり、いったん信託契約を合意解約して改めてきちんとした信託契約を交わし直すケースもあります。

●法律専門職なら誰でも知っているわけではない

家族信託のコンサルティングは、医学でいうところの最先端医療に相当します。法律専門職（医者）なら誰でも知っているあたり前の施策（治療法）ではないので、家族信託の実務を熟知している法律専門職は、全体の１割にも満たないのが現状です。つまり、一般の方が無作為に選んだ弁護士・司法書士・行政書士の事務所などできちんと相談に乗ってもらえる可能性は、かなり低いといえます。

実際に「家族会議」に同席して家族信託のコンサルティングをするには、信託法や民法の法律知識や家族信託の実務に精通しているだけでは対応しきれないことも出てきます。成年後見制度の実務や相続周辺の法律・税務の知識、不動産にも精通した法律専門職の関与が必要なケースも多いです。したがって、場合によっては、各分野の専門家がタッグやチームを組んでお手伝いすることも少なくありません。

●学び続けている法律専門職でないと対応できない

現在の状況は、家族信託に関係する金融実務・税務などが刻々と変化している家族信託の普及段階のため、家族信託のコンサルティング業務に携わる法律専門職にとって大切なことは、家族信託の知識を知っていることではなく、最新の実務を「学び続けている」というプロフェッショナルとしての姿勢です。

一般の方からすれば、家族信託とその周辺知識を学び続けている法律専門職をきちんと見極め、コストに見合った課題解決策を見いだせるようにしてもらいたいものです（Q58参照）。

●家族信託に精通している法律専門職は……

実際、成年後見制度の実務、不動産の登記実務に精通している弁護士はごくわずかです。若い弁護士を中心に最近は増えてきましたが、法的トラブルを未然に防ぐために法的手段を駆使する「予防法務」に力を入れている弁護士も全体からすればごく少数です。まして、弁護士の職責上、“依頼人の利益最大追求”が求められるなかで、家族信託のコンサルティング業務は、利害が対立するかもしれない親子間・家族間の利害の調整、家族全体の最適な利益の実現を「家族会議」において追求していく業務です。したがって、弁護士の通常業務とは全く違う考え方・業務姿勢が求められるため、これができる弁護士は本当に希少です。

司法書士は、相続・事業承継における「予防法務」を得意とする方が多いこと（紛争が起これば代理権の問題で手伝えなくなる可能性もあるので、いかに紛争を起こさないかがポイント）、また不動産の信託登記の知識に長けていること、成年後見人業務に力を入れている方が多いことなどを踏まえると、家族信託に精通した司法書士に出会える可能性は、他の士業よりも高いとはいえます。ただ、それでも司法書士全体の２割にも満たないでしょう。

行政書士の中にも意識や志が高く、家族信託のコンサルティング業務を精力的に行っている方もいますが、やはり業界全体からするとほんの一握りに過ぎません。

●相続・財産管理の対策が提案できる税理士を見つける

家族信託の導入にあたっては、税務の専門家に相談しなければならないことも多くあります。最近では「相続専門」「資産税に強い」ことを前面に打ち出している税理士が増えていますが、実際に相続税の申告を相当数こなしている税理士は多くなく、また相続・事業承継の「対策」に精通した税理士も実は少ないです。

税理士が、相続税の申告業務をすることと、家族信託を駆使した相続税の事前対策のコンサルティング業務を実行するのとでは、その難易度・業務内容が異なります。資産税に強い（所得税・相続税対策のコンサルティングができる）ことに加えて、家族信託の実務に対応できる税理士もまた全体からすると一握りに過ぎません。したがって、相続対策コンサルティングができる税理士をブレーンに加えることは非常に重要であり、そういう税理士とネットワークを組んでいる法律専門職に相談することを勧めます。

なお、相続対策コンサルティングができる税理士を紹介した場合に、既存の顧問税理士と並行して相談するケースも多いですが、新たな税理士に乗り換える方も少なくありません。このことは、多くの税理士が、依頼人は顧問以外の税理士と接触する機会がないという状況にあぐらをかき、税務申告業務をこなすだけに終始し、相続・事業承継や財産管理に関する対策の提案をしていないことの裏返しともいえるでしょう。

Q58 家族信託に精通した専門家を見分ける観点は何ですか？

一般の方にとっては、誰が家族信託に精通した専門家であるかを見極めるのはなかなか難しいです。医者と同じで、複数の法律専門職からセカンドオピニオンを受けることは、その見極めにおいて非常に重要な役割を持つといえるでしょう。

一方で、依頼してはいけない“怪しい専門家”・“怪しい家族信託コンサルタント”（注）が存在することも事実のため、家族信託等のコンサルティング業務に精通した専門家を見分ける際に、その一助になるような７つの質問を紹介します。

次の①から⑦のいずれか１つでも、相談する法律専門職に質問を投げかけてみてください。各質問についての解説で触れたようなコメントが返ってきたら、その方への正式な依頼は考え直した方が無難かもしれません。家族信託は、一度実行したら安易に変更することは想定せずに何十年と継続する仕組みであり、老親の体調次第では契約内容の変更・修正（家族信託の再設計）ができなくなるかもしれません。「心臓の外科手術をどの医者に頼むのか」、というくらいの感覚で、慎重に選ぶべきでしょう。

反対に士業やコンサルタントなどの専門家の方々は、これらの質問を受けたときにどう対処すべきかを身に付け、もし次に該当するような受け答えをしていたら、家族信託のコンサルティング技術を見つめ直していただきたいと思います。

①任意後見と家族信託は何が違うのですか？

この質問への回答・説明に窮したり、あるいは要領を得ない返事が返ってきたら要注意です。この質問は、この業務を行っている法律専門職からすれば、イロハのイですので、この違いを端的に理論的に分かりやすく説明できないと、老後の備えとしての話が始まりません。

②認知症になったら信託契約を発動するようにしたいのですが？

『分かりました』という返事が返ってきたら要注意です。

お客様の要望を鵜呑みにして、「認知症になったら契約が発動する」という条件付き契約ができるという法律専門職は、おそらく家族信託の実務をやったことがないのでしょう。実際のところ「認知症」と診断されても契約する能力がある方は沢山いますので、安易に「認知症になったら」「認知症と診断されたら」「判断能力が低下したら」というような曖昧な基準によって契約の効力発生日を定めることは、法律上避けなければなりません。

また、判断能力が著しく低下してしまうと、そもそも信託登記手続きの依頼ができるのか、また、信託金銭となる預金を移動できるのかという実務上の大きな問題が多数生じるため、「認知症になったら発動する信託契約」は実務上使えないリスクがあります。

③信託の仕組みの中で受託者が暦年贈与できますか？

『受託者だけで贈与ができますよ』と返事をされたら要注意です。受託者が信託財産として管理している財産を受益者ではない方に給付すれば、それは「忠実義務違反」として法律上も税務上も問題になりかねません。それができると公言しているとすれば、信託法の理念や信託の仕組み自体を正確に理解できていない可能性があります（Q48参照）。

④家族信託をした後に親が認知症になったら、入所手続等に際して成年後見制度は使うべきですか？

『親の判断能力が低下・喪失したら後見制度を使い、後見人が身上監護権を行使しましょう』という杓子定規の返事の場合は要注意です。実際のところ、財産管理は家族信託で行い、身上監護（身上保護）に相当する入院入所手続きや介護認定の申請等は、子（家族・親族）の立場で十分対応可能です。

したがって、家族内で介護方針について意見が割れていれば別ですが、家族内で介護方針がまとまっていれば、家族が成年後見人に就任して身上監護権を行使しなければならないということは、実務においてはありません。

そもそも成年後見制度は、“セーフティネット”として用意された社会保障制度ですから、硬直的・厳格な仕組みになっており、その分家族の負担が大きくなるのは仕方のないことです。したがって、老親の生涯について、いかに成年後見制度を使わずに家族信託で円満円滑かつ軽負担で支えるための仕組みを作れるかが焦点となるので、もし『成年後見制度は使わなければならない』という趣旨の回答なら、家族信託だけでなく成年後見の制度趣旨・実務的知識の欠如を疑いましょう。

⑤家族会議を開くべきという話を聞きましたが本当ですか？

『家族全員で話し合わなくてもいいので、一部の家族で対策を進めましょう』という返事が返ってきたら要注意です。家族関係が崩壊している訳ではないのに、『親の財産なのだから、家族会議など開く必要はなく一部の親子間で勝手に進めましょう』という法律専門職がいたら家族信託の設計コンサルティングにおける「家族会議」を軽視し過ぎです。

理想とすべきは、家族全員で親の老後を支える仕組みを検討することで、親側と子側の全員が安心できる長期的な財産管理・生活サポートの実行が最大の目的です。そのうえで、老親の生涯を支えきった後に残った財産について、親の希望を踏まえ子側全員が納得できる円満円滑な資産承継のレールを敷けるのも家族信託のメリットです。

家族会議を前提としない家族信託は、その効果・メリットを十分に生かしきれず、“争族”を巻き起こしかねない中途半端な仕組みになってしまいます。

⑥今まで家族信託の実行件数は何件ですか？（あくまで担当者個人として）

信託契約公正証書の作成実績が少なくとも10件以上なければ、セミナー講師や書籍の執筆等していても、家族信託の設計コンサルティングの実務経験が豊富とはいえません。その点において、あたかも経験豊富であるかのような誤解を抱かせるホームページ等の見せ方や、根拠のない自信を見せる法律専門職は要注意といえます。

なお、家族信託の組成実績だけではなく、家族信託を取り巻く周辺業務の経験（成年後見人への就任実績や遺言等の相談・作成実績）もまた重要な要素であり、これらの複合的な知識・経験を駆使しなければ、的確なコンサルティングは難しいといえます。

それを踏まえ、まだ実務経験が豊富ではない専門職であれば、それを正直に明かしたうえで、『自分も精一杯勉強し知恵を尽くので一緒に最適なプランを構築しましょう』というプロフェッショナルとしての誠実な姿勢が大切だと考えます。

⑦家族信託についてどこで研鑽を積まれたり、最新の情報を入手しているのですか？

『家族信託の書籍は何冊も読んでいますのでご安心ください』という返事の場合は要注意です。書籍を数冊読んだ独学レベルでは、実務的に万全なコンサルティングをすることは難しいです。書籍をいくら読みあさっても、実務的な知識は得られないうえ、そもそもコンサルティングスキル・提案力は身につきません。

家族信託は、書籍やホームページに掲載されていない多岐にわたる分野の情報・知識を駆使しなければ、本当の意味でお客様に最適な提案はできません。どこかの職能団体・研修会社の講義をしっかり受講し、かつ継続的に最新情報を入手していることが専門家として必要な姿勢です。

(注)「“怪しい家族信託コンサルタント”」とは、信託法・民法・不動産登記法・税法等の法的知識や家族信託・成年後見制度等の実務知識が乏しいのにもかかわらず、この分野に精通した専門家であることをお客様に誤認させ、お客様家族のニーズに合っていない家族信託の契約を組成して、その後のアフターフォローもせずに逃げてしまうような専門家・法律専門職をイメージしています。

Q59 家族信託におけるよくある誤解は何ですか？

一般の方がＳＮＳやネットの掲示板等で間違った情報を書き込んでいるばかりでなく、法律専門職が書籍やホームページ、メルマガ、セミナーなど様々な媒体を通して発信している情報についても、実は鵜呑みにしてはいけない情報が含まれています。つまり、法律専門職でも信託法や家族信託の実務について、誤解をしている方が少なくないのです。そこで、次に誤解や間違いの多い点の正しい情報をご紹介します。

①受託者は受益者に代わって贈与できない

委託者たる老親から財産を預かった受託者は、受益者の利益のためにのみ行動すべきであるため、受益者以外の者に対して財産給付をすることは、原則として忠実義務違反となりできません（Q48参照）。

②受益者の扶養家族は受託者から財産給付を受けられる

①で述べたように、受託者は受益者以外の者に財産給付ができないのを原則としますが、唯一の例外が、受益者の扶養家族（注）への給付です。受益者（老親）が認知症等で判断能力を喪失しても、受託者は受益者の扶養義務に基づき、引き続き信託財産から扶養家族の生活費・介護費・医療費・教育費などを給付することができます。扶養家族をわざわざ「受益者」に加え、受益権の一部を持たせるようなことは必要ありません。

なお、扶養義務に基づく給付というのは原則実費（実際に必要な金額）であり、「通常必要と認められるもの」である限り贈与税は非課税となります。一方で、使途を定めず単に金銭を給付する場合は、贈与税の課税対象になりますので、「扶養義務に基づく給付」と「贈与」の違いについてはきちんと理解する必要があります。

（注）受益者が「扶養義務者」として扶養義務の対象となる家族･親族のことで、「扶養義務者」とは、民法877条1項に定める下記の者をいいます。つまり、通常の生活費等の給付は、配偶者・父母・祖父母・子・孫・兄弟姉妹同士であれば、原則非課税（**図表3-45**）です。

(1) 配偶者
(2) 直系血族
(3) 兄弟姉妹
(4) 家庭裁判所の審判を受けて扶養義務者となった三親等内の親族（民法877条２項）
(5) 三親等内の親族で同一生計の人　(相続税法基本通達「扶養義務者」の意義)

図表3-45　扶養義務者の範囲

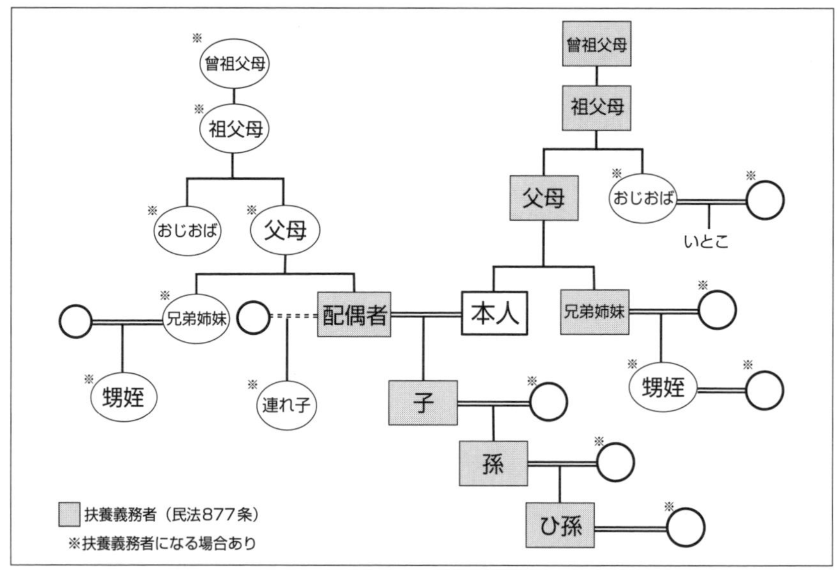

③「敷金・保証金」は当然に信託財産責任負担債務となる

賃貸物件を信託財産にする場合、賃貸人たる地位および権利義務を受託者が引き受けることになります。したがって、信託契約書においてあえて明記しなくても、債務たる敷金・保証金等の預かり金の返還債務は、賃借人の退去時には、受託者が当然に信託財産から返済する義務を負うことになります（信託財産から返済すべき債務のことを「信託財産責任負担債務」という）。

同様に、マンションを信託財産に入れた場合の滞納管理費についても、信託契約書への記載の有無に関わらず受託者が当然に返済義務を引き継ぐことになります（道垣内弘人「条解信託法」P.100）。

以上を踏まえますと、これら敷金返還や滞納管理費等の支払に充てられるように、相応の信託金銭を信託契約締結時に預かっておくことは必要でしょう。

④法定果実や換価金は当然に信託財産になるので追加信託不要

賃貸物件を信託財産に入れた場合の家賃・地代等の賃料収入や信託金

融資産から生じる利息や配当の収入（これを法律上「果実」または「法定果実」という）については、当然に信託財産になります。したがって、信託契約書において、家賃等は信託財産とするという旨の規定は置く必要はありません。

また、信託財産の換価金（信託不動産の売却代金など）や受託者が信託財産責任負担債務として借入した金銭も当然に信託財産になるので、信託契約書への記載は必須でなく、そもそも「追加信託」（Q12参照）という概念は生じません。

⑤判断能力が喪失しても後見制度を利用すべき義務はない

成年後見制度を利用するかどうかは、本人およびその家族・親族の希望や状況によります。本人の財産・権利を守ること、安心できる生活・福祉を確保するという観点から、必要であれば家庭裁判所に申立てをして利用を開始してもよいでしょう。しかし、老親本人の判断能力が著しく低下してしても、必要に迫られなければ利用する必要はありません。

なお、家族信託により成年後見制度を利用せずに老親の生涯をサポートしようというニーズが多いなかで、一部の法律専門職や福祉関係者には、成年後見制度の利用を回避するのは好ましくないと考える方もいるようです。しかし、最も大切なことは、本人およびその家族が何を望んでいて、その希望や課題解決のために最適な方策を実行することです。成年後見制度をあえて利用しないことは、やましいことでも脱法的な行為でもありません。

⑥「預貯金」は信託財産に入れられない

預貯金債権は、各金融機関が定める約款や規定において必ず“譲渡禁止”となっています（これを「譲渡禁止債権」という）。つまり、信託契約において老親から子に預貯金債権を“信託譲渡”して管理を任せようとしても、実際はその信託契約を使って、親名義の口座を名義変更したり、受託者たる子が預金の払戻しを受けることはできません（Q10参照）。あくまで「現金」として信託財産に入れることになります。

Q60 各分野の専門家が家族信託を学ぶメリットは何ですか？

改正信託法の施行（2007年）から10年以上の月日を経て、一部の法律専門職（弁護士・司法書士・行政書士・税理士等）や不動産・保険・金融・介護等の業界の方に、徐々に家族信託の有効性・必要性が認識されてきています。また、世間一般の方々もテレビ・新聞・雑誌・書籍・インターネット・広告等で「家族信託」「民事信託」という言葉や意味に触れる機会はますます増えています。とはいえ、各専門家の業界全体、日本国民全体からすれば、まだまだ一部の方にしか認識されていない仕組みです。

特に、顧客層を高齢者・障害者にしている方に限らず、また個人・法人を顧客にしているかを問わず、広く財産管理や資産運用、資産承継、介護・相続に関わる様々な専門業種の方には、もっともっと家族信託の可能性を理解し、お客様の家族・一族に喜んでいただける提案につなげていただきたいものです。

そこで、最後に各専門家が家族信託を学ぶメリットについて説明します。

①不動産仲介業者

家族信託の実行により、不動産オーナー（売主）の認知症等による判断能力喪失の問題で売買取引が中止になったり、後見人を就けるために取引が延期となる事態を防げます。また、オーナーが不動産の売却による買主への引渡（残代金決済）前に亡くなってしまうと、そのオーナーの相続人全員の理解や協力（相続人間での遺産分割協議や相続登記）がないと売買取引自体が完遂できなくなってしまうので、相続発生により取引が延期・中止になる可能性が高くなります。

オーナーの判断能力の低下や死亡という緊急事態があっても、子世代が受託者となりスムーズに売却できるような家族信託の設計をすることで、取引の延期もなく確実に売買取引を成立させることが可能になります。さらに、換価代金もまた信託金銭として受託者が管理するので、その資金で別の不動産に買い換えることも容易です。ここにもう一つ仲介のチャンスが生まれるかもしれません。

②不動産管理会社

不動産管理会社は、オーナーの保有資産の全貌を把握しているケースも多く、顧客が抱える将来的なリスクや相続対策について、最も提案しやすい立場です。将来に向け同業他社にはない家族信託を絡めた争族対策や相続税対策の提案で差別化を図り、オーナー家族からの信頼を得ることが可能です。

また、親の相続により子に世代交代すると管理会社を変更されるおそれがありますが、家族信託は後継者となるオーナーの子が受託者となるケースが多いので、オーナーが健在なうちから管理会社と将来の後継者との強い縁を持つことができます。いわば、世代をまたいだつながりが持て、代替わりを機に管理委託契約を解約されることを防げる可能性が高いといえます。

③ハウスメーカーの賃貸住宅営業

不動産オーナーは高齢の方が多いため、ハウスメーカーの営業マンの提案相手も高齢のことが多いです。そのため、せっかく良い提案をしても、本人の判断能力が途中で喪失したり、相続により計画が頓挫する可能性も高くなります。

家族信託の検討・実行を機に、推定相続人である配偶者・子を交えてアパートや賃貸併用住宅の建設計画を進めることになるので、オーナーに不測の事態が生じても受託者となる子主導で計画が完遂できます。

④銀行・信用金庫等

家族信託を検討する人は、一般的には不動産や金融資産をある程度保有していることが多いので、金融機関が「信託口口座」を作成することで、新たな顧客（預金者、融資先）の開拓につながります。特に、信託財産を購入・建設するための融資（信託内融資）に対応できる金融機関には、富裕層から相続税対策の相談が持ち込まれるので、優良顧客・富裕層の囲い込み戦略に活用できます。

さらには、受託者によるアパートローンの借換えに対応できる金融機関はまだ多くないので、受託者による借換えに対応可能な金融機関に集中して案件が持ち込まれる可能性もあります。

銀行・信用金庫等は、総じて「前例がない」「法的リスク・税務リスクが読めない」との理由で消極的です。一番のネックは、金融機関およびその顧問弁護士等が家族信託を正確に理解できていないことにあります。「分からないこと」はリスクと捉える金融機関の風土が、消極的な対応につながっています。

なお、一部の金融機関が先行して前向きな姿勢を打ち出しているので、徐々に積極的な姿勢の拡がりに期待が持てます。

⑤証券会社

前記④同様、家族信託には慎重な姿勢の証券会社がほとんどでしたが、一部の証券会社では「信託口口座」が作成できるようになりました。今後は、家族信託に対応していない証券会社から対応できる証券会社に管理を移管する方が多数出てくるかもしれません。

家族信託に対応できる証券会社が増えれば、上場株式・国債・投資信託等の有価証券類も信託財産として子世代に管理を任せられ、高齢者の保有資産の凍結回避につながるので、社会的な意義や経済効果は大きくなると思われます。

⑥税理士

税理士は会社の税務顧問として業績や株価等の中枢の情報を把握しており、家族信託を理解することは非常に大きな意義があります。特に高齢のオーナー社長に対しては、会社経営のリスク対策（議決権の大半を握るオーナー社長が認知症になれば、会社としての意思決定に支障が出る）や相続・事業承継対策（株価対策を含めた相続税節税、後継者への株式・経営権の移譲の時期等）の提案が最もしやすい立場として、クライアントに喜ばれ、さらなる信頼を勝ち得ることでしょう。

不動産管理会社のメリットと同様、事業の後継予定者が受託者となるケースが多いため、世代交代前に次期経営者（後継者）と信頼関係を構築できるメリットもあります。もちろん、将来相続が発生すれば相続税の申告業務が発生することもあります。

また、家族信託の提案・実行にあたっては、税務的な見地から判断を仰ぐべき機会が多いため、家族信託を取り巻く税務に精通することで、他の専門家からの新規顧客の紹介が期待できます。

⑦司法書士

司法書士は家族信託に最も密接な関係の職種といえます。司法書士が従来得意としてきた“予防法務”としての遺言書や任意後見契約作成のサポート、成年後見人業務と、家族信託を活用した財産管理や資産承継対策のコンサルティング業務は、非常に親和性が高いので、“老い支度”・“終活支援”の場面で、司法書士は様々な提案が可能です。弁護士よりも、「家族会議」に同席して客観的立場から家族間の意見や利害の調整をしやすい職種といえます。また、信託財産に不動産が含まれるケースが多いため、不動産に関する法律相談や信託登記の手続き業務の依頼に直結します。

⑧弁護士

従来は、金銭トラブルや離婚・相続絡みの訴訟実務や企業法務を中心に取り扱う弁護士が多かったのですが、近年、トラブルを未然に防ぐという“予防法務”のコンサルティングに注目する弁護士が増えてきました。特に「相続」を“争族”にしないという観点から、家族信託の活用を積極的に提案している弁護士も増えています。ただし、弁護士の職責上(弁護士は依頼人個人の利益のために執務にあたらなければならない)、家族間（親子間や兄弟間）の“想い”や利害を調整することが、潜在的な利益相反の問題もあり難しいケースも出てきます。

なお、成年後見制度の実務や不動産登記実務にも精通していないと顧客への提案が不十分になる可能性もあるので、今後家族信託のコンサルティング業務を始める弁護士には、ぜひこれらの分野にも見識を深めて欲しいですし、これらの分野に精通した法律専門職と連携を取りながら提案してもらいたいところです。

⑨行政書士

行政書士は若い人や女性も多いため、顧客により身近な存在として提案しやすい立場にあります。近年、遺言や相続を専門的に取り扱う行政書士も増えていますが、司法書士と同様、家族会議の中で家族間の意見・利害調整に向いている法律専門職ですので、家族信託に精通することは、行政書士業務の幅を広げる大きな武器となるでしょう。

⑩生命保険募集人・ファイナンシャルプランナー

ファイナンシャルプランナーや生命保険の提案をする専門職は、人生設計・老後のマネープラン・相続対策等を扱うプロフェッショナルであり、お客様の保有資産や年収・将来の希望等の重要な情報を掌握している専門家として、家族信託を活用した備えの提案は、親世代・子世代を超えて家族全体に喜ばれるでしょう。また、“親なき後問題”（第２章〈事例19〉参照）に備えるための保険の活用や「生命保険信託」（第１章17.参照）も家族信託と親和性が高いといえます。

一方で、相続・事業承継対策における生命保険の活用は、もはや不可欠な検討事項となっているので、家族信託のコンサルティングを行っている他の専門家から、保険の活用についての相談は増えていくことと思われます。

⑪高齢者福祉・障害者福祉の関係者

認知症高齢者・障害者の財産管理や“親なき後”の財産管理・資産承継の問題への解決に、家族信託が大きな効果があることを理解し利用者家族に情報提供するだけでも、大きな意義があります。問題意識の高い本人や家族であれば、それが心に響き、利用者家族からのさらなる信頼を得ることができるでしょう。

また、高齢者・障害者が安心して暮らせる仕組みを作ることは、福祉関係者にとって最大のテーマでもあり、定期的な家族会議の開催を通じて親子間・兄弟姉妹間の関係が円満・良好であることで、福祉サービスの提供者側の負担は大きく軽減されると思われます。

【参考文献】

寺本昌広「逐条解説 新しい信託法」商事法務（2007）

福田政之他「詳解 新信託法」清文社（2007）

能見善久他「信託法セミナー」有斐閣（2016-2016）

新井誠「信託法 第4版」有斐閣（2014）

宮田房枝「そこが知りたかった！ 民事信託Ｑ＆Ａ１００」中央経済社（2016）

平川忠雄他「民事信託実務ハンドブック」日本法令（2016）

遠藤英嗣「新しい家族信託」日本加除出版（2016）

遠藤英嗣「家族信託契約」日本加除出版（2017）

道垣内弘人「条解 信託法」弘文堂（2017）

笹島修平「信託を活用した新しい相続・贈与のすすめ ４訂版」大蔵財務協会（2018）

大阪弁護士会「弁護士が答える民事信託Ｑ＆Ａ１００」中央経済社（2019）

索　引

あ

い

お

か

せ

そ

た

ち

つ

て

と

な

に

ね

の

は

ゆ

よ

り

れ

●著者紹介●
宮田 浩志（みやた ひろし）
司法書士法人 宮田総合法務事務所代表
司法書士・行政書士
一般社団法人 家族信託普及協会 代表理事

1974年生まれ。早稲田大学法学部在学中に宅地建物取引主任者資格・行政書士資格・司法書士資格を取得し2000年に吉祥寺で開業。登記業務のみならず、個人・法人に関する幅広い法律・法務のコンサルティングサービスを提供中。
代表個人としては、認知症高齢者や障害者の成年後見人・後見監督人に常時40件程度就任している他、これまで相当数の遺言執行者就任や遺産整理の実績がある。その豊富な経験を生かし、家族信託・遺言・成年後見制度等の仕組みを活用した円満円滑な相続・事業承継対策コンサルティングの分野で先駆的な存在で、日本屈指の組成実績と相談件数を誇る。全国で一般向けや専門家育成のためのセミナー講師も多数こなす。著書に『図解 2時間でわかる はじめての家族信託』（クロスメディア・パブリッシング）等がある。
下記ホームページで家族信託に関する情報も精力的に発信している。
・司法書士法人 宮田総合法務事務所　URL：https://legalservice.jp/
・個人信託・家族信託研究所　URL：https://www.trust-labo.jp/
・YouTube 家族信託まるわかりチャンネル　URL：https://youtube.legalservice.jp/

〈改訂新版〉
相続・認知症で困らない　家族信託まるわかり読本

2017年2月7日　初版発行
2024年11月20日　改訂初版第3刷（通算第8刷）

著　者 ――― 宮田　浩志
発行者 ――― 大畑　数倫
発　行 ――― 株式会社近代セールス社
〒165-0026　東京都中野区新井2-10-11　ヤシマ1804ビル4階
電　話　03-6866-7586　ＦＡＸ　03-6866-7596
デザイン ―― Rococo Creative
印刷・製本 ― 株式会社暁印刷

ISBN 978-4-7650-2192-0